「いくさ世」の非戦論

―ウクライナ×パレスチナ×沖縄が交差する世界―

佐藤幸男 編

武者小路公秀に捧ぐ

目次

1章　ウクライナで燃えあがった戦火とその後(1)

いま、世界認識上のさまざまな問題点が浮かび出る

板垣雄三

単色「悪魔化」論の落とし穴「人類の敵＝プーチンのロシア」式

かつてのサダム・フセインのイラク、ムアンマル・カダフィのリビアの場合と同じ。プーチンのウクライナに対する軍事侵攻と欧米への核の威嚇とは批判されるべきだが、ウクライナのオレンジ革命（2004）やマイダン革命（2014）においてウクライナ内部でも対ロシア関係でも対立の種をまき続けた米国の工作・関与の責任を問わないのは、欺瞞。冷戦期以来、米国はソ連に楔を打ち込むためウクライナ民族主義に働きかけてきた。

国家主権や民族自決権を踏みにじる「力による現状変更」非難のご都合主義

アフガニスタンやイラクやリビアやシリアやイエメンへの軍事介入・侵略については、口をつぐむくせ、恣意的に「明白な国際法違反」を選別、国際的制裁を課す。国連パレスチナ分割決議（1947）ついでこれ

を力で変更したイスラエル独立（1948）から現在まで国際法違反の既成事実化の積み重ねが放置されイスラエルによる占領・併合・民族浄化・アパルトヘイトのパレスチナ問題の現実が象徴する「無法化した世界」の現象だ。

選別ターゲットへの摘発・対処・処理では、欧米中心主義と人種主義の露骨な表示

アフガニスタンやイラクやリビアをはじめ、アジアやアフリカでのレジーム・チェンジ（政府転覆・体制変革）は、しばしば人道的介入といった「正義」の名において実行されたりする。問題の取り扱い上で、明らかな差別が働かされている。住民の主流が難民であるガザがテロリストの巣窟扱いで10数年も封鎖され人間生活の限界状況に直面しつつ爆撃に曝されている状況は、その典型。今回（2020）ウクライナ難民の受入れ方・援護は、昨年（2021）来のアフガニスタン難民の嫌悪・駆除と極端な対照をなす。プーチン挑戦の孤立。

巨視的に歴史を観る眼をもたずに、目前の「事件」にだけ目を奪われるのは、危険

時間的にも、空間的にも、ロシア・ウクライナ・ジョージア（グルジア）を取り巻く東・中・北・西欧、中東、内陸アジアを見渡す広い視野で、歴史の勘どころを押さえる必要がある。ユダヤ教を受け容れたトルコ系のハザル王国の下からキエフ公国以降スラブ国家が登場、ガリツィア（ポーランド南部＋ウクライナ西部）は東欧ユダヤ人の拠点ともなれば激烈なユダヤ人迫害の場ともなる。20世紀ウクライナは、ナチズムとも通じる極右ファシストのOUN（ウクライナ民族主義組織）の反ロシア武闘グループとそのリーダーたち（ステパン・バンデラ［1909–59］はその代表格）を生み出し、冷戦下では米国の対ソ戦略、21世紀には右派セクターによる反ロ政権樹立、へのＣＩＡの工作対象となった。キリスト教もウクライナ正教として、モスクワ離れ。現大統領ゼレンスキーはユダヤ系。

マイダン革命の２０１４年から、バイデン副大統領［当時］の息子はウクライナの天然ガス会社の役員（取締役）に就任、２０１９年トランプ大統領はウクライナへの軍事支援問題で同年大統領に選出されたゼレンスキーと電話会談した際にバイデンが息子の会社の汚職事件もみ消しをウクライナ検察庁に求めた嫌疑について調査を求めたことが発覚、米議会でのトランプ大統領の職権乱用に関する弾劾訴追裁判へと発展（最終的には２０２０年２月上院票決で罷免に必要な票数に達せず否決に終わったが、大統領選の年にウクライナ疑惑が共和・民主両党間のホット・イッシューとなった）。ウクライナのゼレンスキー大統領は国民の支持率低迷のなかで民族主義者の圧力に負け、国内東・西間の内戦終結のため欧州安全保障協力機構ＯＳＣＥ監督下で仏・独両大統領斡旋により２０１５年２月ロシア・ウクライナ間で締結調印されていたミンスク合意（東部親ロシア派のドネツク・ルガンスク両人民共和国の分離独立「ミンスクⅡ」）を棚上げしてしまい、トルコ製攻撃ドローン装備で内戦の戦力強化へと向かった。２０２１年大統領となったバイデンが夏のアフガニスタンからの投げやり撤退後、秋以降、急速にロシアのロシア及びベラルーシでのウクライナ国境軍事演習と米国のウクライナ戦争切迫の危機煽動とへと進んでいく。

オリンピックの政治利用・国際政治的符合

２００８年ロシア・グルジア戦争と北京オリンピック（バラ革命でグルジア大統領となった［2004–13］サアカシュヴィリは２０１３年ウクライナ国籍を取得、ポロシェンコ大統領の最高顧問、オデッサ州知事）／２０１４年マイダン革命とソチ冬季オリンピック／２０２１年アフガニスタンから米・ＮＡＴＯ軍撤退と

東京オリンピック／２０２２年ロシアのウクライナ侵攻と北京冬季オリンピック

ロシアのウクライナ侵攻を受けとめる日本の政府および社会の姿勢・東アジアの危機

政治的・経済的・社会的観点から、プーチンの企ての失敗を予想・希望する一方、提携呼応すべき米・欧の対応力への頼りなさから、この事件の究極の勝者となるであろう中国による東アジアでの来たるべき台湾統合への展開を想定、台湾・尖閣有事に備えるべき事前対応＝予行演習として受けとめようとする姿勢が顕著に見てとれる。そこから米国核の共有への期待やら、エネルギーや希少資源や食糧などの経済安保、サイバー戦争に備えるデジタル防衛、パンデミック対策の経験の戦時体制構築への応用研究などに話が展開する。中国と米国の癒合などの未来像は、恐ろしくて想像から除外される。

その分、「ロシア憎し」が国際社会のコンセンサスだという自己暗示で安心を得る。この間、ティピカルな言説として印象的だったのは、右派系から目の仇にされる新聞社のジャーナリストの言、「この際、ロシアを国際的に徹底的な孤立に導くことが、中国に覇権的行動を自重させる効果をもつだろう。」

安全保障問題の専門家で、かつて9・11事件後に米国の凋落を論じた私に対し、米国のグローバル覇権は21世紀を通じて続くと断言したこともあった人の言、「米国は、中国とロシアとの二正面作戦はできず、そして韓国もオーストラリアも力は足りないから、中国との対抗では今後はどうしても日本に頼らざるを得ない。ウクライナの戦後がどうなるにしても、日本はしっかりして、このチャンスを活かすべきだ。」宙吊り日本、その闇雲の軍国化志向がウクライナ効果だとすれば、はなはだ情けない。

8年前、キエフのユーロマイダンの騒動を受けて2014年夏、ウクライナ問題について私がIWJ代表の岩上安見によるインタビューに応じて2日間語った折、私が予めレジュメ的に用意したメモは、以下のとおりだった。2022年の現在、上記のメモの前置きとして見ていただければ、ありがたい。そこに並んでいる事項を個々に、また議論の全体の構成それ自体を上記の問題点と組み合せて、調べたり理を詰めて考えたりしていただけば、何らか、新しい発見が生じるかもしれない。

世界の「いま」は欧米中心主義の断末魔[※2]

― 繋がりあう尖閣・マレーシア・ガザ・ウクライナ ―

1　世界戦争の予感

クリミア戦争（ベツレヘム生誕教会、「戦争と平和」、国際赤十字、明治維新）

日清・日露戦争（日英同盟vs.露仏同盟、バルト海艦隊の大周航、日本海海戦、北海道・沖縄・台湾・朝鮮・樺太、尖閣・竹島）

第一次世界大戦（十字軍の記憶、バルフォア宣言、サンレモ会議、人工国家＝中東諸国体制、内村鑑三・徳富蘆花・大川周明・柳田国男・出口王仁三郎）

第二次世界大戦（満州事変から謀略と「自衛」の15年戦争、敗戦国の立場、憲法9条、国連憲章では現在も「敵国」、ホロコーストと南京、英独協力・米ソ合作が造りだしたイスラエル国家）

2　欧米の倫理的負債という歴史認識

欧米社会のユダヤ人迫害の歴史の「償い」をさせられるパレスチナ人、「ユダヤ人国家」という重荷を背負わせられる人類

「テロ」との戦い＝欧米の「自己破産」プロジェクト（世界全体の破滅状態をつくりだすことによる「免責」？・「保身」？の画策）

「民主化」（疑似革命・レジーム・チェンジ）vs.新しい市民（ムワーティン）革命「アラブの春」の欺瞞（バハレーン・リビア・シリア）→ウクライナ

「近代」・「近代性」は欧米に発するものか？　それは欧米のイスラーム剽窃ではないのか？という問い　欧米中心主義を克服する「近代」の捉え返し

グローバルな不正義・不公正の凝集的表象としてのパレスチナ問題

3　つながりあう世界、不思議な構造的連結

難民180万が犇めき封鎖されて8年、青空監獄・巨大強制収容所・ゲットー地獄ガザ。最先端兵器で襲い殺戮して屈辱感を強いるイスラエル軍。これと連結する世界諸地域。

2008〜09年　コソボ分離独立、チベット人・ウイグル人抑圧強化、北京オリンピック、ロシア・グルジア戦争、NATO艦船が黒海へ／ロシア艦船と空軍機がベネズエラへ、リーマン・ショック、シェーネマン暗躍と米大統領選、ボリビアはコソボ工作から転任したゴールドバーグ米国大使を追放、米印原子力協定発効、米国が北朝鮮のテロ支援国指定を解除、オバマ勝利、イスラエルの対ガザ「鉛の鋳物」作戦（ぎりぎりオバマ大統領就任式直前までやって、終了）

２０１１年　東日本大震災に際し、在日米軍の「トモダチ」作戦と並び、イスラエル軍医療隊が宮城県南三陸町で人道援助活動、同医療隊の活動期間と合わせたかのごとく、イスラエル軍のガザ集中攻撃が始まり、終わる

２０１３年アルジェリアのイナメナース天然ガス精製施設襲撃事件（リビア情勢［イスラエルも関与］と連動するマリのトゥアレグ人のアザワード分離独立と連関）、フランスのマリ軍事介入。マレーシアのナジーブ・アブドゥッラッザーク首相のガザ訪問、フィリピンから「スールー王国軍」と称する謎の武装部隊のマレーシア・サバ州への侵攻事件。南シナ海での領有権問題（中国・ベトナム・マレーシア・フィリピン・ブルネイ・インドネシア・台湾が関与）でパラセル（西沙）諸島やスプラトリー（南沙）諸島をめぐり中国とベトナム・フィリピンとの間で緊張が再燃。

タイの反政府デモ激化。イスラエルは特別の関係にあるシンガポール［１９６５年マレーシア連邦より分かれ独立の際、軍事・公安はイスラエルの援助に依存］から上記諸状況を観察していただろう。年末、ウクライナで０４年オレンジ革命に続く政情不安が高まる（米国からの系統的工作、ヴィクトリア・ヌーランド国務次官補［ブルッキングズ研究所の幹部でネオコンの雄として知られるロバート・ケーガンの妻］も直接工作）

２０１４年ウクライナの反政権運動は首都キエフのユーロ・マイダンで治安部隊と2・18流血の武力衝突（狙撃者らは戦線名デルタが指揮するイスラエル軍元兵士ら青ヘル軍団）、これら殺し屋を雇うネオナチのスヴォボダ（全ウクライナ連合）が跳梁する全国騒乱のなかでヤヌコーヴィチ大統領は首都を脱出、政権は崩壊。クリミア自治共和国およびセバストポリ特別市は独立してクリミア共和国となりロシア編入へと進む（１９５４年にクリミアをウクライナに編入したのはフルシチョフ）。ウクライナはオデッサやキエフの中・西部とドネツクの東部との間で分裂が進み、内戦状態に（元来ウクライナという語の意味は［東・西の］Borderland）。3・8マレーシア航空のクア

ラルンプール発北京行き旅客機の失踪事件起きる。台湾で両岸（中・台）貿易協定の批准をめぐり抗議する3・18ひまわり学生運動の立法院占拠（馬英九総統の譲歩と4・10立法院長による保証まで）。7・1日本政府が集団的自衛権の行使を可能にする閣議決定。7・17マレーシア航空のアムステルダム発クアラルンプール行き旅客機がウクライナ東部ドネツク周辺で撃墜され、同日イスラエル軍はガザで地上戦を開始（7・9に始まった切れ目なき猛爆から9日目）、この二つの事件の暗合。

ガザ（パレスチナ、マシュリク［東方アラブ地域］、イスラーム世界）とウクライナ ハザル Khazar（700年頃～1016年ユダヤ教を受け入れた王国）イブン・ファドラーン（家島彦一訳）『ヴォルガ・ブルガール旅行記』、平凡社［東洋文庫］、2009年（バグダードを921に旅立ちハザルへの旅の記録）。アーサー・ケストラー（宇野正美訳）『ユダヤ人とは誰か：第十三支族・カザール王国の謎』、三交社、1990（20世紀のパレスチナ・ソ連・スペインなどで政治活動と科学研究に生きたユダヤ系ハンガリー人作家・哲学者のユダヤ人概念批判）。シュロモー・サンド（高橋武智監訳）『ユダヤ人の起源：歴史はどのように創作されたのか』、ちくま学芸文庫、2017年（イスラエルの歴史学者、テルアビブ大学教授、ユダヤ人観念をくつがえす著作が評判となった）。

ウクライナのキリスト教とヤコヴ・フランク（1726～91年）のシャバタイ派の遺産

オスマン帝国イズミール出身のユダヤ教徒シャバタイ・ツヴィ（1626～76年）は、カバラ（神秘の知恵）に基づき自分が救世主（メシア）だという自覚をもっていたが、1665年ガザで預言者と称するナタンと出会い、メシアが出現したとのナタンの通報が広く中東・ヨーロッパに拡がり、ガザを拠点にシャバタイを戴く偽メシア運動がユダヤ人社会を大きく揺さぶった（シャバタイと追随者たちはイスラームに改宗してしまうが）。このメシア運動がヨーロッパで強烈な影響力を及ぼしたのは、同時期にウクライナでコサックのフメルニツキが率いたユダヤ人大虐殺についての知らせが終末観を刺激したから。同時期のピューリタニズムとも連動。

ウクライナでちょうど100年後に生まれたフランクはメシアのシャバタイ・ツヴィの生れ変りだと自称し、反タルムードを志向してユダヤ教に三位一体論を摂り入れ、ローマ・カトリックに改宗して、18世紀末、東欧ユダヤ人のキリスト教化を促進した。

ガザとウクライナを結ぶディラール・アブー・スィースィー（1969年〜）

ガザの発電所副技師長だったパレスチナ人ディラールは2008〜09の破壊からの急速な復旧を成し遂げた。ハマースのメンバーでカッサーム・ロケット開発の中心人物。ウクライナ人の妻ヴェロニカおよび家族を移住させるため、2011年2月4日オランダ在住の兄ユースフとキエフ空港で落ち合おうとしていて、ウクライナ秘密警察に誘拐される。イスラエルの人権団体が同年4月4日イスラエルのベールシェバ監獄内で彼を発見。

ロシア史に付きまとう反ユダヤ主義と反イスラーム

キエフ・ルーシという「古代史」とウラジーミル大公（955?〜1015年）［ビザンツ皇女の降嫁を受け正教会キリスト教に改宗］への憧れにおけるハザルの伝統排除、トルコ・モンゴル支配への苦い忘れたい記憶と「ユダヤ人」差別との結合

クリム・ハーン国（1443〜1783年キプチャク・ハーン国から分立してクリミア半島に建国、首都は16世紀以降バフチサライ、オスマン帝国の宗主権下に入りモスクワを脅かすこともあったが、エカテリーナ2世のロシア帝国に併合された）の歴史軽視。第二次大戦中、クリミア・タタール人の強制移住。↓チェチェンでの反テロ戦争

4　欧米中心主義の「優等生」＝日本社会の知性欠如と油断と内弁慶

中国の現在（そして韓国・北朝鮮の現在も）に対して、日本は［国家も社会も］責任がある。抗日戦争が今日の中国のあり方を決めた。嫌中・嫌韓は日本人の自己喪失。2015年は、世界が「敵国」日本をあらためて記念することになることへの覚悟が必要。

世界全体が瀕死の欧米中心主義になおも中毒状態。中国もロシアも「対テロ戦争」仲間。欧米vs.中露、欧米vs.イスラーム、の見方の誤り。イスラームも欧米中心主義に感染。

7世紀以来、日本は植民地主義・人種主義・軍国主義。日本は欧米と中心主義の同伴者。1945年から日本は天皇制をアメリカ制に変えた。だが今の今、米国にひたすらすがる愚。（2014年夏　IWJインタビューのためのメモ）

最後に、米国の社会と歴史に対し鋭く批判的な眼で記録し問題提起するオリヴァー・ストーン監督のドキュメンタリー：UKRAINE ON FIRE（2016年作品）日本語字幕付きの映像により、以下のURLから、現場感覚に浸りつつ米国のウクライナ関与・工作の実態を考えてみることを勧める。https://rumble.com/vv35um-5221564б.html（まもなく消去された）

パレスチナと中東・世界の縮図※3

A］現在の〈ガザ戦争〉を何と見るか？　まず「起点」のとらえ方が問題！それで見方決まる。
四つの例を取り出してみよう。どれが、自分の考えや気持や直観に近いか？

①　2023年10月7日（ユダヤ教の仮庵の祭［スコット］明けの日）ハマースの奇襲攻撃のテロ（ロケット弾によるイスラエル都市集中攻撃と越境攻撃による殺戮・レイプ・人質捕獲）が起点。これに対してイスラエルの報復・人質奪還のための空爆・地上作戦は「ホロコースト・ネヴァアゲイン」の立場から理解できる。報復がもたらした人道危機には問題があるとしても。

②　2023年10月7日ガザがわからの奇襲攻撃とイスラエルの反撃は、国際情勢を一変させてしまった。〔1979年エジプト／1994年ヨルダン／のイスラエルとの平和条約締結を追って〕2020年、UAE・バハレーンとイスラエルとのアブラハム合意に基く国交樹立／それに続くモロッコ・スーダンの対イスラエル国交正常化が生んだ「新しい中東」の情景に加え、〔イランとも和解した〕サウジアラビアがイスラエルと公然と国交を開くという期待の決定打を放つ機がいよいよ熟したと米・欧で囁かれていた全状況が、一挙に吹き飛んでしまったから。

こうなったのは、パレスチナ問題の「二国家方式」（イスラエルの傍らにパレスチナ国家を創る）による解決の方向づけを開いた1993年の「オスロ合意」がウヤムヤのうちに潰れてしまったためである。だから、「オスロ合意」を復活させるためにも、現在の〈ガザ危機〉の起点として、1993年以降の「オスロ合意」の無効化過程を見直し再出発しなければならない。そのためにも、世界中に高まって来ているイスラエルへの停戦要求を強めるべきだ。

③　現在の〈ガザ危機〉はヨルダン西岸地区の危機と深く結びついたものであり、これまでパレスチナ人が繰り返し体験してきた深刻な「ナクバ」（大災厄、破局）の最新局面だと言える。だから、現在のジェノサイド／民族浄化／アパルトヘイト状況の極限化を促してきた起点を見出そうとすれば、一歩一歩、〈既成

事実化〉の見せかけを積み重ねつつ進んできたシオニズム（ユダヤ人国家建設運動）の植民地主義・人種主義・軍国主義の暴力が展開する歴史（バーゼル綱領、世界シオニスト機構、バルフォア宣言、英国のパレスチナ委任統治、ユダヤ機関、ビルトモア決議、イスラエル建国、その前後の住民虐殺・追放、１９６７六日戦争、レバノン戦争、ＰＬＯ抑圧、オスロ合意無効化、隔離壁、ガザ地帯封鎖2007–・不断の標的殺害・間歇的集中攻撃2008.9.12.14-18）とパレスチナ人の抵抗の封殺（1936-39アラブ反乱、1969-82ＰＬＯ、1987-88・2000-05占領地インティファーダ）を溯って観ることになる。しかも、シオニズムはユダヤ教から出たものでなく、起源はキリスト教の終末論（キリストの再臨・千年王国・最後の審判に向けて、ユダヤ人の聖地［イスラエルの地、聖書の「神の約束の地」〔創世記12：7、13：15、15：18、18：13〕］への集結によるユダヤ人復興が予定される）の「神の摂理」史観に乗じる人間工学にまで着目しなければならない。そのような〔頭はライオン・体は山羊・尾は蛇の〕〝キメラ〟的イスラエル国家を、人類が持ってしまったことに問題がある。「ユダヤ民族の国民国家」として排他性を強めるイスラエル国家がそのシオニズムを脱却できるのか、が問われる。このたびの〈ガザ危機〉のもとで、世界のユダヤ人社会で「ユダヤ人の国」を騙る国は要らないとする批判が拡がり、イスラエルの庇護者を自任してきた米国で若者たちは断然パレスチナを支持するがわに立つ分断が拡大し、核武装したイスラエル国家の暴力性への懸念が世界を覆う事態は、イスラエル国家が自ら招く存立危機をとめどなく深めている。

第２次世界大戦は日本軍国主義の産物「満洲国」を廃止したのに、第２の満州国を創ってしまった。ナチ犯罪を放置した償いの責任を、ユダヤ人いじめを重ねて来た欧米社会が担うのでなく、犠牲の山羊に仕立てたパレスチナ人に肩代わりさせ、彼らを立ち退かせて植民国家イスラエルを出現させる。「冷戦」のはずの米国とソ連が推進者となった。

住民の自決権を無視してパレスチナ分割を決めた（実際は全く別の分割に変じ、さらにイスラエルの独占支配と化すが）国連は、苦悶の国際機構となる。イスラエル国家が自己変革するか、消滅するかしない限り、パレスチナ問題の解決はなく、パレスチナ問題は世界に充満する非法・不正義・不公正・無秩序・覇道（沖縄の現実もその一環）の心棒・車軸・凝集点として人類を苦しめ続けるのではないか。だから、現在の〈ガザ危機〉も、1948年イスラエル国家の出現、さらにそれを用意した反ユダヤ主義とシオニズムの歴史を起点として、そこから考え始めなければならぬことになる。

④　イスラエル・パレスチナ問題の混迷は、根源的に、宗教間対立と土地争いとに起因するものだから、今さら改めて、現今の〈ガザ戦争〉発生の起点を問うまでもない。悠久の昔からの各宗教の独善的排他性と人間の本性たる所有慾とに発するものである以上、その根は調節可能のものではない。人類史は、運命的に知力と戦力・経済力とによる優勝劣敗の法則で推移してきたので、いかに国際法や国際人道法の制約が掛かろうとも、最終的に勝ち負けは決まらざるを得ない。敗者の皆殺しが起きず、相応の〈生〉の維持・再生産が認められ・保障されるなら、以て瞑すべしだ。冷酷な惨殺や民族抹殺の歴史を目撃してきた国際社会は、犠牲者を減らす仲裁により現実的な鎮静化の方途を探求するしかない。

B］現在の〈ガザ戦争〉をめぐる議論で、「公式発表／見解／情報」・「メディア報道／解説」・「社会的に定着した観ある通念／常識」・「情報操作や不正確報道による誤解」を検討する。

ここでは問題項目を挙げ、その説明に関係ある固有名詞や用語や参考書などを示す。

上記A］の四つの見方のいずれかと関係する問題点は、※A］項目数字として示す。

（ⅰ）２０２３年10月7日「ガザの圧力釜破裂」（これは板垣が使っている表現または見方）

ハマース等の「アルーアクサー洪水作戦」の奇襲を発火点とする観念の刷り込み　※A」①

広い視野で（ガザに焦点を置くだけでなく、中東・世界の）政治状況を掴むことが必要

２０２２年12月 第６次ネタニヤフ政権成立

最高裁の権限奪う司法制度改革⇩政治危機、国内騒然、空軍予備役の反対運動、武装入植者の跋扈「アラブは殺せ」放置の一方、治安囚人激増（23/11で6809人）、23/3/22からのラマダーン月（殊に4/5-6）警察・軍のアクサーモスク礼拝者襲撃排除。

２０２３年春〜初夏 中東の政治地図 大変化、またウクライナ戦争効果

〔２０１６年初め国交を断絶した〕サウジアラビアとイランが中国の仲介で２３年４月復交、イランとＵＡＥ・バハレーンとの関係も改善、サウジはフーシ派と会談しイエメン戦争は終結へ向かい、23年５月シリアの12年ぶりアラブ連盟への復帰が決まりアサド大統領のジェッダでのアラブ連盟（21カ国１機構）首脳会議参加でサウジ訪問という変転。

２０２２年から23年にかけ影響力伸長の「グローバル・サウス」結束に打ち込むクサビは、パレスチナ問題殊にその割れ目につけ込みハマースとイランの結び付きの前景化。

以上２０２０年の「アブラハム合意」吹き飛ばす情勢変転から以下にかけ、※A」②

事象の多側面への見方（以下に述べることは、イスラエルで名だたるモサド〔中央情報局〕／〔アガフ・モディーン〔IDFツァハル情報局、アマン〕／シンベト〔国家保安庁〕など諜報機　関の動きが交錯する脇で、学術的なインテリジェンス戦略の研究者による〈ガザ戦争〉展開　に応じた独立の観察・知見から多くのヒントを得ている。）

ビビ・ネタニヤフが採ってきた策略はEconomic Peace〈経済による平和〉政策で、ハマース（ガザ）と

PLO（ラーマッラー）との分断乖離を拡大させ続け、「パレスチナ国家」形成を阻み、「オスロ合意」が迷い込もうとした「二国家解決方式」の芽を断ちつつ西岸地区を併合すること（西岸・イスラエル内パレスチナ人はヨルダンに、ガザのパレスチナ人はいずれエジプトに追放するとしても）、イスラエルでのパレスチナ人の日雇い労働力は利用し（検問所での侮辱と忍耐に慣れさせ）、随時空爆と指導部狙い撃ち暗殺とで痛めつけながらもハマースにはカタルからの資金流入をガザ封鎖域内での民生と鎮静化とに役立つとして認めた。それが仇となる。高度ハイテク装置で護られたはずの壁の向こうの襲撃地は、パレスチナ人にとって郷土であり、奪われた地であり、日頃の職場でもあった。さまざまな方角からの警告を無視して打撃を受けたイスラエル連立政府は、カハネ主義者を抱えて、ハマース壊滅と住民追放まで止められぬ戦争となった。第1次世界大戦後、予定されたユダヤ人国家と元々ワンセットで英仏が（日伊など囃し方を加え）こしらえた中東諸国は、いまパレスチナ人のホロコーストを見せつけられ、どんなに国民から突き上げられても動くに動けぬ状態だ。危機はイスラエルだけでない。瓦解に瀕する米欧覇権のもと、世界中が情報活動の騙し合い・脚の引っ張り合いで権力は解体しかけ、国家の土台が崩れかけているのではないか。

答えは簡単　※A」③

23年10月7日早朝、イスラエルの政府機関、軍関係者が多様に異なる思惑で個々人はバラバラな行動をとったとしても、ディジタル監視装置と個人別人身支配のファイリング抑圧機構は作動していたことを前提に、その分析によると称し、国際司法裁判所ICJのジェノサイド審理が行われる段階になって、イスラエルが、国連パレスチナ難民救済事業機関UNRWAのパレスチナ人職員がハマース等の戦闘員らの襲撃作戦に加わったりUNRWAの資材・車輌を使って支援した証拠があるとして、国連機関としてのUNRWAはその活動資格を喪失したと主張すると、米独日などがUNRWAへの拠出金を停止するというICJの暫定措置命令の趣旨を全く無視する挙に出た。その後、国連側での内部調査に対して、イスラエル側で具体的反証ができない状態が生じる。

イタリアの国際法学者で国連のパレスチナ被占領地OPT特別報告者フランチェスカ・アルバネーゼは、仏マクロン大統領の「21世紀最大の反ユダヤ主義の虐殺行為だ!言葉で言い表せないものが歴史の深部から現れ出た」と述べたのに対して、簡単明瞭に「奇襲はイスラエルの圧制に対しての返答でした」と書き込んだ。彼女は先には、米バイデン大統領がイスラエル・ロビーに気を遣いすぎている、と批判した。イスラエル政府は彼女の入国を拒否すると宣言した。IDFのラファー攻略の切迫のもと、24年2月には、フランチェスカ発言と並行するように、ブラジルのルーラ大統領、ローマ教皇庁総務長官（首相）パロリン枢機卿、英国ウィリアム皇太子、…の発言に、ネタニヤフ首相がいきり立つ四面楚歌の状況が拡大している。「破裂」という表現について、段々ともはや説明の必要が減っていく感じである。

オランダの社会学者（小児だったとは言えホロコースト生残りのユダヤ人）ペーター・コーヘンが提案する「イスラエル国家の廃止」は、2014年ウクライナのマイダン事件に続く夏のイスラエルのガザ猛爆・地上侵攻の只中で発表された。その要旨は「パレスチナ紛争の本質は民族・宗教紛争などでなく、植民地主義の先住民駆逐・土地略奪であって、問題解決は、欧米が創りだした植民国家イスラエルの解体をおいてほかにない。パレスチナ人に正当な権利回復と補償を行い、イスラエルに経済制裁を課し、立ち退く植民者の帰国・移住に補償を与える。私たちは、勇気をもって第二次世界大戦を最終的に終わらせ、イスラエルを懸命なやり方で解体・廃止すべきである」というもの。米国のインターネット新聞ハフィントン・ポストに載った。この論考は、私の訳した日本語版が私の解説とともに同年秋ハフポスト日本語版に掲載された。それは以下のURLから読める。ペーター・コーヘン「終わることのないパレスチナ紛争の根因：それをどう正すか」板垣訳

https://arabstudies.jp/pdf/2024-06_01.pdf 板垣雄三解説「コーヘン提案をどう読むか」https://arabstudies.jp/pdf/2024-06_02.pdf

シオニズムとこれを利用して創りだされた20世紀国際政治におけるパレスチナ問題は、西洋の正統派キリスト教、ユダヤ人問題、イスラーム敵視、十字軍、東方問題の歴史を背景に、英・米の帝国主義、シオニズムの協力のもと「ユダヤ人問題の最終的解決」をめざしたナチズム、ツァーリズムから反ユダヤ主義を受継いだスターリニズムによってもてあそばれ、民族自決権尊重の原則のもとで出発した国際連合のもとで、ナチズムの所産としてのイスラエル国家が創設され、ホロコーストと並行するナクバの蛮行に拘わらずイスラエルは「平和愛好国」として国連加盟国となり、難民の帰還権決議の蹂躙にはじまり占領地拡大・居座り・入植・土地取り上げ・追放・地下水奪取・隔離壁閉じ込め・封鎖・住居破壊・恣意的拘束・屈辱感煽る人種差別・民族浄化の国際法・国際人道法違反の一切が、米国の拒否権に護られて既成事実」化される過程が、75年間累積されてきた。この現実をさらに推し進め、イスラエル内部および西岸のパレスチナ人をヨルダンに、ガザのパレスチナ人をエジプトに放逐しようとする極右第6次ネタニヤフ政権が登場する。最高裁潰しまで画策する政権の横暴には、殊に空軍予備役を先頭に広くイスラエル市民の間でも強烈な反発があり、この内政危機を突破する治安問題利用も必要とされていた。人類社会の不正義の凝集点とも言える「ガザ・西岸事態」ということができる歴史状況の「極」を23年10月7日に見ることができるだろう。

それゆえ、ネタニヤフ政権の人質問題棚上げ・ハマース殲滅呼号とジェノサイド強行の不釣り合いな暴力とに対して、ひたすら停戦を求め人道危機回避を願う情感的対処では足らず、イスラエル国家の本領への肉薄批判が重要となる。以上のことから、③を徹底的に考え、イスラエル国家の処分を検討しようとするのが、私の立場なのである。

（ii）絶望・諦め・お任せ・投げやりで済まぬ自分事　そのための知識・認識 ※A」④

世界の諸文明への興味・関心を深める読書、国際情報を読みとる感覚磨き

自分は仮に脱宗教でも、世界の諸宗教や人々の多様な生き方また生き方の規範を知り考える。人類が生きて来た生業《なりわい》の多様な姿を調べ、将来世代の世界の姿について話し合う。農民感覚／土地神話／都市民のX世代変遷のほか、遊牧・海上民や動物生態・植生も学ぶ。

ここでは、ユダヤ教の教えとイスラームの立場の基本について、考えてみよう。

世界に散在して暮らすユダヤ教徒にとって、ディアスポラ（離散の地）に在るとは、ユダヤの民が犯した罪ゆえに神が定めた追放であり、「精神の浄化と治癒が期待されている場所」という観念である。だから、紀元70年ローマによる第2神殿破壊により土地の所有・支配と関わらぬラビ・ユダヤ教が形成されたのに応じて、信者らは寄留する縁を持った場所に留まる人となった（信仰の父アブラハムでさえ、神の命じるまま旅の終着点まで寄留者だったように［創世記23章・25章］）。［神から約束はされたが、イスラエルの子らにとって出身地ではない］「イスラエルの地（エレツ・イスラーエール）」は、神の救済計画の合図があるまで罪を抱えたまま気軽に近寄ることは憚られる禁忌の場所だった。イスラエルの民の残党が離散の前日に交わしたという「三つの誓い」の記録（バビロニア・タルムード、ケトゥポット篇、百十一a）は、「⑴

民としての自律を獲得しない、⑵他の諸々の民が承認するとしても、イスラエルの地に大挙して組織的帰還はしない、⑶世界の諸々の民に楯突かない」というもの（ヤコヴ・ラブキン〔菅野賢治訳〕『イスラエルとは何か』、平凡社新書（一般読者向け）、同上〔同上訳〕『トーラーの名において：シオニズムに対するユダヤ教の抵抗の歴史』、平凡社）〔著者はソ連生まれカナダに移りモントリオル大学名誉教授のユダヤ教徒。訳者は東京理科大教授（フランス語圏思想・ユダヤ人問題研究、新著『「命のヴィザ」の考古学』、共和国刊は「杉原千畝伝説」の解剖〕。「三つの誓い」は、いわば⑴国家を拒否、⑵武力行使の軍事行動禁止、⑶人道・國際公法の尊重、を暗示するもので、ユダヤ教のこの教えから隔絶した20～21世紀のイスラエル国家のあり方の問題性を示唆するものだ。イスラエル国家がいかにユダヤ教離れした存在か、そこで現在、世界のユダヤ人の間で、イスラエル国家への批判が急拡大している空気の急変も理解できよう。

このような変化が起きる前段階について、板垣雄三「〝コロナ禍〟に幻惑されて〝世界の危機……忘れてはいないか？　アブナイ指導者のアブナイ駆け込み対策のアブナイ見込み外れ――２０２０年７月の日々を過ごすイスラエルのネタニヤフ首相――」を以下のＵＲＬから参照してほしい。https://www.shinshu-islam.com/2000716.pdf

なお、文中「ユダヤ民族国家基本法とトランプ和平プラン」の部分に挙げているURLは以下に換っている。https://trumpwhitehouse.archives.gov/wp-content/uploads/2020/01/Peace-to-Prosperity-0120.pdf

世界核戦争へ急転の危険も　10月7日から半年以降の視界※4

（1）米国・イスラエル　各々の国際的孤立、両国相互間の齟齬、米政権の締付け優柔不断

4/18　国連安保理　パレスチナ国連加盟勧告案不成立　アルジェリア提起、賛成12、棄権2（英・スイス）、米拒否権で葬る
5/10　国連総会決議 ES-10/23 成立　UAE提起　安保理にⓅ正式加盟再検討促す193カ国中/賛143、反9（米、イスラエル、アルゼンチン、等）、棄25
6/11　安保理決議2735（米、バイデン3段階停戦案で主導）二国家志向住民構成・領域の不変更。露のみ棄権、その後のイスラエルの決議無視への不問をハマースが非難
この間、国際司法裁ICJ（暫定措置「命令」）、国際刑事裁ICC（イスラエルとハマースの指導者の逮捕状請求）、国連人権理事会 調査委員会報告書（イスラエルとハマース双方に戦争犯罪行為ありとする）において、植民地主義/ジェノサイド/抵抗権/の認識 vs. 戦争・暴力・テロ観の一般化/反ユダヤ主義ラベルによる非難回避/の習性において、後者へとなびく傾向が顕著。

（2）「抵抗権」承認の重要性

国連総会決議2625（1970/10/24）外国の征服・支配・収奪に服従させられる人民が抵抗する権利
Fayez A. Sayegh, Zionist Colonialism in Palestine, PLO Research Center, 1965.
https://www.freedomarchives.org/Documents/Finder/DOC12_scans/12.zionist.coloni alism.palestine.1965.pdf
国連憲章第7章平和への脅威 第51条に規定の自衛権 として観る立場。
世界人権宣言（国連総会、1948/12/10）　人間が専制と圧迫とに対する最後の手段として反逆に訴えることがないようにするためには……その含意。
国連総会決議194（1948/12/11）パレスチナ難民の早期帰還権あるいは被補償権確認

イスラエル国家はこの決議に反し、帰還しようとする者を殺害・逮捕拘禁して抑圧。

米国独立宣言（1776/7/4）不正と権利侵害の専制を拒否することは、人民の権利であり義務である。パレスチナ人の抵抗を「テロ」とするのは、建国の父祖の精神への反逆。

フランス革命人権宣言（1789/8/26）自由・所有・安全・抵抗権は永久不可侵の自然権。

２０２３年以降のガザ地帯やヨルダン川西岸地区における事態を、「戦争ないし紛争」と概括してよいか。一方に、個人情報集積によるディジタル人身支配のもと被抑圧者住民（しかも１９３０年代ナチズム・シオニズム合作＋英・米支援の中・東欧ユダヤ人青壮年を棄民する植民事業によって生業と社会生活を壊したあげく第二次大戦直後のナクバにより郷土から追放していた難民集団）を非人道的封鎖・逮捕拘禁・狙い撃ち殺害／無差別の爆撃・虐殺・生活圏破壊（犠牲者の75％が女性＋子どもたち）というジェノサイド（新型ホロコースト）の対象とする暴圧的植民地主義支配と、他方に、そのような不条理の現実に対し世代を超えて存在者としての尊厳をかけて受継がれてきたスムード（屈することなく立ち向かう堅忍不抜）の抵抗とが向き合う。まことに非対称の対峙ながら、ショアー（ホロコースト）・ナクバ複合の現実に耐え抗し続けて来たパレスチナ人アラブの歴史と現在は、全人類にとっての正義の回復という性格を帯びた課題の帰趨を決する激突だと言わなければならない。そこで、「ウクライナとガザの二つの戦争に同時に直面して」とか、「気が付いたら西岸地区にも戦争があった」とか、傍観できぬ人道危機に「ひたすら即時停戦を！と叫ぶのみ」とか、「何としてもイスラエル・パレスチナの二国家和解方式を追求すべし」とか、「かつてユダヤ人が犠牲に供された〈ショアー〉と今パレスチナ人が犠牲に供される再発〈ナクバ〉とを二つの段階として対照してみれば」など、気を利かす詠嘆や口移し良識の表明や物知り顔の解説は、いやおうなく、その軽薄さ・無責任さを暴露してしまうのだ。真実への鍵は、抵抗権擁護の延長線上にある。

(3)「パレスチナ国家」と「中東諸国体制」 それらの含意の多層性

1930年代ナチズムがシオニズムを配下に、英・米の協力を得て、欧州からパレスチナへのユダヤ人青壮年の植民(棄民、後のイスラエル建国の基盤づくり)を推進した過程では英統治権力とシオニスト武装勢力の弾圧が現地パレスチナ人アラブの反乱(1936〜39)を粉砕/さらに第二次世界大戦後はシオニスト軍事組織の民族浄化作戦によるアラブ社会解体・追放のナクバ(破局)事態の追い打ち/は痛手だった。1948年イスラエル国家が甚大なテロリズムをつうじて創り出されても、周辺アラブ諸国vs. 新生イスラエル国の対立とだけ見なされ(1956年エジプトのスエズ運河国有化を潰そうとして失敗した攻撃は英・仏・イスラエルの共同作戦)、イスラエル建国の犠牲者のパレスチナ・アラブの主体的抵抗運動・組織が問題になるのには、立ち直りの時間がかかった。パレスチナ解放運動出発の1965年まで/あるいはアラブ諸国首脳会議がパレスチナ人のお雇い外交官を代表に立てて名目的に1964年に創設したパレスチナ解放機構PLOがイスラエルのパレスチナ全土占領支配確立の1967年六日戦争を経て新たなパレスチナ民族憲章(1968年)のもと離散パレスチナ人を主力とする政治・軍事組織ファタハ(「パレスチナ解放運動」の略称)を中心にその指導者ヤーセル・アラファートを執行委員議長として再編を果たす1969年まで待たなければならなかった。大国の覇権や植民地主義のもとシオニズムのユダヤ人優越支配が罷り通り不正義が累積する体制を打破・変革する解放闘争が実現をめざすべきパレスチナは「異なる民族や宗教の人々が対等の立場で共生・協力する市民社会の民主国家」だといった議論が固まるのは、1970年代初めである(ムハンマド・ラシード[ファタハの理論家で当時ベイルート・アメリカ大学教授だったナビール・シャアスのペンネーム」「パレスチナ民主国家をめざして」（板垣編『アラブの解放』平凡社〈ドキュメント現代史13〉、1974年、305-322頁）。

ところが、このような理想論が、イスラエル国家の現実／国際政治の策略と変転／アラブ諸国とイスラーム世界の動揺／パレスチナ人の政治指導部の分裂／などのため、ズタズタに踏みにじられるのが、その後の展開だった。ショアー（ホロコースト）とナクバとを切り離し、ナクバ隠しのためにショアーを強調し、ショアーを放置した償いと称して「ユダヤ人国家」を創るためにパレスチナ人アラブを身代わりの犠牲として平気な欧米社会の偽善が独走するばかりか、犠牲者パレスチナ人のイスラエル批判を「ホロコースト後」の世界でナチを再現する唾棄すべき「反ユダヤ主義」と非難する「天に唾吐くごとき恥知らずの横行が、現代欧米の姿だった。それが産んだ策略は、ユダヤ人ジェノサイドのホロコーストを許し支えた反省を棚に上げ、露英仏独ついで米ソが推進したイスラエル建国は既成事実として封印し、イスラエル国家の存立は神聖化して問題とせず、「中東和平」と称して、イスラエル大勝の1967年「六日戦争」の戦後処理としてイスラエルの新占領地返還と周辺諸国のイスラエル国家承認と（土地と平和の交換）を成り立たす「二国家解決」案のマネージメントであった。しかし、イスラエルは大膨張した占領地に居座り、領域併合・土地収用・入植地建設による原状変更を拡大、やがては住民を分断し彼らから地下水源を奪う隔離壁を囲繞し監視塔や検問所による移動管理と屈辱感漬けの心理操作で占領地住民を抑圧する、建国以来の国際法・国際人道法違反を累積するばかり。米国は国連でのイスラエル非難決議案は拒否権で排除しつつ、イスラエルには　別格の対外援助の支援で擁護するから、国際的に秩序紊乱の不正義が無限に蓄積される。

1970年代にはオイルショックに驚愕しアブラ獲得のため対米服従を止め一時「親アラブ」の旗を

振った日本は、その後、中東産油国群の位置取り変遷に応じ、湾岸戦争・冷戦終結・オスロ合意以降は、中東問題でも米国追従に安住するようになる。パレスチナ問題の「二国家解決方式」の虚偽性には鈍感な日本社会がそれに跳びつく傾向は、ヤマト国家の植民地主義・人種主義・軍国主義の素地に加え、日清・日露戦争からアジア・太平洋戦争にかけての帝国主義クラブの体感の名残りや、「満洲国」ノスタルジア、身についた西洋崇拝とアイヌ民族・琉球民族観、現今の中国・韓国・朝鮮・ロシア観などが関係しているのではないか。

「パレスチナ国家」は、その目標・構想から胎生・形成過程・構成・機能・法的位置づけ等の局面で、パレスチナ解放運動の主体的課題であることと並び、むしろそれよりその外部から、一方では確かに連帯・協働の働きかけ／道義を踏み外す世界のリドレス志向／の議論もあるものの、〔第一次大戦以降、欧米の世界管理が人工的に組み立てたワンセット「中東諸国体制」の核心〔欧米の前哨〕＝シオニスト国家の安泰を補完するものとして〕中東和平戦略におけるミニ国家「パレスチナ」設定という動機づけで語られることが断然多かったことは否定できない（上記、イスラエル擁護・護持の「二国家方式の和解」を前面に押し出して1967年以後だけを語り、ナクバや1948年の独立またその国際環境そしてイスラエル国家のあり方と行動が発揮する「和解」とは矛盾するばかりの植民地主義・人種差別暴力については沈黙し、ひたすらホロコーストと対置される国家の「聖性」・加盟時に国連が認めた「平和愛好国」性、中東では例外の「民主国家」が謳われてきた）。

しかし、パレスチナ人の解放運動の主体的・組織的出発が1967年六日戦争の総崩れを経た上でのことだった冷厳な事実も、確認しなければならない。国連も、設立時と異なりアジア・アフリカの新興国が増加してパレスチナ問題への取り組み方が大きく変わるのも、1970年代を待たなければならなかった。〔国連総会ＵＮＧＡがＰＬＯのアラファート議長を招請し、彼の「オリーヴの枝」演説を聴き、パレスチナ問題の公正な解決のため、パレスチナ人民の不可譲の自決権と主権国家独立の権利を確認し、さらに難民の帰還権を再確認する決議３２３６を可決するとともに、以下の展開が生じる。〕

１９７４年11月22日ＵＮＧＡ決議３２３７：ＰＬＯに国連のオブザーヴァー組織の資格を与える（賛95，反17、棄19，欠7．翌年１９７５年11月10日のＵＮＧＡ３３７９は「シオニズムは人種主義」賛72、反35、棄32〔この決議は米ブッシュ〔父〕大統領の策動で１９９１年12月16日のＵＮＧＡ46／86で取消される．賛111、反25、棄13〕）

１９８８年12月15日ＵＮＧＡ決議43／177：（１９８７年12月8日ガザで発生、被占領地全体で燃え上ったインティファーダ〔市民抗議運動決起〕の状況下で、１９８８年11月12日アルジェでのＰ民族評議会の「パレスチナ独立宣言」を受け）

パレスチナ独立宣言を承認し国連におけるオブザーヴァー資格の主体をＰＬＯからパレスチナに変更。

２０１２年11月28日ＵＮＧＡ決議67／19：パレスチナに国連での非加盟オブザーヴァー国家の資格（ローマ教皇庁のヴァティカン市国と同等）を与え、安保理決議242（１９６７年）及び338（１９７３年）に基き１９６７年六日戦争に先立つ境界による二国家方式の解決への国連の責任を再確認するものであるとし、本決議がＵＮＧＡ決議181（いわゆるＰ分割決議、エルサレムの国際化とともに、ユダヤ人国家と並ぶアラブ国家設立をも定めた）の65周年に当たることを想起している。

こうして、パレスチナは自治政府が２０１４年末ＩＣＣのローマ規程はじめ国際条約16に署名、２０１５年4月1日正式にＩＣＣ加盟国となった。これにより、パレスチナでのイスラエルの戦争犯罪や人道に対する罪につきＩＣＣの管轄権が及ぶこととなり、ネタニヤフ首相とガラント国防相の逮捕状請求も行われ、野放し・不処罰の犯罪が追及されることとなった（これへの過程は前稿末尾の「〝コロナ禍〟に幻惑されて…」のＵＲＬ最終部分でも触れている）。本稿冒頭に書いたように、パレスチナの国連正式加盟が安保理の議題となるまでにも到った。10月7日以降パレスチナ承認国はバルバドス、ジャマイカ、トリニダード・トバゴ、バハマ、スペイン、アイルランド、ノルウェイ、スロベニア、アルメニア、…と続々と現れ、他方、イスラエルと国交を断つ国はコロンビア、トルコ、に始まり増加の気配。承認国がイスラエル１５７、パレスチナ１４５の形勢は、まもなく逆転しそうだ。

　それにしても、戦っているイスラエルとパレスチナとは、「国」同士とは、とても言えない。イスラエル国家については、次節で考えるが、ことに「パレスチナ国」は、すでに観て来たように、それを「国」として問題とすることには深い意味合いが籠められているとしても、その現実の姿は一種の「解体国家」、良く言って「形成途上国家」、厳しく言えば「架空国家」だ。西岸地区はラーマッラーの「自治政府」がイスラエルに首根っこを押さえられて小児まで捕らえる行政拘留や武装入植者の暴行にも対抗できず、イスラエルの占領支配の下請機関のごとき役割を強いられ、民衆からは官僚主義や腐敗への批判の突き上げを喰う状況だが、ここも非ユダヤ人をヨルダンに追い出す民族浄化の狂躁のるつぼと化さないとは限らない。これに対し、ガザ地帯では、17年間の長期にわたるイスラエルの厳重な封鎖政策により、生存の基礎条件も生業の回転条件も全面喪失状態だが、ハマースの領導下、非暴力・軍事力の抵抗とそれへの絶えざる爆撃・破壊・殺害の集団懲罰に耐えてきた青空監獄が、ついに格段の激烈さで月面化・ジェノサイド・避難所の病院や学校が最大の攻撃目標とされ逃げ惑う放浪・飢餓渇水・爆死圧死餓死病死・脱出の苦難と屈辱・の地獄図的限界状況と化した。

　このような国家なき場で、抵抗をどのように組み立てなおすのか。60年の遍歴を辿ってきたファタハや人民戦線など、35年近くの闘争をかさねて来たハマースなどに代わる若者たちの新しい政治指導部が市民大衆にまったく斬新な活路（公正・正義と平和を拓く抵抗権とコミューンの新構想）を示すことができるか否かに、イスラエル市民をも含めたパレスチナ社会の将来の成否がかかっているだろう。

（4）シオニズム国家プロジェクトの終焉は近いか

２０２２年末に成立したベンヤミン・ネタニヤフ第6次政権は、リクード／ユダヤ・トーラ連合／シャス（トーラーを遵奉するスファラディ連合）／宗教シオニスト党（国家連合トゥクマ、党首スモトリッチ財務相・国防省付）／ユダヤの力［オツマ・イェフーディート、強硬反アラブ＝ユダヤ民族至上主義のカハネ主義、党首ベン‐グヴィール国家安保相］／が連立するイスラエル史上未曽有の極右政権だが、発足時からの法制改革強行めぐる迷走、23年10月7日以降形成した戦時内閣解体（野党リーダー ガンツ元国防相離脱）、国際的孤立、米バイデン政権との確執・騙し合い、24年11月5日米大統領選のトランプ勝利まで戦闘状態の維持めざすネタニヤフの綱渡りは、イスラエル国家の危機を激化させる。

イスラエルの体制批判の歴史家イラン・パペ（１９５４年ハイファ生まれ。脅迫・迫害を受けて２００６年国を離れ、英国エクセター大学で社会科学・国際政治学教授）は、「シオニズムの崩壊」を論じイスラエルの末期症状を見つめる（Ilan Pappé, The Collapse of Zionism, New Left Review: blog Sidecar – Politics, 21 June 2024.）。彼は崩壊を予見させる六指標を挙げる。

①イスラエルのユダヤ人社会の分断（いずれにしてもアラブ排除的だが）。セキュラーでリベラルの「イスラエル国家」派vs.アクサーモスクを潰し第三神殿建設めざす「ユダヤ国家」派。10月7日後に前者

の50万人以上がイスラエルを去った。アラブ世界・人類全体にとっても苦々しい予兆。
②イスラエル経済の危機。米国の財政支援も水の泡。戦時経済の加重に制裁が追い打ち。入植偏重政治の無策。納税の80％を負担する市民の20％が国外への投資先移転を考慮。
③国際的孤立の影響の深刻化。世界で除け者の「パーリア国家」化加速の危険。国際司法裁や国際刑事裁がイスラエル国家に対して採った前例なき判断措置は、かつて世界的なパレスチナ連帯運動も国際的制裁行動を切り拓けなかった状況を大きく変え、グローバル市民社会の注意を喚起し、イスラエル国家への湧き上がる批判の合唱を立体化した。
④世界規模でユダヤ人若年層の間に起きた激変。9カ月間に生じた驚異の出来事は、彼らがイスラエルやシオニズムとの関係を捨て、パレスチナ人との積極的連帯に参加したこと。米・イスラエル公共問題委員会ＡＩＰＡＣは今なおキリスト教徒シオニストらの支援に頼れるとしても、ロビー活動の威力は減退する。
⑤イスラエル国防軍ＩＤＦの弱さ。10月7日で暴露。イスラエル市民の多くが、当日レバノンのヒズボッラーが共同作戦に出た場合を想像、ＩＤＦは幸運だったと感じた。24年4月イランによるドローンやミサイルの警告攻撃の際も米軍〔やヨルダン〕など地域同盟者の重要性が痛く認識された。兵員不足から、超正統派ユダヤ教徒（ハレーディーム）の建国以来の神学生徴兵免除特権の取消し、召集開始は、厳しい政治対立（ハレーディームの出国など）を生じている。
⑥パレスチナ人の若い世代のエネルギー復活。既成の政治エリートに比して、彼らの団結・連携・構想力は遥かに優れている。ガザや西岸で、世界でも最大比率の若年層の新集団が、解放闘争のこれからに絶大な影響力を発揮するだろう。若いパレスチナ人の間での議論は、ＰＬＯ改革にせよ、丸ごと

新組織創出にせよ、真に民主的な組織づくりが中心の論点で、自治政府の旧来の国家承認を求める運動とは絶縁した解放ヴィジョンを探求しようとするもの。彼らは、信用を失くした2国家モデルでなく1国家解決を目指すと観察される。

イラン・パペは、イスラエル国家の倒壊が予見可能となってきた現在、英・米とシオニストとが「平和」を名目にパレスチナ人を引き回す時代は終わって、これからはパレスチナ人の主導的動きにイスラエル人や欧米人がreactすべき時代へと移り、自由と脱植民地化とがテーマとなり、国家建設より東地中海の多元的社会・文化の創造的発展が課題とされると見ている。

(5) 気がついたら、核兵器まで絡む世界戦争という危険に心せよ

2024年の世界は、世界中あらゆる国で、激しい分断・内部対立が生じ、権力の争奪・移動・変貌が起こるだけでなく、それが国家相互間の対抗・抗争や地域紛争とも結びつき、また地球上の戦乱・争乱の各々の諸局面とそれらへの対応・対処とが連関・連結し合う、といった複雑な事態を現象させている。情報と情報操作との錯綜につけ込んで、メディアの機能やインテリジェンス活動や人工知能の利用の効果・効用も、組織的・機構的に多面/多角/多層/複域/選別/標的/性をフルに発揮させられている。このような技術依存のもとで、統治や政治指導における傍目《はため》にも恥ずかしい程の私利私欲追求の倫理逸脱が発生、そこから世界を覆う政治の腐敗・劣化の拡大・重複という状況が起きてきている面があるのではないか。

ここで、綻びた体制の泥沼において、戦争の持続・拡大が政治生命維持の残された選択肢となる

ような処での破局の急迫性を考えておかなければならない（1945年、私は中学3年生なりにそのような緊迫の感覚を味わった記憶をもつ）。パレスチナでの戦乱はウクライナ戦争の動向／アジア（台湾・沖縄・東南アジア）の情勢／とも密接するので、イェメン・エジプト・キプロス・レバノン・シリア・ヨルダン・イラク・〔改革派とされるペゼシュキアン大統領出現の〕イランで何がどう仕掛けられるか、注目しなければならない。そして、停戦交渉相手のハマース指導者ハニーヤが選りに選ってテヘランで殺される（2014年7月31日）戦争やめないぞのサイン。世界戦争突入も辞さずか。

以上

註

（1）『アラブ調査室』2022年5月号より許諾を得て転載したものに加筆した。
（2）IWJインタビュー（2014年8月1日、2日）のためのメモ資料。
（3）フォーラム「ガザ・中東・世界」（2024年3月2日）資料。
（4）2024年6月23日資料より転載。

2章 グローバル・サウスの潜勢力とグローバリゼィションの顚末

非道の暴力＝植民地主義に抗する世界地図を描くために

佐藤幸男

はじめに

ロシア・ウクライナ戦争からイスラエルによるパレスチナ・ガザ攻撃へと人間破壊の連鎖がやまない。その一方、欧米世界は自己没落しながら、世界全体を奈落の底に引きずり込もうとしている。イスラエルの飢餓暴力（意図的飢餓による虐殺）、人種差別暴力が凄惨な民衆の殺戮を引き起こし、人間の尊厳を無視する歴史的な暴挙が繰り広げられている。そのなか、ジェノサイド条約に違反しているとして南アフリカは国際司法裁判所（ＩＣＣ）に提訴（２０２４年1月11日）した。さらに国際司法裁判所予備審裁判部は国際人道法に反するとしてロシアのプーチン大統領に続いて戦争犯罪人としてネタニヤフ首相に逮捕状を請求すると表明した（5/22/2024）。これによって、イスラーム社会だけでなく、アフリカ、中東、中南米、東南アジアなどいわゆる「グローバル・サウス」を中心にした連帯が欧米のZ世代にも波及し、パレスチナ連帯の機運は高まっている。その一方、欧米国内では排外主義的極右勢力が台頭し、人種差別的暴力の横溢をもたらしている。

イスラエルを支援し、そしてイスラエルに武器を供与し続け、ジェノサイドを容認するアメリカ、それを無条件で支持しているイギリスのグローバルな孤立も鮮明になった。ドイツと同様、ユダヤ人のホロコーストに責任のあるフランスは反ユダヤ主義（Antisémitisme）という誇りを恐れ、「人権大国」としての自負をかなぐり捨ててしまったかのように「対テロ戦争」を国内に適用し、パレスチナ支援のデモや集会の開催を封じた。「第三世界」運動の一環としてのパレスチナ民族解放闘争という側面を持つハマス蜂起のうねりをつくりだす病理の根源を問う必然があるここにある。

1980年代アメリカ・レーガン政権が主導した米国流金融資本主義の世界化を本質する「新自由主義」が世界を凌駕した。これがこんにちのグローバリゼィションの源流をなしている。国境を越えたヒト、モノ、カネ、情報の自由な移動を促す「グローバル化」を支援し、アメリカの再生に呼応するドイツのコール、イギリスのサッチャー、日本の中曽根が足並みを揃えた合作である。そして「イスラエル例外主義」の戦列に加わり、第三世界の結集力を削ぎつつ介入主義を採用するアメリカの外交政策を「国際協調」の名のもとで支援し続ける戦略構図である。第三世界はメキシコの債務危機を皮切りに金融資本による債務危機の時代となり、抵抗力を奪われる。しかも世界を包囲する新手の植民地主義が席巻することとなったのは、英語帝国（イラク戦争を唱導したブッシュとブレアが手を結んだ「グローバル・ブリテン」の原型がここから生まれる）と物質主義による競争社会なのである。その帰結は、グローバル化に内包された「組織暴力」である植民地支配に対抗するグローバルサウスへの惑いと軽視のツケを負わされた欧米文明の末路である。

グローバル化のもとで鮮明となったのは世界大の格差・分断であり不平等である。先進国や途上国を問わずに国内各層に格差や不平等が浸透し、社会的分断・格差、不平等に拍車をかけることでデモクラシーの危機、人文知そのものの危機が生まれたのである。国連開発計画（UNDP）が1990年から発表するようになった『人間開発報告書』は、毎年のように世界における極端な経済的不平等配分の現状に警告を発してきたにもかかわらず、富裕層には有利な、貧困層には不利な世界的富の配分の偏在がとめどなく進行した。2005年版報告では、世界人口のうちで最富裕層10％は、世界の総所得の54％を占める一方、最貧困層20％は1・5％に過ぎず、新自由主義的な政治経済システムによる野放図な経済活動に起因し、ニューヨーカーとアマゾン先住民とのあいだには所得や生活規模で目もくらむようなギャップがあるのは想像にかたくない。

　世界的不平等は人種／差別／分断／格差／移民排斥／コロナ・パンデミック／ウクライナ／ガザ戦争を介してさらに鮮明となった。その根源はいうまでもなく、世界大戦後の国際秩序の虚構性にある。ラシード・ハリディ（Rashide Khalidi）が2020年に著した『パレスチナにおける100年戦争』は、イスラエルの植民地主義の根深さと欧米世界の欺瞞を描いている。[※1] それればかりか、仏語圏アフリカからの植民地主義断罪の声、「グローバル・サウス」とよばれる非西欧世界が偽善的な欧米文明の虚偽を声高に告発し始める。戦争と介入・侵略がもつレイシズムによって、世界に未曾有の混乱が押し広がり、「三枚舌」「二重基準」「法の支配」にささえられてきた国際秩序が解体しつつある。かつては植民地帝国と君臨したフランスもまた21世紀になってからマリ、ギニア、ブルキナファソ、ニジェールでおこった凄惨な暴力を伴うクーデターは、フランスによる支配を終わらせる最後の痙攣（Achille Mbembe : 2023）となる症候群を露わにしたのである。[※2]

　世界システム論を提唱したI・ウォラーステインが「長い20世紀」と名付けるように、近代国際政治の争点は、戦争原因である植民地における罪責と賠償をめぐる関係性への問いであり、第二次世界大戦・冷戦時代では新興の大国アメリカと第三世界とが互いに拮抗する歴史であったことをまずは確認しておきたい（佐藤幸男：2016）。この世界秩序は、西欧諸国を主体とする「世界化」の運動の帰結として形成された。そのプロセスの組織原理が「植民地支配」であると西谷修［2001：139–140］は指摘している。19世紀以降の産業主義と資本主義経済とが結びついた「植民地支配」の帰結が第二次世界大戦後の国際秩序の基盤となり、さらなる西欧的価値のヘゲモニーによる世界の一元化を永続化しようとする「秩序」のグローバル化なのである。

いま、ポストコロニアル世界の構想が注目されるのは、このような時代状況だからである。植民地主義問題の発現となったスペインのインディアスの破壊を告発したラス・カサス（1484–1566）の『インディアス破壊を弾劾する簡略なる陳述』の続編『インディアスの破壊をめぐる賠償義務論』（柴田秀藤訳）が岩波文庫として２０２４年に発刊されたことはけっして偶然なことではなく、きわめて示唆的であり、暗示的でもある。[※3] なぜなら、植民は、民衆の生命の根幹を脅かし、揺るがし、取り返しのつかない暴力だからである。

註

（１）Rashide Khalidi（2020）*The hundred years, war on Palestine*. Profile Books. U.K.

（２）アシル・ンベンベ（2023）「西アフリカのクーデターは約1世紀続くフランス支配の終わりを告げている」（中村隆之訳）『世界』5月号、２０２４年、145–153）。その余波は南太平洋のフランス海外領土ニューカレドニア暴動（２０２４年5月20日）に波及した。マクロン政権はフランス安全保障政策の主舞台をインド太平洋地域に移し、先住民族カナクの参政権を抑圧している。これはイスラエルがパレスチナで進める暴力的な入植者植民地政策と変わらぬ弾圧にほかならない（土田修［2024］「マクロンの「軍隊派遣」発言とフランス・メディア（http://www.

labornetjp.org/news/2024/0520utida. ２０２４年5月23日閲覧)。フランスが植民地主義の禍根から逃れられないのはヨーロッパが特権的地位、なかでも第三世界を搾取した上に成り立つヨーロッパ的言説の位置を維持したいという願望の裏返しでもある。Lars Jensen［2020］、*Postcolonial Europe*. Routledge. UK.

(3) さしあたり、松森奈津子［2010］「移動、遭遇、戦争：インディアス問題にみる世界観の転換」押村高編『越える風行社、第2章を参照されたい。

1　グローバリゼィションの末路としての世界戦争

世界を終末的状況に追い込んでいるウクライナとガザを「世界の終わり」として読み込むのは、それが人類的・生態的危機であると同時に、累積的に悪化する地球環境、グローバルな規模での貧困と格差拡大が誰の目にも明らかになったからである。スラヴォイ・ジジック［2024］は近著のなかで、核戦争、生態系の破壊、地球規模の経済的および社会的な大混乱、ロシアによるウクライナ侵攻は新たな世界大の戦争を予兆させる。

世界戦争を前に、たちすくむ世界、その見つめ方が問われている。世界は、いまあらゆる次元で分断・解体に直面し、人類史上かつてないような地球生態系の破壊をもたらしている。新自由主義、市場経済至上主義を駆動源とする採取主義が環境破壊、生態系の破壊、気候変動、自然災害、環境負荷の重圧が経済格差、ジェンダー、人種などの複数の要因によって不均衡にして不当に配分されてきた。特に、疎外された都市や社会集団はその被害をより深刻に受け、植民地や入植地においては数世紀にわたる資源の搾取が継続され、人間疎外を作り出し、破壊的なランドスケープが繰り広げている。人間を含む生態系全体のネットワークと関係のもつれによる脅威が近代化の暴力（ブルドーザーによって削られた大地、鉄柵に囲まれた境界線、資本主義的な廃棄物の残骸、汚染された風景、近代化の墓場）に集約にされることから最近頻繁に用いられている「人新世（anthropocene）」という概念が生まれた。この概念の提起者ダナ・ハラウェイ[※1]（Donna Haraway）は、現代のフェミニズム理論家のひとりであるが、レーガン政権下の政治的現実を参照軸にして、矛盾する世界における思考と行動を連携させていくための政治的提案から、この概念が生まれたという。その目論見は、フェミニズムにたいするアイロニカルな政治的神話を構築し、人種差別的・男性優位的・資本主義的・進歩主義的な西欧的ロゴスがさまざまな二項対立を生み出しているがゆえに、この二項対立に起因する搾取／抑圧、階級／ジェンダーのない世界を希求すること、そのためには豊かな構想力を養うことを目指すものとなっている［副島美由紀：1994, 175–178］。

グローバル資本主義は時間的かつ空間的な「外部」から容赦ない搾取を暴力的に繰り返すことで「自然」「動物」「人間身体」を収奪し、棄損するのである。ウイリアム・ロビンソン（William Robinson, 2024 : 485–489）は、「グローバル危機とパレスチナ」と題する論考[※2]で、西欧支配層においてのジェノサイドは過剰蓄積あるいは余剰資本という経済問題と余剰人間の叛乱という政治問題を一挙に解決する手段として理解され、いまのガザで進行している事態もこの了解のもとで容認されてきていると指摘している。たしかに、イスラエルは80年代半ば以降、新自由主義的な改革を推し進め、国土安全保障産業（軍事・治安・諜報・監視技術）への特化を図り、いわば先住民抹殺それ自体が新種の資本の価値増殖運動として作動している点に注目する必要性を強調している（廣瀬純：2024, 40–41）。

環境破壊としての戦争、消費主義による環境汚染、気候・生態系、エネルギー経済、資源枯渇など、産業革命の背景にあった資本主義化されたグローバル世界とそこにおける世界的な不平等、殖民／植民地主義、搾取といった非対称的な関係から、欧米と第三世界との経済的かつ生態的な不平等が生みだされ、欧米の「発展」がもたらされたことが確認される。

グローバル化は、生産、商品、技術といった経済活動にとって必要不可欠な要素の自由な移動を推奨しながらも、労働力の移動を厳しく制限する権利を国家の判断に委ねているのである。しかもグローバルな所得の最大化からの逸脱が正当化されるのにたいして、個人の所得向上は限定的であるという問題を含んでいる。なかでも、難民、避難民、不法入国者、移民をめぐるさまざまな語りに新たな「危機」を予兆させる。それは空間を形作る境界／障壁としての「国境」が貧しさと豊かさをみごとに分離し、互いの接触を拒む場所である。

合衆国とメキシコとの間のフェンス、パレスチナを包囲する壁、英仏間に立ちはだかる海峡の壁、地中海におけるヨーロッパ対外国境管理協力機関による準軍事作戦によって防衛される島嶼（ランぺゥーザ島）を散見するだけでも、力動的な群像劇が展開する。移民を送り返すか、あるいはベラルーシのルカシェンコのように、難民を武器化するのか、さらには収容キャンプを援助と引き換えに国外へ強制的に送還する施策を表明した英国スクナ政権の「ルワンダ安全法案」（2024年4月）に見られるように、自国防衛を口実に人間を非人間化するし、人間の境界を暴力的に設定する「国境産業複合体」を育みつつ、他方で人種差別を伴いながら人間の敗退が進行している。これを政治地理学者である北川眞也は「植民地主義の内部化」と呼び、反植民地叛乱としての移民運動の劇的増加に着目する重要性を主張している［北川眞也：2024, 第2章］。

コロナ禍に置かれた移民／難民およびパレスチナの窮状を国家の劣化として活写した錦田愛子［2021：27–57］は、グローバル化社会の中での人権が保障される重要に言及している。世界の秩序の変革無くして「死」を迎えつつある予兆をまえに、経済成長に執着する国民国家というシステムを変革すること、〈国民―国家―資本〉のトライアングルの外側へと脱出する構想力や可能性を追求する道を探せねばならない。

問題は局所にある不正義ではなく、総体的な世界の崩壊状況にこそあること、国家主権をひけらかし軍事力によって局面打開を主張することの危険と愚考、その典型が国際秩序の維持論である。「法の支配」「自由で開かれた国際秩序」、「国際社会」といった欧米世界がこぞって唱和する「国際秩序」とは、植民地支配や戦勝国が主導した秩序であること、それを担った「白人」の論理（自民族中心主義）であること、そしてその勝者のみが自決権と主権と現状打開のための抵抗権を持つことが許されるという、現実である。偽善と排除との共犯システムとしての戦後国際秩序＝冷戦があった。これをケンブリッジ大学の冷戦史研究者 Heonik Kwon（2021：379–386）は、戦後国際政治の特質を「ポストコロニアル冷戦」と名付けているように、公正な世界を構築するためには南北関係の国際政治的認識を問い、第三の鏡として知の組み換えが必要である。

ヨーロッパが近親憎悪を繰り返すアイデンティティ・クライシス（あるいはアイデンティティ・ポリティクス）の帰結としての戦争、その争いの背後に植民地主義に呪縛される「近代」の罪があること。この近代はとりもなおさず、ヨーロッパ中心主義によって世界に伝播した特権的は世界であり、そのもとで形成された国際政治とは自国利益の「欲望の主体」としての国民国家の系譜学のもとでしか理解し得ないと解しているかのようである。まさに、分断と対立は、デモクラシーとは対極にある事象にほかならないのである。たしかに、かつて大国中心に時代を描く世界観があった。非西欧世界は最も知られざる領域のひとつとってきた。この地域にたいする無知を恥じることなく、植民地宗主国の統治を是としてきた歴史がある。こんにち、「グローバルサウス」と呼ばれる第三世界の台頭の歩みをとらえながら、以下では将来を展望する道を探してみよう。

註

（1）ダナ・ハラウェイ（Donna Haraway）［2017］「人新世、資本新世、植民新世、クトゥルー新世：類縁関係をつくる」（高橋さきの訳）『現代思想』12月号。

（2）William Robinson［2024］"Palestine and Global Crisis," *Journal of World-Systems Research, 30*（1）. https://wsr.pitt.edu/ojs/plugins/generic/pdfJsViewer/pdf.js/web（２０２４年５月20日閲覧）あわせて廣瀬純［2024］「自由と創造のためのレッスン（140）『週刊金曜日』１４７２号

2　第三世界からグローバル・サウスへの系譜学

グローバリゼィションが繰り広げる空間と人びとの再編成のなかで見いだされる搾取と収奪を構造化させ、それをさらに一層強化していることを、西川長夫は「〈新〉植民地主義」として捉えている。西川にとって「国民国家とは植民地主義の再生産装置」であるというテーゼを立論としながら、グローバリゼィションは境界線を壊し、固定的であった人種的民族的境界を流動化し、新たな関係性を創出する動態として定義した（西川長夫：2006, 268）。しかも国家と資本による大地の資源収奪は、先住民にとっては「聖地」であり、生命の宿る「場」であり、伝来の固有なネーミングの系譜としての生命を持っているにもかかわらず、国家主義と採取資本主義あるいは鉱業資本主義によって破壊された先住民の聖地の生気を「伝統文化」という枠組みに押し込み、補償金の問題に矮小化する（アボリジニをはじめアイヌ、カナクなど枚挙にいとまがないほど先住民の地をめぐる闘争が繰り広げられている）。[※1] これを地存在論（geontologies）の政治学として概念化したのが人類学者のエリザベス・ポヴィネッリ（Elizabeth Povinelli）である。彼女は、「伝統文化」に封じ込まれた聖地

の土地を鉱業資本に貸借することで「死んだ」土地に息吹を吹きこみ、先住民に声を与え、他者化され過去化され非生命化された先住の民とその場所での行為能力を認めることを政治の契機とする。[※2]

グローバリゼィションによる苦境をあらわす対抗概念として提起された「人新世」であるが、そのなかでも植民地主義、資本主義、人種差別の歴史と地球環境問題との連関を切り結ぶ概念として「殖民新世(plantationocene)」があることを、忘れるわけにはいかない。グローバルヒストリーと協奏する殖民主義は強制労働のみならず、微生物、動植物の地球的規模での移動によって資本主義経済の原理的な枢軸をなしていた。その来歴を見ればわかるように、人と植物の移動、強制労働のシステム、奴隷労働や賃労働に関わらず強制された労働によって単一栽培方式がさまざまな生命体を一元化していくプロセスである。そこで切り離すことができないのは奴隷労働だけではなく、囚われの状態にある他の生物に置換するために輸送、移動、殺戮が繰り返されてきたことである。そして、いまなお、この思考様式は社会的領域に取り込まれ、「新自由主義」の名のもとで維持／強化されている。小峰敦（2023）は「計量テキスト分析による〈新自由主義〉の共起：媒体ごとの40年間変遷」（龍谷大学経済学部ディスカッション・ペーパー23（１））で、「新自由主義」という語彙の使用頻度が21世紀になってから急増していることを明らかにし、さらにその使用領域が拡大していることを明示的に論じている。これとあわせて「グローバル・サウス」という用語の使用頻度も、ほぼ同じ軌跡を辿っている。メタ・カテゴリーとしてのグローバル・サウスは、１９９４年には1件であったが、２００５年には30件、さらには２０２０年には１６００件以上と学術分野で急増しているのである。しかし、多くの論者はグローバルサウスの来歴を振り返ることもなく、その政治的未来像を語ろうとはしない。

いうまでもなく、第三世界の生成と展開からグローバル・サウスの来歴を辿ることの意味合いは極めて明白である。なぜなら、世界的規模で、南北問題あるいは南北の構造的矛盾とか対立に焦点が当てられた１９５０―70年代に「第三世界」という概念がフランスの知識人のなかから生まれ、欧米中心の世界秩序の裏側の人びととの眼差しから20世紀の冷戦世界を捉えなおそうしたことに端を発する。戦間期から１９７0年代に主に環大西洋で展開した黒人の反植民地主義、反人種差別運動、民族自決、独立運動を論じるなかから搾取的な階層秩序の打倒を構想し行動したのである（長縄宣博、［2024］65）。

『褐色の世界史：第三世界とはなにか』（２０１３年、増補改訂版２０２３年、粟飯原文子訳、水声社刊）の著者ヴィジャイ・プラシャド（Vjjay Prashad）は、「第三世界」という言葉は今も使われているが、そのほとんどが途上国や経済的後進国をさしているが、それだけではない。本書の序文冒頭で《第三世界は場所ではない。プロジェクトである》。このプロジェクトはたんに、これまで植民地下にあった諸国が独立し、西洋先進国と並ぶようになるということではない。それまで前近代的として否定されてきたものを高次元で回復することによって、西洋先進国文明の限界を乗り越えるというエピステモロジー（認識論）であるとしているように、〈南〉と〈北〉との関係性に埋め込まれている植民地主義を問うことなくして、公正な世界を構築することはできないのである。非道で強い不正義である植民地主義の暴力こそが消滅されねばならない。

　第三世界の民族解放運動が国連を中心に展開した。つまり、途上国の連合体は、大国に従属せず、国連を通して力を行使しえたのである。もう一つ大事なのは、第三世界が１９２７年ブリュッセルで結成された「反帝国主義連盟」から始まるという指摘である。[※3] このことは、第三世界が帝国主義戦争（第一次大戦）の結果として生まれてきたことを意味する。国際政治の上で組織的なまとまりを見せたのは１９５５年のアジア・アフリカ会議であり、その後に発展したのが非同盟運動であった。[※4] バンドン宣言にはじまり、国際連合総会を軸に、国際経済貿易秩序変革に主体としてのＧ77といった枠組みができることで、第三世界の攻勢が国際政治場裏で展開したのである。そこから、1970代以降「第三世界」が政治の表舞台における脱植民地化の共通性、連動性の基礎となった。

しかし、その後1980年代アメリカ・レーガン政権が主導した米国流金融資本主義の世界化を本質する「新自由主義」が世界を凌駕し、第三世界への反攻をはじめた。これがこんにちのグローバリゼィションの源流をなしていることはすでに述べたが、徐々に第三世界はその結集力を奪われ、国際金融資本による介入主義と協働するアメリカの外交戦略によって後退を余儀なくされた。しかし、21世紀が幕を開けるとふたたび「第三世界」は息を吹き返すことになる。その始まりは2001年9月、南アフリカのダーバンで開かれた「人種主義に反対する世界会議」(ダーバン会議)である。その際に採択された「大西洋奴隷取引などの奴隷制度と奴隷取引」を「人道に対する罪」と糾弾し、「植民地支配が起きたところはどこであれ、いつであれ、非難され、その再発は防止されなければならない」とする政治宣言である。

これは過去20年間に世界各地で人種差別撤廃の契機ともなった。そのうえで「人種差別、外国人嫌悪、不寛容の行為と効果的にたたかう一義的な責任は国にある。そうした行為はいつでも非難し、再発を防止しなければならない」とし、「法制上の措置を含めて適切な予防策をとることを各国に求める」として、議会、市民社会、民間部門を含めたすべての国、国連、国際・地域組織に対して、ダーバン宣言と行動計画に沿って人種差別撤廃の努力をさらに強めるようになったのである。奇しくも2003年、エドワード・サイードは「文化は闘う手段である」(日本語版、文庫帯)というサブタイトルを掲げて『文化と抵抗』(*Culture and Resistance*, South End Press. 2003, 邦訳、大橋洋一/大貫隆史訳『文化と抵抗』筑摩書房、2008年刊)を著した。排他主義的、分離主義的な西欧的価値観に鋭い異議を唱え、帝国主義と〈テロリズム〉の起源について、マスメディアの欺瞞、それに対抗する批判的精神、抵抗運動における文化の役割を強調することを通じて、パレスチナと共鳴する第三世界の再生を呼びかけているかのように力強いメッセージ性を持つ内容である。しかも、このダーバン会議をめぐっては、政府間会議には会議の流れを左右した二つの大きな争点があった。ひとつは、15世紀に始まる植民地主義・奴隷貿易に対する謝罪と賠償の問題であった。もうひとつは、イスラエルとパレスチナの問題であった。パレスチナやアラブ諸国による「イスラエルは人種差別国家」「シオニズムは人種主義である」という強い主張があった。全体としてこれを支持するムードが高まったとき、アメリカとイスラエルの代表団は抗議して会議から引き揚げた。

もとは、南アフリカとイスラエルとの関係は特殊であった。その蜜月を象徴しているのは、1979年の「ヴェラ事件」と呼ばれる南極大陸沖での共同核実験である。当時、「はみ出し国家」と国際社会から名指しされ、非難された両国が共同で南極大陸沖での核実験を行ったことで世界が驚愕したほどに、その関係は極めて異質であった。その後は、周知のごとく、南アフリカは、マンデラ大統領誕生への途を歩み、アパルトヘイト廃止、核兵器破棄、ダーバン精神による人種差別撤廃運動を牽引することになった。これにたいしてイスラエルはパレスチナにおける入植者植民地主義[※5]を強固に推し進めてジェノサイドを平然と繰り返す「はみ出し国家」の道に留まり続けている。

ダーバン宣言が実行に移されるためには、欧米世界の新自由主義経済からの転換が必要不可欠な要件であったが、それを恐れた欧米世界は「9・11」事件を徹底的に利用に、欧米資本主義・植民地主義批判が公的言説になることを恐れ、「テロリズム」予防を名目として非欧米人に対する差別・排除・ヘイトクライムが公然化する倒錯現象が繰り広げられた。この「ポスト・ダーバン時代」は、欧米世界が「自己満足」を強化するイデオロギーとして実現不可能な空論にとどめようとしたことから、世界各地域で生じる理論化、実践化の契機を与えた（大越愛子：2007)。

2020年国連本部で開かれたダーバン宣言と行動計画の採択20周年を記念するハイレベル会合では、植民地支配や根強く残る人種差別の補償の在り方について、謝罪だけでなく、記憶を伝え、次世代を教育するなど包括的な対応を求める声が上がり、グテレス国連事務総長は、アフリカ系住民や先住民への差別や暴力など「構造的な人種差別と不正が人びとの基本的人権を否定している」と指摘した。グテレス国連事務総長は、その根源に「数世紀にわたる奴隷制度と植民地の搾取」があり、「過去の犯罪が現在に及ぼす影響を認識せねばならない」と強調した。そして、国連加盟国にたいしてデータの収集や法整備など具体的行動を求めました。また、バチェレ国連人権最高弁務官は、植民地支配の補償には「損害賠償、再建、納得、二度と繰り返さないという保証」を目的とした広範囲な措置が必要だと指摘し、「それには公式に認めて謝罪し、記憶に残し、制度や教育を改革することも含まれる」「効果的な補償にはこれらすべてが必要だ」と強調した。なぜなら、補償は象徴的なものにとどまってはならず、財政的資金なども必要だと指摘している。「(宗主国が) 奴隷制度や搾取によって経済を豊かにしてきたことと合わせて考えられるべきだ」と述べ、奴隷貿易被害者の子孫は今も差別、貧困、低開発などのわなにはめられたままだと指摘するほどであった(金悠進 : 2019)。

期を一にして、2020年5月25日、アメリカ・ミネソタで起こった白人警官によるジョージ・フロイド殺人事件は警察権力による人種差別、人種間分断にたいする抗議運動に発展し、瞬く間に「ブラック・ライヴズ・マター(BLM=黒人の命も大切だ)」への支持が広げた。この広範な世界的な市民権運動を転回することになったBLM運動は、人種差別だけを争点とするのではなく、差別の歴史的社会的文化的な起源にまで遡ることで、階級間の資産格差、植民地主義の過去への反省、歴史認識の再審、奴隷制度などへの問いを促すこととなった。いうなれば、脱植民地主義と連動するBLM運動は、歴史的な奴隷制からの解放をめざす国境を超えた思想と共鳴している。それゆえこの運動は重層的な差別を問う運動である。それは貧困という暴力、不平等・不公正という暴力ばかりか、黒人の苦しみと抵抗を象徴する奴隷の歌の特権的な価値を通じてトランスナショナルに結びついた周縁性の発露として、闇に閉ざされた魂から生み出されるヘテロピアの実践にほかならない。世界に広がるピップポップやラッパーたちの「ソウル（魂の）・コンセンサス」からなる（たとえば、陣野俊史［2022］『魂の声をあげる』アプレミディ刊や島村一平編［2024］『辺境のラッパーたち』青土社刊を参照されたい）。

そればかりか、従来の植民地支配者や被植民地者のあいだの植民地社会の構造や力の不均衡を維持することを意図した古典的殖民主義とは異なり、先住民を排除し帰属や同化を求めて入植者の主権を排除し、先住民化による自治、反国家・反資本主義政治をグローバルな空間の中で再考しようとする理論として入植者植民地主義論《セトラー・コロニアリズム》がグローバリゼィションの「置き土産」として登場したことも忘れるわけにはいかない（Sai Englert［2022］,*Settler colonialism:an introduction*.Pluto Press.London.）越境移動に揺れる世界で入植者植民地主義、先住の人びとにたいする民族浄化、人種隔離／分断システム、法体系による構造的抑圧などに見られる集合的不正義が占領と軍事化された監視／取締を補完・強化することで人間として生きる権利、自由、正義、平等、公正、帰還の権利が阻害され、奪われたものを取り戻すための闘いともなっているパレスチナと共鳴するところとなった。[※6] 差別や偏見の再生産メカニズムは歴史的に継続的に作動しているばかりではなく、現代世界を規定する秩序に内包されている家父長制、白人至上主義、人種差別そして気候変動など、世界に存在するさまざまな不平等や格差／分断社会を生みだす要因に植民地主義がある。

ブラック・ライヴズ・マターはグローバルな位相をもっている。中山智香子［2022：282–302］は、「グローバル・サウス・ユートピア？-」のなかで、グローバル・サウスとは「グローバルな世界で何か不利益を受けたり不利な位置に置かれたりしている人びと」であるとし、連帯のためのもっとも重要な基盤的な存在である[※7]としている。

たしかに、2001年のアルゼンチンの民衆反乱、2005年のフランス暴動、そして2011年オキュパイ・ウォール・ストリートといった民衆蜂起が多系的な回路を通じて抵抗の水脈が形成されている。また、世界都市での都市的な蜂起ばかりか、アフリカから奴隷として連れてこられた黒人奴隷たちが先住民から学びつつ、彼ら／彼女らとともに土地に根付くことで、先住民化／土着化（indigenization）し、資本主義／国民／国家から構成された地球との関係、その「世界」を脱構築しうる創造的な大地＝脱植民地的開発による土地＝言語＝闘争形態が新たな構成される[※8]ことも、この「ユートピア」の大きな特徴をなしているといえる。

註

（1）佐藤幸男［2023］「〈文明〉と〈野蛮〉の交差路としての太平洋：ニューカレドニア・アラブ人の「静かなる痛み」とその生活世界」『信州イスラーム世界勉強会e定例会第25号』（https://www.shinshu-islam.com）ではニッケル鉱山をめぐる「地存在論の政治学」の一端を論じている。

（2）Elizabeth Povinelli［2016］*Genotologies: A Requiem to late liberalism*.Duke U.P. また森正人（2021）「オメラスを立ち去る人たちと、地存在論と」『人文地理学会研究報告要旨』https//doi.org/10.11518/hgeog.2021.0-32（2024年5月1日閲覧）を合わせて参照。

（3）Jacqueline Braveboy-Wagner & Gunter Maihold,［2021］"The "Global South" in the study of world politics: examining a meta category, "*Third World Quarterly*,Vol.42（9）, 1923-1944pp. 邦文では河合恒生［2023］「グローバル・サウスと資本主義世界システム」『アジア・アフリカ研究』63（4）, 60－70頁がある。

（4）中田英樹［2022］「20世紀ラテンアメリカの民族解放における国家主義」『PRIME』45号所収。なお、この明治学院大学附属国際平和研究所紀要『PRIME』45号（2022）は、「「非同盟」を問い直す」という特集を組み、優れた論考を多く掲載している。同様な研究機関が他大学に多くあるが、そのほとんどが論文の寄せ集め的な紀要になっていのに対してPRIMEは特集や編集を編む力量はずば抜けており、研究論集としての本来の姿を編集方針としていることに敬意を表する。

（5）入植者植民地主義（settler colonialism）とは、移動と定住が交差する現場で先住民社会を侵略的に入植した者が自らの社会に置き換えることによって機能する植民地主義の一種であると定義される。入植者植民地主義国家には、カナダ、アメリカ、オーストラリア、南アフリカなどが歴史的に存在したが、こんにち入植者植民地主義論は、イスラエル、ケニア、アルゼンチンなどの紛争を理解する上で、また、入植者植民地の広範な創設に関与した帝国の植民地的遺産をたどる上で注目されている。それは第一に、入植者植民地主義者は「居住するためにやってくる」商人や兵士、知事といった植民地斡旋業者とは異なり、入植者集団は先住民の土地を永続的に占領し、主権を主張する。第二に、先住民を排除し、その土地に対する国家主権と法的支配を主張し続ける。第三に、植民地支配者と被植民者の間の植民地構造や力の不均衡を維持することを目標とする他のタイプの植民地主義とは異なり、揺るぎない入植者の国家と国民という形で、植民地的差異の終末を目指す傾向にある。しかし、これは脱植民地化を推進するものではなく、先住民族自身を排除し、入植者の誤った物語と帰属構造を主張することによって、先住民族の土地に対する主張を排除しようとする。なお、この入植者植民地主義論は、オーストラリアの歴史学者パトリック・ウルフ（Patrick Wolfe）が提唱し、*Settler colonialism and the transformation of Antholopology*. 1999. continuum. として公刊された著作に依る。そこでは侵略の構造化と現在進行形の植民地主義に分析の力点を置くことで、ポストコロニアリズムとは異なる。Edward Cavanagh and Lorenzo Veracini（ed.）, *The Routledge Handbook of the History of Settler Colonialism*. 2017. Routledge.London. および Lorenzo Veracini（2021）, *The World turned inside out*.Verso. london があり、とくに、オーストラリア・メルボルン大学を中心とした研究プロジェクトの成果が最近公刊されているのが特長である。

（6）北川眞也［2023］「パレスチナと資本主義による略奪――「占領のロジスティック」という視座から」、在日本韓国ＹＷＣＡ編「交差するパレスチナ―新たな連帯のために」新教出版社および早尾貴紀・呉世宗・趙慶喜編［2021］『残余の声を聴く』明石書店を参照されたい。また、石山徳子［2024］「越境するセトラー・コロニアリズムへの抵抗：アメリカ先住民によるパレスチナ連帯への動き」『平和研究』62号49‐74頁は必見である。

（7）武内進一／中山智香子編『ブラック・ライヴズ・マターから学ぶ』東京外国語大学出版会が詳しい。

（8）高祖岩三郎はジャマイカの哲学者シルヴィア・ウィンター（Sylvia Wynter）が提起する「脱構成的力」の志向性を論じているのが興味深い。高祖岩三郎×高山花子×五井健太郎座談会が『図書新聞』２０２３年9月23日号で詳細に語られている。と同時に、植民地主義からの先住民や植民地化された人びとの「集合的な解放（collective liberation）」への道を模索することの重要性がニューヨーク市立大のラローズ・パリスによって提起されている『複数形の未来を脱植民地化する』（酒井功雄訳、Vol.1, 2023. 酒井印刷刊）。

３　知の脱植民地化：南北関係の国際政治学的認識を問う

植民地主義を支えていたのは、宗主国／植民地、優／劣、文明／未開（野蛮）、支配／非支配の非対称的で二項対立な関係性であり、この非対称的な関係の構造は、変転しながら形を変えて現代でも継続されている。知の世界でも、植民地主義と西欧近代科学におけるヨーロッパ中心史観が根強く存在し、近代西欧の知のシステムが植民地主義的な支配の思考と深く絡み合ってきた。とりわけ、植民地主義と西洋近代科学、「植民地科学」にあっては知織の所有は「支配」を意味し、いかにしてヨーロッパあるいは覇権権力に利益をもたらすかを最優先としているのである。[※1] 人文科学も社会科学も時代の変化に応じて変容を余儀なくされている。国家間の関係を巡る学問であった国際関係学が、政治中心から経済学を取り入れ、さらには社会学、歴史学、人類学、文化学などを含む総合的な学問への変容を強いられているだけではなく、依然として残る国家中心主義が批判さ

れて世界政治学への変貌を迫られている。※2

ここでは、とくにグローバルな視野で日本において国際関係研究領域で南北関係を基軸とした研究の系譜を振り返ってみよう。まずは国際政治経済学の分野で先鞭をつけたのは川田侃［1963］『帝国主義と権力政治』（東京大学社会科学研究所叢書11 東京大学出版会刊）である。ついで、国際政治・国際関係研究の分野では武者小路公秀［1976］「第三世界の政治学Ⅱ：特に南北関係の国際政治学的認識を中心に」『年報政治学』27号がある。さらには国際法の分野では、位田隆一［1985］「開発の国際法における発展途上国の法的地位」『法学論叢』116巻1－6号をあげることができよう。そして、こんにちでは国際経済学の分野にあっては、脇村孝平［2018］「南北問題」再考：経済格差のグローバル・ヒストリー」『経済学雑誌』118（3/4）や矢野修一［2023］「グローバル・サウスという「問い」に世界経済論はどう向き合うか」『日本国際経済学会第82回全国大会「共通論題」報告』２０２３年（https://www.jsie.jp>Annual-Meeting>pdf, ２０２４年4月30日閲覧）などがあるように、「リベラルな国際秩序」が結果としてポストコロニアルな状況で苦しむアジア、アフリカ地域の貧困を構造的に固定化してきた歴史的事実から目を背けることなく、非西欧世界の思想への畏敬とともに、西欧中心主義と競合し、ときに反目や反感に直面しながらも、その特殊性から普遍性への高みに引きあげる知的営為に傾注してきたのが武者小路公秀である。その論稿は傑出しておりいまなお色褪せることはない。なぜならば、西欧中心主義批判と第三世界〈知〉との対話は、その後も衰えを見せることなく、その思考が進化を続けてきたからにほかならない。

18世紀以来の社会科学の歴史を批判的に整理したI・ウォラースティンとグルベンキアン委員会の『社会科学をひらく』（山田鋭夫訳、１９９６年、藤原書店）を公刊し、その巻末解説で武者小路は次のように言及している。欧米社会科学はすべて、ディシプリンは異なるが、基本的には国民国家の維持と発展を意図したナショナリズムによって侵蝕されている。こうした学問の現実理解の無能性と国家発展主義的な限界を越える、総合的というよりも単一の学問として「史的社会科学」を真剣に模索する必然に迫られている。「西欧病」、西欧中心主義の歪みはジェンダーの歪みに、さらには開発/発展の歪みを引き起こす。それゆえに、知のネットワーク、とりわけ非西欧世界との対話を重視すること、これを「コペルニクス的転回」と呼ばれている。いわば、社会科学の構造変革は国際政治学の脱西欧化、世界の変革なくしては問題解決に至らないという認識の醸成が、〈南〉の認識論の中心的道具のひとつである知のエコロジーともなっている。

第三世界の立場から無視することができないパラダイム群にオリエンタリズム批判があるのは、もはや疑う余地が無いほどに誰もが知っている。しかし、1980年代脚光浴びるエドワード・サイードよりもはるか以前に、エジプトの政治社会学者アノアール・アブデル＝マレク（Anouar Abdel–Malek）によって創始された概念であることはあまり知られていない。[※3]

オリエンタリズムはヨーロッパにおける第三世界研究とりわけ、中東研究を主とする東洋学の人種主義的、家父長主義的、非歴史的性格の自己弁護の上に立つ西欧普遍主義を拒否し、むしろ世界の各文化圏、各民族の社会・文化的個性の発動によって実現される多中心的世界への現実的な展望を可能とする学問的なかたちでの植民地主義批判である。とくに、植民地主義にたいするフランス人の視座転換を求めることである。西欧理論の移入と挫折を繰り返すばかりの国際政治論に根底的なところで西欧と拮抗できなかったのは、非西欧を悪魔化するのが欧米中心主義の常套句であったからである。なかでも、アブデル＝マレクは「第三世界」を三大陸（アジア、アフリカ、ラテンアメリカ —順序に注意—）を通貫する単一民族国家・国籍の単一化を志向する20世紀型国民国家を超えて脱植民地化による主体的を回復する動きとして捉え、ナショナリズムに変わる「ナショナタリズム（nationalitarisme＝民族性の現象としての独自な三大陸に共通

にした主体的な民族解放運動）の歴史性、重層性のなかで理解をしている。[※4]
ヨーロッパ中心主義の呪縛からの解放、独自の地域的特殊性に依拠した理論構築、多元的な発展経路の模索を生涯の研究課題としていた。ましてや資本主義が地球環境の開発＝搾取を加速度的に進行させ、地球温暖化や公害を生み出しているこんにち、利潤追求のための環境破壊を行う資本と国家の暴力に抵抗することも非暴力の哲学的な課題のひとつにもなるからこそ、押し付けられた歴史をひっくりかえすオルターナティヴ（もうひとつ）の思索が必要となる。国際法の領域でも然り、人権言説にあって不可視化されてきた植民地主義の暴力との闘いを有意とし、支配的な叙述を塗り替えるだけでなく、人権にかかる歴史叙述を多元化する主張が「第三世界アプローチ」として登場してきていることを阿部浩己［2016：27–44］は指摘する。[※5]
武者小路は「西欧近代を乗り越える努力と世界政治を思想することとは、一見無関係のように見えても認識論上の大きな共通した問題である。国際政治学は植民地問題をせいぜい国際政治史の対象にしかしなかったが、改めてその本質について学術的な検討の対象の俎上にのせ、固有の問題として論じねばならない」と指摘する。[※6] 帝国主義の付属物としての植民地主義ではなく、脱植民地主義の問題として検討する必要がある。だからこそ、「わき役」に過ぎない第三世界の民衆の安全や福祉の保障は、せいぜい国連の開発目標としてしか登場してこなかった。現在では、欧米世界の輸出学問であった国際政治学に対抗する形で浮上している非西欧国際関係論の勃興が現実のものとなっている。非西欧世界の政治経済、文学や芸術の分野にまで視野を広げて従前の非西欧世界理解を根底から問い直す学術研究の推進が希求されるのである、その視野はどこまでも広く、思考の底は計り知れない程に深い。
初瀬龍平編著『国際関係論の生成と展開：日本の先達との対話』（２０１７年、ナカニシヤ出版刊）は、戦後日本における国際関係論の誕生と発展を、先達の業績を精査しながら検証するプロジェクトの研究成果報告であるとされる。その基盤研究となったのは、研究名「国際関係論における内発性、土着性、自立性の基礎的研究」と銘打たれ、国際政治学(国際政治学、政治外交史)国際関係論(権力政治を超える志向、平和研究、内発的発展論、地域研究)、新しい挑戦(地域研究の萌芽、新たな課題)領域から25名の高名な研究者を選びだし、その業績の個別検証することであったとしている。しかし、この好著からは国際関係研究の先駆者である武者小路公秀の名がなぜか存在しない。群盲象を諭すがごときリアリズム論の極みに陥っている感を払拭することができない。それは、欧米中心主義という閉域に引き篭り西洋の欲望と暴虐を支えた啓蒙主義のイデオロギーや、歴史から蔑まれてきた他者/弱者を救いだすには至らないことにある。

現代国際関係の病理でもある他者・弱者から国際関係研究の視座転換を試みる著作がだされた。それはベルトランド・バディ(Bertrand Badie)『蔑まれし者たちの時代』(福富満久訳)[2003]、東信堂刊に少なからずの救いを見いだすことができよう。

註

(1)弓削尚子[2007]「抹殺された知識へのまなざし」『植物と帝国』工作舎。

(2)西川長夫[1999]『フランスの解体?』人文書院。34頁。あわせて、Arlene Tickner & Karen Smith (eds.), *International Relations from the Global South: Worlds of Difference*. 2020. Routledge.U.K. を参照されたい。

(3)宮治一雄[1978]「『社会の弁証法』理論をめざして:三大陸の一社会科学者のあゆみ」『アジア経済』XIX-12. 100-105頁が詳しい。

(4)アノワール・アブデルマレクは、2007年外務省第5回イスラム世界との文明間対話事業(河野洋平外相による外務省イスラム研究会)特別招待者としても名を連ねている。特に、「三大陸」を不可視化してきた自由主義が知識形態を規定しているなかで、越境性や水平主義による非ヒエラルキー的な社会関係を構築しようする親密性を軸に「複数の歴史」観に立脚した世界理解の推進に尽力した。たとえば、Gero Bauer,Nicole Hischfelder and Fernando Resende(ed.),[2024]*Un-Mapping the Global South.*Routedge.london. がある。

（5）阿部浩己［2016］「人権／国際法の系譜学」日本平和学会編『脱植民地化のための平和学』早稲田大学出版部。

（6）武者小路公秀［1981］「国際学術交流と南北対話」『学術月報』33（12）、872－876頁。

（7）グローバル経済が幅広く不満の種になっているいま、成長と発展への道は一つであるという認識はグローバルサウスにたいする構造的な優位性を担保しようものであり、世界認識の根源的な転換が希求される。非西欧世界の人びとにとってグローバル化は、再植民地化の過程にほかならず、西欧とは異なる価値基準が存在していることに注意が必要である。Erez Manela and Heather Streets-Salter (ed.),*The Anticolonial Transnational* Cambridge UP.2023は好著である。そのほか、久野量一／松本健二編［2024］『ラテンアメリカ文学を旅する58章』明石書店が示唆に富む。さらに、河野哲也［2021］「アフリカに哲学は存在するのか」『立教大学教育学科研究年報』64号や松田素二／フランシスコ／ニャムンジョ／太田至編［2022］『アフリカ潜在力が世界を変える』京都大学学術出版会をあわせて参照されたい。

おわりに：バンドン精神が押し広げる世界

世界の支配的エリートは「世界へのロシアの脅威、絶え間ないロシアの侵略」という「神話」を自国民にすり込ませるだけではなく、ロシアのステレオタイプを利用しようとしている。そして、それはいまやロシアから中国に言葉を置き換える行動指針にとって代えられようとしている。[※1] 戦争の野蛮さは、常に少数者に押し付けられる。ロシア軍が包囲するマリウポリではギリシャ系少数民族が、ロシアの少数民族兵士が、ウクライナ・ザカルパッチャのルシン人が、クリミアのタタール人の少数民族に加えられる象徴的悲劇性と残虐性を、戦争の悲惨さを、戦争の醜さを、日々映像が更新していく。この軍・民一体の総力戦の集約的情景を小野沢稔彦は「沖縄戦」の再現であると語っている（『図書新聞』３５４８号、２０２２年6月25日）。げんに、アムネスティのウクライナ支部を率いるオクサナ・ポカルチェク氏がウクライナ軍による国際人道法違反を断罪した報告公表を阻止したことで辞職に追い込まれたように、「なされるべき思考を停止させられ、沈黙し、語れないという領域への想像力が「極限状況にまで追い詰められた庶民の苦悩」を背後に想定せねばならない（富山一郎［2022：24］）。

ウクライナとパレスチナへと連なる二つの戦争には植民地主義暴力による人種差別主義とジェノサイドの影が付き纏っている。ウクライナ戦争に動員された貧しい少数民族ロマへの激しい憎悪と差別の牙を向けたウクライナ極右、ハマース殲滅を掲げ、容赦ない攻撃を加えるイスラエル、その軍事行動は民族虐殺（ホロコースト）といえる人間／動物の抹消を許容する暴力の横溢はまるで植民地主義の爪に捕らわれた人種主義的暴力の発露となっている。この意味において反戦運動は重要な役割を果たすことができるとボローニャ大学のサンドロ・メッザードラ（Sandro Mezzadra：2022）は強調する。それはなによりもまず、「下からの外交を実践し、支援物資を送って援助を提供し、難民の逃走を手助けして出会いの空間を拡大すること、戦争から逃走／脱走することによってである」という。

ウクライナ戦争下、ＮＡＴＯ加盟方針のフィンランド、自治領オーランド諸島は、スウェーデンのゴットランド島と並ぶバルト海の要衝であるにもかかわらず、非武装中立と高度な自治を保持しているように、大陸原理を反転させ、世界の群島との連携による新たな可能性を帯びて浮上する。それは民衆の非制度的な親密圏と繋がりあうヴィジョンであるからにほかならない。

パレスチナにおける植民地的抽象とジェノサイドを見出したイアン・アラン・ポール（Ian Alan Paul）は、バルセロナを拠点にアメリカ、メキシコ、スペイン、エジプト、パレスチナを横断しつつ、グローバル権力のレジームと抵抗の実践をめぐってアーティスト、理論家であるが、以下のような論考に綴っている。「海とセキュリティ・フェンス、川と海のあいだには、コード化とアイデンティティ形成から自由であり、生の植民地的抽象・支配によってはもはや規定されないパレスチナの諸々の形式が宿すかすかに光る多数性、そして表象不可能な多様性を横切って螺旋状に広がる未来のために、隣人と闘い続ける生のすべてがとどまっている。万事は、生に対する抽象の支配を拒否する生、諸々の形式を暴力的に分離し絶えず根絶やしにする動きにおのれの形式を基づかせはしない生、そしてどうにかして別の世界を生きるべく、植民地世界を消滅させようとする生が宿す力を増殖させ、強化し、それと連帯して行動することにかかっている。

セキュリティ・フェンスに攻撃を仕掛け、ハマースの弾圧部隊への抵抗を組織するガザの蜂起する者たち、徴兵を拒否し分離壁をハンマーで打つイスラエル国内のアナキストたち、次なる殺戮のための象徴的な「砲撃の餌食」として自分たちの死者が利用されるのを許さない悲しみに暮れる家族、東エルサレムの監視カメラに火をつけ、ヨルダン川西岸地区の検問所［チェックポイント］を解体するサボタージュ活動に取り組む人たち、そして数多のアイデンティティを囲むように打ち立てられた数々の仕切りを粉砕し、それどころか、おのれが広大な生の星座＝付置のただなかにいることを見出す人たち」（北川眞也 2023：47-78）と往還する思考＝世界性をもつこと、その世界のなかで生きている存在としての自己認識が肝要となる。「パレスチナはすべての人のために語っている」（人民新聞ウエブサイト 2024/4/9 付）

イギリスの週刊紙『The Economist』（Apr, 11th 2024）は「ウクライナ敗退後、何が起こるのか（what happens if Ukraine Loses?）」と題する記事を掲載した。それによれば、欧米にとっての影響力低下は不可避となり、盛者必衰の世に倣って屈辱的な危機を迎えることになり、その敗退の現実が増しているという。ここでいう欧米にとっての「屈辱的危機」とは「スエズ・モーメント」に名付けられ、1956年エジプトがスエズ運河の国有化を宣言し、英仏の弱体化の引き金ともなった悪夢の再来であると認知されている。エジプトのナーセルはアラブ民族主義の中核的役割を果たすとともにバンドン会議における非同盟運動の旗手として第三世界を牽引してきた。※2 しかし、グローバル化が急速に進展しているこんにちでは、非同盟運動は水平的なネットワークを拡張しながらコスモポリタン的な主体となっている。

註

（1）上原有紀子／島村 智子／青井 佳恵［2023］「ロシアによるウクライナ侵攻と国際法」国会図書館調査及び立法考査局編『調査と情報』（上：1229号）（中：1230号）（下：1231号）および藤井将治［2023］「ウクライナ情勢をめぐるグローバル・サウスの動向」参議院事務局企画調整室編『立法と調査』457号が充実している。

（2）Quynh N.Pham & Robbie Shilliam（eds,）［2016］*Meanings of Bandung: postcolonial Orders and Decolonial Vision*, Rowman & Littles International や Luis Eslava,Michael Fakhri and Vasuki Nesiah（eds,）［2017］*Bandung, Global History, and International* Law. Cambridge U.P. がある。

〈参考文献〉


佐藤幸男［2016］「第三世界と国際関係」原彬久編『国際関係学講義』［第5版］有斐閣。

西谷修［2001］「ヴァーチャル植民地としての世界」『現代思想』29（13）。

スラヴォイ・ジジック［2024］『戦時から目覚めよ』（富永晶子訳）ＮＨＫ出版。

富山一郎［2022］「沖縄戦を考うること」『歴史学研究』1023号。

Sandro Mezzadra［2022］「戦争から脱走する」（北川眞也訳）以文社。（http://www.ibunsha.co.jp/category/contens/special/ ２０２２年9月20日閲覧）

イアン・アラン・ポール、北川眞也訳「海とセキュリティ・フェンスの狭間で——パレスチナにおける植民地的抽象とジェノサイド」（北川眞也訳）、以文社（http://ibunsha.co.jp/contents/ianalanpaul01/, 2023：12月31日閲覧）

北川眞也［2024］『アンチ・ジオポリティクス』青土社。

西川長夫［2006］『〈新〉植民地主義論』平凡社。

西川長夫・高橋秀寿編［2009］『グローバリゼーションと植民地主義』人文書院。

長縄宣博［2024］「長い20世紀の終焉」『思想』１２００号。

金悠進［2019］「「連帯」の光と影」『年報カルチュラル・スタディーズ』7号。

大越愛子［2007］「「暴力批判の思想」としてのフェミニズム」『脱暴力へのマトリックス』青弓社。第1章参照。

副島美由紀［1994］「ポスト・ヒューマン時代の政治的想像力、あるいはアイロニカルな神話」『人文研究』88号。

錦田愛子［2021］「国家主権の外側にある者の危機」『法学政治学論究』131号。

3章 暴力の人類前史の終りと社会解放に向けて

小倉利丸

1 はじめに——民衆の安全保障に残された課題

本稿の問題意識は、自衛権も含めて全面的な武力行使そのものを否定する根拠をどこに求めるか、という問題を検討することにある。問題の焦点は、言葉の上での（つまり法的な制度における）自衛権ではなく、自衛権として用いることができるあらゆる武力そのものを廃棄することにある。法が戦争放棄を掲げても、戦争を可能にする手段を保持する限り、法は実効性を伴うことができない。むしろ法は自衛のための戦力の保有を正当化するものとして機能する。しかし、自衛の戦力はそのまま侵略の戦力として転用できる。更にあらゆる戦争が自衛を口実とした侵略戦争になっている。その典型がイスラエルのガザでの戦争だ。このことを念頭に、戦力そのものを廃棄することを視野に入れなければならない。通常兵器から核兵器まであらゆる兵器と兵器に関連するあらゆる装備と技術の知識を捨て去ることが必要とされている。戦争放棄は近代世界において繰り返し世界の理想状態として論じられているという意味でいえば、戦争放棄は理念的には不可能ではないが、唯一「自衛」という条件がこの戦争放棄の例外として戦争を正当化する抜け道を作りだしてきた。だからこそ今私たちが明確にすべきことは、戦争放棄の必須の条件とは、自衛権の放棄である、ということなのである。

国連が2000年のミレニアムサミットをきっかけに人間安全保障に取り組み、その報告が日本でも公表されたこともあり、注目された。人間安全保障は軍事安全保障を補完するものとして、軍事的なプレゼンスを背後から支える役割を担うものと位置づけられて、その限りにおいて、積極的な外交戦略の一部とみなす傾向が主流をなしてきた。国連の人間安全保障[※1]が国家安全保障＝戦争の補完物にしかならなかったのに対して、2000年6月に沖縄、浦添市で開催された「民衆の安全保障」沖縄国際フォーラム[※2]は自国の軍隊であっても自国の民衆を守らないとした。同時に、上の宣言では、民衆自身による武力行使もまた民衆の解放の手段にはなりえない、ということも含意していると私は解釈するが、文言には明言がない。本稿ではこの点と自衛権をめぐる戦争と暴力に焦点を当てる。[※3]

2　解放の暴力——二人のファノン

2・1　『地に呪われたる者』の冒頭論文「暴力」について

まず最初に、フランツ・ファノンの『地に呪われたる者』の冒頭論文「暴力」を主な対象に、解放の暴力について考えてみたい。

ファノンは「非植民地化とは文字通り新たな人間の創造であ」り「植民地化されて『物』となった原住民が、

自らを解放する過程そのものにおいて人間になるのである」とし「禁止事項だらけの狭められたこの世界を否認し得るものが、絶対的暴力のみであることは、生れおちたときから彼［植民地原住民］の目に明らかだ」[※4]という。とはいえ植民地社会を徹底して解体するプログラムの実現は困難を極めること、この困難を乗り越える覚悟がその推進者たらんと決意する原住民には求められるとし、この覚悟には、暴力への覚悟も含まれる、とした。

ファノンは、資本主義中枢とは全く異なって植民地では憲兵や軍隊といった「権力の仲介者は、純粋暴力の言葉を用いる。仲介者は圧政を軽減することもなく、支配を覆いかくしもしない。彼はそれらをさらけ出し、秩序維持者として恥じるところもなしにそれを示してみせる。仲介者は原住民の家のなかに、脳髄に、暴力を持ちこむ」[※5]と述べている。このことを踏まえてなおファノンが究極の解放された社会を構想しつつ暴力の不可避性を強調した。

こうして「暴力論」では、様々な変奏があるとはいえ、基本的な筋として、植民地からの解放にとって暴力という手段、つまり武装解放という選択肢は不可避だというのがファノンの主張だと解釈することは、間違いではないだろうし、他の彼の発言からも強固な武装解放闘争の支持者であることは間違いない。しかし単純な暴力の礼賛者ではないことは、彼の文化への言及などに十分示されている。

ファノンはたった一行だが、とても重要なことを述べている。

植民地において、経済的下部構造はまた上部構造でもある。原因は結果である。つまり白人であるが故に富み、富んでいるが故に白人なのだ。[※6]

この観点からファノンは「マルクス主義的分析は常にいくぶんか拡張されねばならない」こと、言い換えれば、上部構造と下部構造のある種の転換という、それ自体は「いくぶんか」の拡張では済まされない根本的に重要で興味深いな指摘をしている。具体的に彼は次のように述べている。

『支配階級』をまず特徴づけるのは、工場でも所有地でも銀行預金でもない。支配種族とは、何よりもまず他所からきた種族、土着民と似ても似つかぬ種族、『他者』である。[※7]

「他者」という属性には下部構造を越えるものが含まれている。下部構造と上部構造が複雑に入り組んで形成される対立の構造をもつ植民地において、暴力は「植民地の世界の調整を司り、現地人の社会形態を次から次へと飽くことなく破壊し、経済の座標を、衣服の着方や外観を、徹底的にぶちこわしてしまう。[※8]」という。

ここでファノンが暴力として指摘している事柄は、資本主義的な市場に統合されるか、あるいはその周辺部で搾取されるか、そのいずれにせよ市場化されることが強いられる「なりわい」とライフスタイルとが結びつけられたところに生み出されるものとして、暴力が理解されている。この植民地支配の調整機能を果すコロンの暴力は、何かのきっかけで原住民たちが「オフリミットの町々になだれこんでくるときになると、暴力は原住民に要求され、受け入れられるものとなるだろう」という。

植民地世界を爆破することは、このときから、非常に明瞭で理解し易い行動のイメージ、植民地の民衆を構成する個々人に奪還可能なイメージとなる。植民地世界を解体させるとは、境界線を廃止したのちに二つの地帯をつなぐ通り道を設けるという意味ではない。植民地世界を破壊するとは、文字どおりひとつの

地帯を廃棄すること、それを地底ふかく埋葬し、あるいはこの土地から追放することにほかならない。[※9]

この力強いアジテーションは、鮮明なイメージを喚起し理解しやすい表現によって、多くの人々に希望と可能性を与えてきたのではないか。植民地世界の破壊としてファノンがあたかも徹底した破壊を望むような言い回しをとりながらも、その現実的なプロセスは容易にはイメージしがたいものだ。植民地暴力に内在する構造的暴力の側面を視野に入れたとき、いわゆる武装解放闘争という暴力の枠組のなかに、植民地民衆の日常的ななりわいを支えてきた市場経済の価値観や文化的な価値観が絡みつき、解放後の社会へと導くような変革への回路の重層的な課題もまた浮かび上がる。狭義の意味での軍事組織の直接の目的は敵への殺傷行為を通じて敵の軍事的敗北を達成することだが、軍事組織が同時に文化的な革命の主体になることが歴史的な経験からみて最適な選択とはいえないことを、歴史的な後知恵として私たちはもっており、その分武装解放闘争の限界もまた厳しく理解せざるをえない。

しかしあえてファノンは、次のようにも言う。

原住民による植民地世界の否認とは、さまざまな観点を理性的に対決させることではない。それは普遍的なものにかんするお説教ではなくて、絶対的なものと見なされたひとつの独自性を遮二無二主張することだ。植民地世界はマニ教的善悪二元論の世界である。[※10]

ここでいう善悪二元論を持ち込むのは原住民ではなく、コロンたちだ。彼らは警察と憲兵によって原住民を物理的に封じ込めるだけでなく「原住民を一種の悪の精髄に仕立てあげる」善悪二元論を前提にしたとき、コロンは善を、原住民は悪を意味するのだが、これは、具体的な生活世界の場でいえば、あらゆる原住民に固有の文化や言語、価値観をことごとく悪とみなし、コロン、つまり西欧世界を体現する者たちの言語や文化、価値観を善とみなして対置する。理性的な判断とは、この世界ではコロンに与することになる。原住民の世界は「価値なき世界」「倫理を透さぬ存在」「価値の否認」つまり「価値の宿敵」という「絶対悪」とみなされる。こうして原住民とは「それに近づくいっさいのものを破壊し腐食する分子、美や道徳に関係のあるいっさいのものを変形し歪曲する不吉な力の所有者、盲目的な暴力の無意識的かつ回収不能な道具」だということになる。[※11] 暴力は本来コロンの側が支配しているにもかかわらず、これをコロンは暴力の源泉が原住民の側にあるものとみなして、自らの暴力を原住民に投影するのである。

しかし、植民地の支配者たちが恐れるのは原住民の暴力そのものに限られるものではない。「じっさい植民地の民衆に接触させると、たちまちにして価値あるものもとり返しのつかぬほど毒に染まり堕落してしまう」と述べているように、支配者と植民地の民衆との「接触」つまり暴力に還元することのできない広義の意味での「交流」が、植民者の価値観や文化を侵食する力をもっていることに着目する。とくに「原住民の風習、その伝統、その神話、なかんずく彼らの神話こそが、この貧困、この退室的な堕落のしるしなのだ[※12]」という支配者たちの判断に着目する。このアルカイックな神話への対抗が「福音伝道」としてのキリスト教の植民地支配におけるイデオロギー作用ということになる。

植民地の教会とは〈白人〉の教会だ。外人の教会だ。それは原住民を神の道に招くのではなくて、〈白人〉の道に、主人の道に、圧政者の道に招き寄せるのだ。そして人も知るごとく、この一件においては招かれざる者は数多く、選ばれる者はごくわずかにすぎないのである[※13]

ファノンは、文化や価値をめぐる支配者と民衆の間にある二元論に還元できない領域に注目している。これは、『黒い皮膚、白い仮面』にあるように、彼が精神科医としての臨床経験なしにはありえない観点ともいえるものだ。この観点と民衆の解放の暴力を絶対的かつ唯一の選択肢とみなす観点とのせめぎあいが彼の議論のなかにには常に存在する。ファノンは、この二つの非和解的な観点を往還しながらも暴力による解放の可能性を模索したともいえる。

2・2 テロリズムをめぐって

ファノンの「暴力」論では正面から論じられていない問題を一つだけ取り上げておきたい。それは、解放戦争の暴力と倫理の問題だ。ファノンは『革命の社会学』の「序」で、民族解放戦線は、守勢にあるときでも「ある種の行動形態を排し、戦闘に加わっている部隊に対し、たえず国際戦争法規を想い起こさせることに躊躇してはいない」と述べている。勝たねばならないが「《蛮行》なしに、きれいに勝たねばならない」ことを強調している。戦闘に勝利しつつもひとつのやましさもなく戦うことが至難であるとも書いている。そして、ひとつの事例として女性や子どもを手にかけた「愛国者」の戦士の例を出し、こうした者は裁かれねばならないと述べている。指導機関の責任者に革命法廷に提訴して処罰を求めるべきだが、こうした任務を引き受けない場合には「みずから告発者の役割を演じなければならない」[※14]とも述べている。しかし「規約も法律もなく、ただなされるべきこと、禁じられるべきことに関して各人がもつ良心によってのみ裁かれねばならない」とも述べている。国際戦争法規を解放戦争において遵守すべきだという原則を実際に実効性のあるかたちで軍事組織の統制をとることが容易ではないことを示唆する記述になっている。

同じ『革命の社会学』に収められている論文「アルジェリアはヴェールを脱ぐ」では、解放戦争に女性が参加するようになる経緯が述べられている。敵の暴力が狂暴さを増すなかで「戦闘の考え方そのものが変えられねばならなかった」こと、結果として「指導者たちはいくつかの戦闘形態をもはや除外せぬようせまられた」という。排すべきとした「ある種の行動形態」、つまりテロリズムを選択せざるをえなかったということである。同時に女性を戦闘員として参加させることも決定される。この決定が下されるまでには多くの困難があったことが指摘されている。拷問や暴力の過酷さもあれば伝統的な社会が課す女性規範の問題もあれば、そもそも男だけで組織されてきた武装組織と男性の文化の問題もあっただろう。ファノンは読者に「次の事実を常に心に留めておいていただきたい」としてこう述べている。

参加したアルジェリアの女性は、《街をひとり歩きする女》としての自分の役割と自分の革命的な使命とを、同時に、本能的に学ぶのだということを。アルジェリアの女は秘密工作員ではない、見習い期間もなく、物語やお話とも関係なく、彼女は買物袋の中に三発の手榴弾を入れて、あるいはブラウスの下に一地域の活動報告を忍ばせて街へ出る。※15

移動する戦士としての女性たちの役割は多様だが、そのなかにテロリズムというこれまで選択すべきではないとされた戦闘形態も含まれた。いや、むしろ女性を組織に組み入れるという決定によってテロリズムが可能になったともいえる。

山岳地帯や都市部でのアルジェリア民間人の虐殺にただちに応えねばならなくなったとき、〈革命〉

の指導部はそれまでは斥けてきた戦闘形態をとるべく追い詰められる。恐怖が民衆をとらえるのを手をこまねいて眺めてはいられないからだ。この現象はこれまで十分に分析されていない。革命運動をして、テロリズムと呼ばれるこの武器を選ばせるにいたる理由はこれまで十分に明かされていない。※16

そしてファノンは「誰一人として公共の場所に爆弾を置くことを良心の葛藤なしに決定したりはしない」と述べつつ、こうした戦術は、弾圧の過酷さからやむなくとられた攻撃方法であるということから深刻な良心の呵責を被ることはないだろうと予想したが「[相手側の]どんなに怖るべき犯罪もある種の決定をなすことへの十分な弁明とはならないことを次第に発見していった」と述べ、決断と躊躇が何度となく繰り返されたという。

『革命の社会学』におけるテロリズムについての議論は「暴力」論にはほとんど見出せない。テロリズムや解放戦線側にもあった拷問の問題などが解放の主体やその社会に与えたであろう諸問題は、残されたままになった。現実の武装闘争の経緯は、より極端な暴力の手段を選択せざるをえない方向へと引き寄せられるリスクを常にはらんでいる。そのときに、敗北を覚悟してでも国際法規ときれいな勝ち方を選択できるのか、そうすべきなのか。ファノンが直面した現実はこうしたものだった。歴史的な評価として、この独立戦争をどのように評価すべきなのか、という問いは私たちが答えねばならない問いとして残されている。私は、後に述べるように、暴力という手段そのものに根本的な疑問をもっているが、このことを別にしても、独立に帰結したこの暴力を、その限りにおいて肯定的に評価しうる歴史的な事実と捉えるとしても、この暴力の過程でもたらされた犠牲を考えたとき、こうした手段の選択が将来において再び繰り返されないために、支配者の暴力に対抗する解放の闘いを非暴力という条件のなかでいかに獲得できるか、という未解決の問題があることを忘れるべきではないだろう。

2・3 「植民地戦争と精神障害」

『地に呪われたる者』の第5章「植民地戦争と精神障害」は、戦争がもたらす精神障害という深刻な問題を植民地戦争において捉えようとした画期的な成果だといえる。しかし、この第5章は、第1章の「暴力」論ほど注目されず、また第1章との関わりで、とりわけ解放闘争やその支持者たちの間でこれまでどれほど関心をもたれてきただろうか。

ファノンは第二次大戦後フランスのリヨンで精神医学を専攻し精神科医としてのキャリアを積む一方でアルジェリアの植民地解放闘争に関わってきた。この経歴からみたとき、第1章がFLNの闘士としてのファノンを代表しているとすれば第5章は彼の精神科医としての側面を代表しているといえる。[※17]第5章は、植民地体験や戦争の体験など体験を重視する立場をとる。つまりアルジェリア人の粗暴さや犯罪をその器質的あるいは遺伝的な要素に還元する人種差別的な精神医学を否定し、こうした傾向が植民地支配の暴力性に基くものだという立場をとる。植民地戦争精神病と呼ぶべき植民地に固有の精神病への観点は、同時に、植民地からの解放を実現した社会のなかに暴力についての解決を見出しうるという観点を根拠づけることにもなる。この第5章は、植民地精神医学の分野では、人種主義的な精神医学批判として高く評価されている。こうして「戦う原住民の目標は、支配の終焉をひきおこすことだ。しかし、彼はまた同様に、抑圧によってその肉体のうちにたたきこまれたあらゆる真実に反することを一掃すべく心を配らねばならない[※18]」とも述べ、「あらゆる真実に反すること」、つまり植民地支配がもたらした暴力的なパーソナリティを払拭することを目的意識的に追求すべきだとした。

ファノンは、症例を四つの大分類に分けて記述しているが、挙げられている症例は、FLNの妻、全く政治活動の経験のない村民、ALNの軍人、ヨーロッパ人の警察官、子ども、など、その政治的立場も人種・民族、性別、年齢も様々だ。ファノンは解放闘争の戦士だけでなくいわゆる敵とみなされる患者たちの症例についても丹念に取り上げている。この症例全体の構成が植民地解放の闘いにとって暴力がどのような意味をもつものなのかを探る上で重要な観点になるだろう。

心的外傷後ストレス症候群（PTSD）と呼ばれる戦争がもたらす深刻な被害は、解放戦争においても例外ではなかった。テロリズムや民間人への殺害を余儀なくされるようになれば尚更である。解放戦争そのものが心的外傷を生み出し、これを解放後に社会が治癒する、といったことにはならないだろう。解放後の社会がどのような社会であるのかにかかっているとはいえ、治癒の可能性は未知数だ。第5章に関して私が重要だと思うのは、具体的な症例ひとつひとつについての詳細な記述だ。本稿ではその細部に踏み込めないが、これらの症例に先立ってファノンが紹介している逸話を以下引用する。

数年前に独立したアフリカのある国において、われわれは一人の愛国者、かつての抵抗者〈レジスタンス〉を診察する機会を得た。三〇歳ばかりのこの男は、われわれの助言と鎮静を求めに来たのである。というのは、一年のうちある日が近づくと、不安と自己破壊の固定観念とを伴なって不眠症が腰をすえてしまうからであった。その危機の日付とは、彼が地下組織の指令に従い、ある場所に爆弾を仕掛けた日であった。その襲撃のさいに、一〇人の者が死んだのであった。

この活動家は、自分の過去の行動を否認しようと考えたことは一度もなく、彼の人格が民族独立のために払わねばならなかった代価をきわめて明確に知っていた。このような極限的な例は、革命の場にお

ける責任の問題を提起している。[※19]

映画『アルジェの戦い』の一場面を彷彿とさせるような記述だが、ファノンは、暴力の問題について「すでに解放されたマグレブ諸国でも、解放闘争中に指摘されたこの同じ現象が持続し、独立とともにいっそう明確になっているのだ[※20]」という示唆的な文章も残している。

上の引用でファノンが「革命の場における責任」という言い回しで何を含意しているのか、上で紹介した『革命の社会学』の記述からある程度の推測がつく。仕掛けた爆弾で犠牲者が出たことに対する組織の「責任」をファノンが意識していただろうと思う。上に引用した箇所にはかなり長い注が付されており、発症の経緯について詳く記述されている。この記述のなかに以下のような経緯が書かれている。患者は旧占領国の人々と独立後に知り合い好感を抱く。というのも彼らは独立を祝い民族解放闘争に賛辞をささげたからだが、同時に、彼は「一種の眩暈におそわれたのである。彼は悶々として自らに問うた━あの爆弾の犠牲者たちのなかに、いま彼の話相手になっているような人たちがいただろうか、と。なるほど狙われたカフェは札つきの人種主義者の巣窟だった[※21]」とはいえ誰でも利用できるカフェであり、人種主義者ではない人達を巻き添えにしたのではないかと良心の呵責に苦しみ、爆弾闘争を起こした日が近づくと症状に苦しむことになる。そしてファノンは次のように書いている。

> われわれの行為は絶えずわれわれのあとを追って来るのだ。行為の配列、整理、動機づけなどが、完全にア・ポステオリに、根底から修正されるかもしれないのだ。これは、〈歴史〉とそのさまざまな決定とがわれわれに対してはりめぐらしている罠のなかでも、決して無視するに足るようなものではない。

いったいわれわれは眩暈を逃れ得るのか。眩暈がすべての者につきまとうわけではないと、だれが敢えて主張できようか。[※22]

ファノンは、解放戦争におけるいわゆるテロリズムの戦術を採用することについて、「アルジェリアはヴェールを脱ぐ」でより率直に公共の場所に爆弾を置くことを良心の葛藤なしに決定できる者などいないと書いていたことを想起したい。[※23]

ア・プリオリに目的と手段が決定されなければならないとしても、手段の妥当性は事後的に「修正」されうるということは、あらゆる人間の行為（個人であれ集団であれ）にとって避けることのできないものである。上の引用の文脈に沿っていえば、植民地からの解放という目的に対して選択された爆弾の標的として人種主義者が巣喰うカフェが選択されたとしても、不特定の人々が出入りできる場所に爆弾を仕掛けるというものであったことが、結果として多数の死傷者を出し、この結果に対してこの患者は心的な障害に悩まされることになる。発症するということのなかに「革命の場における責任」が提起されているのだとファノンは理解している。他方でファノンは「〈歴史〉とそのさまざまな決定とがわれわれに対してはりめぐらしている罠」だと指摘している。「罠」とは何を指しているのだろうか。植民地支配の歴史的な経緯と現実のなかで、暴力を解放の手段として採らざるをえないように導かれることそのものが「罠」ということなのだ、と彼は言いたいのだろうと私は解釈した。これに続いて「いったいわれわれは眩暈を逃れ得るのか」という自問は、眩暈そのものではなく眩暈を引き起した原因となった暴力の行使という選択から逃れることが可能なのか、という問いともとれるし、暴力を手段としたときに伴う心的外傷から逃れられるものなのか、という意味ともとれそうだ。心的外傷は、もしかしたら、独立後に旧宗主国の知人から賞賛の声を寄せられさえしなければ起きなかったに違いない、というふうには捉えられない。こうした偶然の出会いがなくても、自らの行為への反省や理解の再構築は起こりうるからだ。爆弾闘争の実行行為の時点では、この行為そのものの目的としての植民地解放との関係で最適な選択あるいは不可避の選択と判断されているだろう。眩暈は、植民地の支配被支配の構造と独立後の構造変容が人々ひとりひとりの心理にもたらした変化の関数のなかで症状として自覚されるものであり、事前にこれを予想することは難しいかもしれない。だからこそ闘争を組織する者には、この困難のなかでの手段についての責任が伴うことになる。

ファノンは、こうした眩暈が個別の特殊な事例ではなく、むしろ解放戦争を戦った誰にでも起こりうることではないか、と指摘しているとみていいと思う。この指摘は、第5章の症例がアルジェリアで暮す利害関係を異にする様々な人々から採用されていることによって、いわば証明されているともいえるからだ。つまり、戦争は確かに正義の戦争であった。しかし、戦争の正義は、戦争である限り殺傷行為となる以上、解放戦争の勝利が戦争に否応なく付随する心的外傷という深刻な疾病の治癒を意味するわけでもないし、目的によって手段としての暴力が正当化されることによって心的外傷という問題を無視しうる（無視すべき）ということにもならない、ということである。いかに目的が正義に叶っていようとも、心的外傷はこのことで治癒しえない。

ファノンは植民地戦争精神病の多くの症例を示すという画期的な業績を残したが、同時に植民地解放の戦争がこの精神疾患を回避することができず、解放後の社会が治癒を可能にするのだということも断定できていない。症例は示されているが、こうした障害を負った人々と解放戦争の当事者はどのように向きあうべきなのか、そこにはある種の「責任」が伴ないうるだろうということが示唆されつつも、ほとんど明確な答えを与えていないように思う。

2・4　PTSDという問題

戦争におけるPTSDの問題は、第一次世界大戦後にフロイトらが戦争神経症として取り組んだ事例[※24]を嚆矢とし、1941年のエイブラム・カーディナーの『戦争ストレスと神経症』[※25]によって広く知られるようになっているので、ファノンもこうした先行研究を踏まえて、その植民地主義の限界に対して植民地戦争精神病という新たな概念を提起した。この功績は今でも十分に評価しうるものではないかと思う。彼の最初の著書『黒い皮膚、白い仮面』における文字どおり精神科医としての作品において、搾取、貧困、飢えとの闘いなしには人種差別、疎外からの解放もありえないことを、明確に理論づけて論じていた。このことを想起すれば、なおさら暴力という手段をめぐってファノンは、みずからの立ち位置に内包されている解き得ない難問を抱えたと思う。そして、これが私たちに残された宿題だと受けとめる必要があるだろう。[※26]

PTSDは、戦闘行為の当事者だけではなく、戦闘に直接・間接に巻き込まれた全ての人々に関わる深刻な傷である。しかも、PTSDは暴力の目的が正義であるか不正義であるかといった目的によって影響されることはない一方で、PTSDからの回復のプロセスは、一般に、兵士の場合であれば、戦場への復帰を目的とした治療行為が目指され、DVであれば、既存の家制度を前提とした家族関係の修復や再生といった方向をとる。つまりPTSDをもたらした社会制度そのものは変更されずに、個々の人々の心的状況を既存のシステムに適合させることが治療だということになる。解放された世界はPTSDを治癒することができるかどうかは未知数というしかない。私は不可能だと思う。というのも、PTSDを発症する原因となった暴力に関わる行為は、その時点ではすでに過去に自らが経験した事実であって消し去ることのできないものであるからだ。「あなたの負った傷という大きな代償によって、社会は解放されたのです」といった言い訳によって、手厚く感謝の気持を社会が抱き、尊敬の念を示すことで回復されうるものなのだろうか。むしろこうした対処は暴力に新たな賛美の象徴的な意味合いをもたらすだけではないか。

『地に呪われたる者』は暴力論を冒頭の章に置きながら最後に「植民地戦争と精神障害」の章で終るという構成をとったことには重要な意味があると思う。暴力論は、それ自体として完結された議論として読者に提供されていないのである。この二つの章を挟んで配置されているテキストも含めて、暴力が否応なくもたらす心を取り巻く問題が提示されているのであって、この本を最後まで読んだ読者は、症例で詳細に列挙されている胸の痛くなるような体験に接した後であっても、なお冒頭の「暴力論」を受け入れられるのか、と問われているように感じる。この問いに対して、私が言いうることがあるとすると、論点をずらすことにならざるをえないが、ファノンがほとんど言及していない植民地宗主国の主権者としての権利をもつ者が植民地支配を明確に否定する運動をどれほど強力に推し進め植民地を放棄させる政治を実現できるか、というもうひとつの解放への条件が重要になると思う。つまり宗主国の暴力としてあらわれている軍隊や警察を解体する運動が構築できるかどうか、である。

ファノンは1961年に他界した。アルジェリアの独立は翌年1962年だ。彼は、戦後を経験していない。20世紀の戦争を遂行してきた主要な国々は、心的外傷の課題を残酷な戦争に耐えうる兵士のパーソナリティの構築と、そのための精神医学の動員として展開してきた。これに対して解放戦争の側がオルタナティブを提起できているとは思えない。だからファノンの第5章の記述は今に至るまでその意義は衰えることがない。この症例が示唆した問いは未だに答えられてはいないのだ。

3　目的は手段を正当化しない——ベンヤミン

3・1　目的に規定されない手段としての暴力

暴力について論じる場合に、ウォルター・ベンヤミンの「暴力批判論」はファノンの暴力論と並んで必ずといっていいほど参照されてきた。ベンヤミンは「互いに依拠しあっている法と暴力を、つまり究極的には国家暴力を廃止するときにこそ、新しい歴史的時代が創出されるのだ。[※27]」と述べており、彼の関心は国家暴力の廃止としての暴力批判にあることは明確だ。国家暴力の根源に迫ろうとする彼のアプローチは示唆に富むもので、特に、支配権力の暴力を正当化するメカニズムを法や議会主義、そして国家にまとわりつく神話や神といった観念との関係のなかで批判しようする方法は比類のないものだ。国家暴力の廃止、少なくとも現に存在している国家の暴力装置と法制度を廃止するために、とりあえずは暴力という手段に訴えることが必須なのかどうか、このことについてもベンヤミンはひとつの答えを示している。

植民地解放であれ資本からのプロレタリアの解放であれ、その目的が正義に叶うものであることをもって手段としての暴力は正当化できるかどうかは、目的の是非とは別に議論すべき課題である。ベンヤミンは、目的によって手段の正当性を担保しようとする自然法の観点を退け、むしろ歴史哲学の立場から実定法の観点を吟味しようとした。彼は、実定法の観点を肯定しているわけではなく、手段としての暴力が正当化される構造を自然法にいうような目的の是非とは切り離して論じようとした。

暴力とは何なのか、ということ自体は自明ではない。暴力の合法と違法の境界も、自然法が前提するような正しい目的のための暴力が適法となる、といった目的によって規定される動かしえない絶対的なものではない。暴力の合法・違法の境界は変化するものであり、この変化が何によってもたらされるのか、ベンヤミンはこうした捉えがたい対象の特性を自覚したアプローチをとる。たとえば、彼は労働者のゼネストや戦争といった暴力の事例を通じて、どのような場合に何を根拠にある種の暴力が適法とされたり違法とされるのかを問う。ある暴力が適法とされるには、何らかの歴史的な経緯や社会的にその暴力を承認するような事柄がなければならない。そして、いったんその暴力が適法なものとされたばあい、「法的暴力の承認は、具体的には、その目的への原則的に無抵抗の服従としてあらわれる」[※28]という。暴力を区別するとすれば、この意味での法的暴力に該当する暴力なのか、該当しない暴力なのか、ということになる。暴力の目的に普遍的・歴史的な承認がある場合を「法的目的」と呼び、それ以外を「自然目的」と呼んで区別する。しかし、ベンヤミンは、法による暴力の合法と違法の枠組そのものが暴力そのものに規定されるという観点をとる。戦争は、あらかじめどのような戦闘行為が合法なのかが最初から決められているのではなく、戦争を通じて合法と違法の枠組が決まる。この意味で戦争は法措定的だという。そして一旦合法性を獲得した暴力は、たとえば一般兵役義務のように、「強制としてあらわれる暴力」を通じて法を維持すること、つまり法維持的暴力になる。こうした暴力のありかたは、個別の政策や法制度を一つひとつ批判するだけでは十分ではなく、「あらゆる法的暴力の批判、いいかえれば合法的ないし執行的暴力の批判」が不可欠だという。[※29]第一次世界大戦後、戦争をめぐる国際法の秩序も国内の法制度も劇的な変化を遂げた。また、ロシア革命もこの戦争を前提とした革命戦争という暴力がもたらした法措定と法維持の暴力の結果だともいえるだろう。

先にファノンに関連して述べたＰＴＳＤの問題を念頭に置いて上の議論を考えたとき、ＰＴＳＤを発症するような精神的な加害行為は外科的な意味での外傷を伴なわないが暴力のカテゴリーに入れて論じなければならないだろう。このように暴力の対象が拡大してきたのは第二次大戦後、しかもベトナム戦争以降といってもいい最近の出来事である。PTSDを発症させる行為が暴力とみなされ、一定の法的な枠組の制定を促すという意味で法措定的であり、これがたとえば米国の精神疾患の診断と統計マニュアル(DSM)において正式の疾病としてカテゴリー化され、治療行為として制度化されることによって法維持的となる。家庭内暴力であれ戦争であれ、こうした法の枠組が形成され維持されたからといって、このことでこうした事態が消滅するわけではなく、こうした法を制定し制度化すれば暴力がなくなるかのように捉えることは間違いだ。暴力それ自体は合法の枠の中でも外でも生き延びる。暴力の廃絶という問題は法の問題ではなく「法的暴力」の廃絶を視野に入れなければならない。

ベンヤミンは法措定的な暴力であれ法維持的な暴力であれ、それが現状維持やファシズムへと向かう暴力を明確に否定しており、プロレタリア革命後に実現しうる望ましい将来社会においても――統治機構を「国家」と呼ぶとして――国家暴力の廃止を明言しているわけだから、現在においても未来においても国家暴力に帰結する暴力は否定されている。他方、国家暴力を廃止する道筋において、暴力を手段とするプロレタリア革命という選択肢を否定しているかどうかは明言していない。暴力を論じるばあいに、目的を度外視して手段を論じたとしても、最終的にその手段の妥当性の判断には目的の妥当性が関与せざるをえない。暴力という手段は、それが誰によって担われているのかによって、現状維持となる場合もあればファシズムへと向う場合もあればプロレタリア革命に帰結する場合もあり、これらいずれの暴力も否定すべきなのか、あるいはそのいずれかは肯定されるべきものなのかの判断は、暴力それ自身からは導くことはできない。暴力を手段とする人間達が誰なのか、彼らがいかなる目的をもって暴力という手段を行使しているのか、つまり、手段としての暴力の向う目的そのものが判断を左右せざるをえない。ベンヤミンの暴力批判論は、ファシズムに至ることのない革命の暴力という選択肢を言外に残すものだという解釈も成り立つが、私はこうした解釈をとらない。現実に直面している政治状況のなかで解放への闘争における暴力という問題を論じることは、その見かけ以上に難問だということは確かであって、このことがベンヤミンの議論を難解なものにしている。

3・2 大衆の戦慄

職場を放棄したり場所を占拠して座り込んだり、といった身体の殺傷を目的としない行為が、ある一定の閾値を越えたときに権力側がこうした行為を「暴力」とみなし、これを口実に弾圧することはよくあることだ。ストライキの権利行使は「特定の諸条件のもとでは、暴力と呼ばれることになる」。そしてストライキの権利を「付与した法秩序を打破するために、あたえられた権利を行使する」[※30]とき、これは違法な暴力として権力からの弾圧の対象になる。

ベンヤミンは、ストライキとしての「暴力」に社会変革の可能性をみているが、しかし、次にような興味深い指摘もしている。

> 大犯罪者の暴力が近代法に対抗して、新たな法を措定しようと威嚇するとき、この威嚇は無力であるにもかかわらず、そのままで民衆は、顕著な例ではこんにちでも古代におけると同様に、戦慄する。しかし国家がこの暴力を怖れるのは、どこまでもそれが法措定的なものだからであって、そのことは、国家が強大な他国に交戦権を、階級にストライキ権を許容することを迫られるときに、これを法措定的な暴力として承認せざるをえないことと、相通じている。[※31]

無力にもかかわらず、国家がその暴力を怖れ大衆は戦慄する、という。ある種の暴力が法措定的であるという意味は、この暴力に戦慄した民衆が大犯罪者の犯罪を合法的なものとして承認したいという欲求に駆られるということを意味している。これまで犯罪であったものが、この大犯罪者の引き起こした事件をきっかけに、ある種の犯罪を合法とするように法の枠組を変更することを民衆が要求する可能性がありうるという状況がここには潜在している。これに対して権力の暴力は、大犯罪者の暴力を捻じ伏せることで、民衆の戦慄を静める。こうした事態は、薬物などの合法化の歴史を想起すれば、よくある出来事といっていい。そもそもストライキの権利も出版の自由も純粋に政治的な権利問題であったわけではなく、半ば「大犯罪者」の事件として遇されていたのではなかったか。違法とされた領域での行為ということでいえば、大犯罪者の「違法行為」と労働運動やプロレタリア運動の「違法行為」との間には形式的な差異はない。だから民衆が戦慄するのは大犯罪者の暴力に限られない。ストライキに戦慄する民衆――つまりストライキに同調しようとする感情を抱く民衆とは、この行為に対して大衆が内心共感し、その行為の意味に触発されて戦慄という感情を喚起される。このことを前提にして、権力は二つの選択を迫られる。民衆の戦慄に妥協して新たな法（ルール）を承認するか、それとも権力の法維持的な暴力によって弾圧するか、である。そうだとすると、戦争という暴力はどう遇されるのだろうか。

3・3　戦争に加担する議会主義

合法性を獲得した暴力と違法な暴力という区別は必ずしも普遍性だけに依存するのではなく「歴史的な承認」の有無に依存する。ここで暴力の同伴者となるのが議会の立法権ということになる。とりわけ戦争に関しては議会の関与が無視できない。

> 原理的に非暴力的な政治的合意の手段を論ずるときに、議会主義を持ち出すことはできない。なぜなら、議会主義が生きた諸問題のなかで何に到達するかといえば、それは起源にも終末にも暴力をまといつかせた、あの法秩序でしかありえないのだから[※32]

議会主義とは非暴力や平和を意味しない。むしろ合法的な暴力の範囲を法として制定するものであり、この意味で暴力と法秩序は相互に不可分な制度だということになる。しかも議会が合法的暴力の範囲を再定義するきっかけとなるのが大抵は戦争や戦争の危機であり（もちろん、大犯罪がきっかけになる場合もある）、この戦争に対して従来の合法的な暴力の範囲では対処しえないという政府の言い分を正当化して、合法的暴力の範囲が拡張される。こうした合法性の範囲を戦争という暴力の正当化のために拡げる役割を議会の立法権は担う。議会制民主主義のばあい、戦争に対する民衆の「戦慄」が果す機能は無視できない。民衆が何に戦慄するのかはストライキの場合ほど明確でもなければ一つに収斂するわけでもない。「敵」の暴力に戦慄するのか、自国政府が戦争を選択したことに戦慄するのか、しかも戦慄とは愛国心を喚起するような感情としてのそれなのか、それとも全く逆に紛争解決を暴力に委ねるという平和の理念に反する行為を政府がとったことへの戦慄なのか。「戦慄」という感情を構成する関係はより複雑だ。しかし、いずれにせよ戦争の道を選択するのかどうかは民衆の戦慄という感情に裏打ちされた民衆の投票行動や世論の動向に基いて、内閣と議会が戦争に向けてどのような立法措置をとるかによって、その後の法秩序が決まる。[※33]暴力と議会のこの相互依存関係は、現代の平和運動においても忘れられがちな重要な視点だ。言うまでもなく民衆の戦慄は、民衆自らが生みだしたものというよりも、プロパガンダと抵抗の弁証法の産物というべきなので、それ自体もまた平和とも戦争とも断定しえないものであることに留意する必要がある。

こうしてベンヤミンは、暴力と既存の法が合法と措定する暴力の間の弁証法的な構造を基本に置いているために、暴力と平和な法秩序を機械的な対立の構図でみるのではなく、平和を支える秩序の構造――これを制度化したものが法として表象される――を生み出すのも、これに先立つ暴力を通じてであることに注目しているように思う。戦争を通じて戦後の和平の構図が形成され、この和平を支える法が制定され、この和平のなかにある暴力装置の合法性の枠組が明示される。同時に、この合法性の外に排除された暴力が違法なものとされるが、だからといってこの違法な暴力が消滅するわけではないし、合法性のなかにある暴力もまた廃絶される方向を促されるわけでもない。この和平のなかにある暴力の弁証法が次の暴力＝戦争を胚胎することになる。新たな暴力、抑圧された暴力、法措定の暴力、法維持の暴力といった一連の暴力を再生産する構造そのものを廃棄しなければ暴力の廃絶には至らない。第一次大戦直後を生きていたベンヤミンにとっては、こうした問題の枠組は極めてアクチュアルなものだったに違いない。

では紛争の非暴力的解決は不可能なのだろうか。ベンヤミンは私人相互の紛争解決を持ち出して次のように書く。

> 紛争の非暴力的な調停は、そもそも可能だろうか?もちろん可能だ。私人相互の関係を見れば、例に不足はない。非暴力的な和解は、こころの文化が、人間の手に合意の純粋な手段をあたえたところでは、いたるところに見いだせる。すなわち、事実上ひとつ残らず暴力である合法・違法の多種多様な手段にたいして、純粋な手段としての非暴力手段は、対置されうるわけだ。こころの優しさ、情愛、和やかさ、信頼などが、後者の主体的な前提条件である。(中略)

人間が相互の紛争の調停に直接にかかわることは、けっしてない。かかわるときは、かならず物を媒介とする。人間の紛争が即物的に物にかかわるところに、純粋な手段の領域がある。したがって、もっと広い意味での技術がその固有の領分であって、たぶんそのもっとも基本的な例は、市民の合意の技術とみなされるもの、話し合いだろう。※34

こころの優しさ、情愛、和やかさ、信頼とか話し合いといった通俗的にすら思われるこの指摘は暴力批判論のなかで唯一といっていいほどナイーブで難解なところのない観点だ。難解ではないためか、このフレーズが注目されることは少ない。しかし、実は、これが暴力批判論におけるベンヤミンの答えである。「非暴力手段」と書いているように、この非暴力手段もまた法措定的な非暴力となりうる可能性をもっていることは間違いない。そして同時に非暴力による法維持的な枠組を構築する契機ともなるだろう。ここに国家暴力の廃止の可能性がある。ベンヤミンの暴力批判論のこの唯一の答えを見落さないことが重要だ。私たちに残された問いは、この市民の合意の技術なるものをどのようにして統治機構に組込むのか、あるいは、なぜ国家はこの私人の合意の技術を受け入れることを事実上拒んでいるのか、である。ベンヤミンは二つの要因を指摘する。ひとつは関係を媒介する技術的な条件であり、もうひとつがその解釈をめぐって今に至るまで議論のある「神話」という要素である。

裁判のように、対立する争点について、合理的な判断のみがその是非に決着をつけるような「非暴力的な和解」だけでは暴力を排除するには十分ではないことをベンヤミンは自覚している。だから「こころの文化」つまり「こころの優しさ、情愛、和やかさ、信頼」という感情に関わる相互関係を重視し、裁判よりも「話し合い」を求めた。逆に国家や集団相互の紛争の場合、こうした意味での「こころの文化」は存在そのものが極めて困難になる。裁判や政治的な交渉ではもっぱら合理的な判断に委ねられることになり、これに失敗したときにとりうる手段がない。国家であれ集団であれ、紛争状態のなかで、相手に対するこころの優しさ、情愛、和やかさ、信頼などが合理性にとって代わることはない。逆に、合理性の隘路のなかで暴力が前面にでる。こうした事態に立ち至ったときに、国家は、暴力を具体化する手段、つまり武器や兵器を保有していることによって、問題の解決を一気に暴力の力学的な世界に引き寄せて決着を図ろうとする。

合理的な判断のその先には二つの道しかない。一つは非暴力的だが合理性の枠を越える道であり、もうひとつは暴力の道である。ところが暴力の道は、これを具体化することが可能な「物」――軍事力――なしには選択できない。逆に「物」がなければ選択しうる道は合理性を超越した非暴力、つまり「言葉」だけである。憲法9条の文言がどうあれ現に日本の国家が軍事力を保有し暴力を具体化しているということが何を意味するのかは明かだ。9条は暴力を言外に指し示していると解釈する以外になくなる。ベンヤミンは「互いに依拠しあっている法と暴力を、つまり究極的には国家暴力を廃止するときにこそ、新しい歴史的時代が創出されるのだ[※35]」と述べるとき、手段としての非暴力という選択なしに国家暴力の廃止を獲得することはできないことが含意されている。多分、暴力批判論で議論を呼ぶ神話の位置付けもまた、こうした合理性を超越したところで生じる問題に関わっている。本稿では、これ以上の言及はできないが、この意味でいえば神話は暴力にも非暴力にも関わる「鍵」をなしているということだけを指摘しておきたい。これがベンヤミンが出した答えだと私は解釈している。

こうしたベンヤミンの暴力批判は、果たしてファノンが突きつけた戦争の現実に対して有効な観点といえるだろうか。戦争こそが法の枠組を規定すること、つまり戦争あるいは暴力における違法と合法の境界そのものを定めるものが平和ではなく戦争そのものにあり、平和もまた戦争の従属変数にしかすぎない、このことは、アルジェリアだけでなく植民地として支配されている世界の現実だろう。植民地支配の構造のなかで法制定の権力は宗主国の主権者たちの手に握られている。植民地支配者の暴力を合法化するのではなく、逆に違法化し、更に植民地の統治権力そのものを放棄させる力は宗主国内部の民衆の力――植民支配に一定の責任を負う側の民衆による権力放棄の力――にも委ねられている。ベンヤミンの議論は、こうした回路の存在を示唆するものとして読むことが必要だろう。

4　組織された暴力――シモーヌ・ヴェイユの答え

戦争に典型的なように、国家や集団間の暴力は組織された集団による暴力だ。解放のための武装闘争の正しさは、目的の正しさだけでなく、組織化された暴力の「正しさ」にも依存する。ファノンもベンヤミンもこの組織としての暴力の問題を正面から論じていない。確かにファノンはテロリズムへの葛藤を吐露していたが、行為の主体を担った女性たちについての彼の眼差しは、彼女らを賞賛しつつも、やはり組織の決定を受動的に引き受ける「駒」としての評価という以上にはでていないように感じる。

暴力に限らず、正義を実現するという目的のためにとられる手段が、どのように人々を組織化して現にある権力と倒すだけの政治的な力を獲得するのか、という問題は、そのまま解放の組織と民衆の意思決定への関与も含む統治の構造そのものの問題になる。ここに手段としての暴力を肯定する場合には、暴力の組織化という問題が関わることになる。軍のような人の殺傷としての暴力の組織化、あるいは意思決定のプロセスが構成員である兵士ひとりひとりにどのような影響をもたらすのかという問題は、組織全体がある種の統一された意思をもつ人格に代表させて論じることはできない。この点で、解放戦争も含めて戦争を、自らの経験も踏まえて、動員される兵士の視点から捉えようとしたシモーヌ・ヴェイユの指摘は重要だ。ヴェイユは次のように述べている。

兵士は一人一人が自分の生命そのものを軍事装備の要請に犠牲にすることを強制され、その強制についてては国家権力による否応なしの処刑の威嚇がつねに彼らの頭上につきまとっているのである。したがって戦争が防衛的であるか攻撃的であるかとか、帝国主義的であるか民族戦争であるかということは、ほとんど重要ではなくなる。すべての戦争を行なう国家は、敵がこの方法を用いる以上おなじくその方法を用いざるをえない。※36

戦争がある種の力学的なプロセスという側面に支配される以上、そこで対峙する力の構造は物理的に決定されるだろう。暴力という手段はこの限りで、敵にも味方にも、正義の側にも不正義の側にも同じように作用する。組織の意思決定の民主主義とか兵士一人一人の判断や行動の自由などというものを優先させて勝利を獲得できないいきない局面が必ずありうる。そしてヴェイユは次のようにも言う。

大量殺戮は抑圧のもっとも徹底的な形式だということである。兵士たちは死に身をさらすのではない。大量殺戮へと送りこまれるのである。抑圧機関は、一たびでき上がれば破壊されるまで生きつづけるものだから、戦略行為を動かす任務をもつ機関を大衆の上に押しつけ、大衆に無理に行為集団の役をつとめさせる戦争というものは、たとえ革命家たちに指導されるものであっても、すべて反動の一要素とみなされなければならない。このような性格をもつ戦争の外的な影響圏は、国内にうち立てられた政治的関係によって決定される。最高国家機関に操られる武器はいかなる人間にも自由をもたらすことはできない。

革命が反動に転換する契機が戦争にある。ロシア革命が理想として掲げた軍隊、警察、官僚制の廃止は、現実の白衛軍や外国からの干渉戦争のなかで頓挫し、これらがいずれも強固に復活する。ヴェイユは「この軍事・官僚・警察機関のためにロシア民衆がどんな目にあったかはよく知られていることである」と述べ、「革命戦争は革命の墓穴である」と断言した。別の論文では、革命から15年たったロシアにはソヴィエトも本来の意味での共産党も存在していない、とも述べている。[※37] 戦争の指導部も警察も特別裁判権や脱走兵の処罰もないなかで革命戦争が遂行された例はたった一度しかないという。それがパリ・コミューンだ。「戦争にまきこまれた革命は、反革命の血なまぐさい攻撃に屈服するか、それとも軍事的闘争のメカニズムそのものによってそれ自体反革命に変化してしまうか、そのどちらかの道を選ぶしかないかに見える[※38]」と述べた。ヴェイユは目前にあるファシズムに対して「[解放戦争]はある野蛮な抑圧と戦うためにそれよりさらに野蛮な残虐さの重圧に人民をあえがせることになるだけではなく、廃止しようと望む体制を別の形のもとに発展させることになるだろう。[※39]」と述べ、戦争という手段を構想する闘争を否定する。

ヴェイユの「戦争に関する考察」の文章のこの考察は、その後ヴェイユ自身が率先してスペイン内戦のC.N.Tの義勇兵として短期間だが参加するなかで、再度確認されることになる。このスペインでの経験を経て次のように書いている。

スペインでみられるものは何か? そこにもまた、悲しいかな、拘束の諸形式が生まれ、無政府主義者の絶対自由主義的で人道主義的な理想に直接に相反する非人道的行為が生み出されている。内戦の雲行きや要請のほうが、内戦をもって擁護しようとしている希求よりも強力なのである。※40

ヴェイユがここで拘束の諸形式と呼んでいるもののなかには、武装組織の統制や違反者への処刑といった深刻な刑罰の問題が含まれる。だから非人道的という言葉が使われることになる。ヴェイユは、ロシア革命が戦争を通じて、戦争という手段によってその目的が覆された事態が、ロシア革命に固有の事情によるのであって、スペインでは戦争という手段が目的を裏切るようなことはないかもしれない、という期待を抱いて、かなり早い段階でスペインに出向こうと決意したのかもしれない。第二次大戦後を知らないヴェイユにとっては予言になるが、私たちにとっては歴史的な事実であり教訓でもあり、また今ここにおいてもこの事実が日々立証される事態を経験している。しかし、手段としての非暴力をヴェイユ自身が組織化することができたわけではない。革命戦争が革命の墓穴であるとするならば、軍隊、警察、官僚制の廃止を革命戦争なき革命として、どのように実現しうるものなのか、多分生涯にわたりサンディカリストとして平場の労働運動との接点を欠かさなかったヴェイユならではの答えがありえたかもしれないが、晩年のヴェイユはこの答えを模索する大きな回り道の途中でその短かすぎる人生を終えざるをえなかったように思う。ファノンが独立後のアルジェリアに出会えなかったようにヴェイユもまた戦後のフランスに出会うことができなかった。とはいえヴェイユのこうした議論をファノンの「アルジェリアはヴェールを脱ぐ」のような記述とともに読むことによって、後世の私たちは革命の組織された暴力をめぐる問題について重要な教訓、つまり、選択肢はラディカルな非暴力にしかないのではないか、という教訓を得ることができるように思う。

5 自衛権否定の論理

5・1 自衛権一般について

暴力は、様々な言い訳を用いて是認されてきたが、最も厄介で重要な議論は、自衛の手段としての暴力と圧政からの解放の手段としての暴力の是非だろう。この二つの暴力について、ファノン、ベンヤミン、ヴェイユの議論を検討するなかで、暴力を是認することができない重要な示唆を得たと思う。しかし、ここでは更に抽象度を上げて自衛の暴力一般について、否定の根拠を考えておきたい。

まず自衛について一般論的に考えてみよう。個人に対しては暴力を違法化し国家には合法化するという二重基準は、「自衛」という観点でその矛盾が解消され、個人においても国家においても正当防衛としての暴力が容認されている。その結果として「自衛」は暴力を正当化するために乱用され、実質的には無限定に暴力を肯定する足掛りを与えるものになる。私たちが今まさに経験しているイスラエルによるガザへの武力攻撃は、イスラエルの言い分では自衛のための正当な戦争行為とされ、この言い訳をイスラエルの同盟国である米国、英国をはじめとする諸国もまた受け入れ、自衛権行使の支援を口実に莫大な軍事的な支援を正当化してきた。国連の国際司法裁判所もまた、ジェノサイドの可能性についての暫定措置命令において、イスラエルのガザにおける軍事作戦を停止すべきだとする命令を出すことができなかった。[※41] イスラエルの自衛権行使という言い分が否定されていないのだと私は解釈している。自衛のためのジェノサイドが国際法上黙認されたともいえる。[※42] こうして、ジェノサイドと自衛権行使とは矛盾しないところにまで自衛権は拡張され、ネタニヤフが繰り返し言及しているように、旧約聖書の自らの神の命令に従うために敵を皆殺しにするアマレクの物語[※43]は、決して過去の物語ではなく現代に生きているイデオロギーを構成している。実際の戦争の経緯をみると、ジェノサイドによってしか自衛しえない出来事があるかのような世界の捉え方というものが支配者たちには少なからずあり、こうした世界の見え方は思いのほか幅広く是認されてすらいることに気づく必要がある。そして広島や長崎への原爆投下を正当化する米国の論理や抑止力という考え方は、核兵器の存在もまた自衛のためのジェノサイドを潜在的に含意しているのだ、ということに気づかなければならない。ジェノサイドを自衛のための暴力の許容しうる最大値だという現実から自衛という概念を再定義するとすれば、自衛とは戦争の言い換えにすぎないことになる。どの政府の場合も自衛という言葉と戦争という言葉の意味内容にはほとんど差がないような国家＝軍事安全保障の運用がなされている。

こうした現実に対して、自衛権を含めて武力を手段とする紛争解決を無条件に否定するという立場は、自衛隊の存在を認めず、米軍基地を認めず、軍事的な安全保障外交を認めず、企業の武器・兵器の製造も販売・輸出も認めず、ジェノサイドの概念に含まれる間接的な殺傷行為を誘引するいかなる行為についても、政府であれ民間であれ認めない、という立場をとることだ。これ以外に戦争に反対する立場はありえない。

5・2 「正しさ」と暴力

紛争に直面したときに、当事者の主観に即してみれば、自らの正義が理不尽で不合理な相手の立場によって侵害される事態に直面するなかで、不合理な相手に対して合理的な言葉が通用しないと判断して、とりうる唯一の手段として暴力の行使が正当化される。同様の道筋は、相手側にもいえることであって、双方が相手の主張を不合理で理屈に合わないものだとみなすが故に、こうした局面では合理的な判断は乗り越ええない壁に直面することになる。

暴力において優位にある者が正義を体現することは論理的には証明できない。にもかかわらず、なぜ人類の歴史のなかで、この錯誤が正されることがなかったのか。人類史などという大風呂敷を広げないまでも、近代社会において、宗教的な超越性や王に象徴される個人の主観を退けて合理主義と理性による判断が社会の取るべき選択の妥当性を支えるような社会においてすら、やはり、事実上、力に勝る者こそが正義を体現するという立場の理不尽さを明確に否定しうる制度を確立できていない。

このようにして、戦争を紛争解決の手段から排除できないでいる現状は、正義の体現者であることを暴力という物差しによって事実上認めさせようとするものだ。この事実が示しているのは、近代合理主義や、その統治機構ともいえる「法の支配」に内在する論理によっては暴力は排除できない、ということだ。この仕組みに正当性を与えている唯一の「解」があるとすれば、力において優位にある者が、力それ自体においてではなく、この者が体現している考え方において正義あるいは真理であるという場合だけである。ごく単純な喩えでいえば、1＋1＝2と主張する者が1＋1＝3と主張する者を論理ではなく暴力においても凌駕するということは証明できない。1＋1＝2という正しい解答を、その理由も含めて受け入れることを拒み1＋1＝3に固執して譲らない者に対して、これを力でねじふせることで1＋1＝2の正しさを強要することができるときにのみ真理と暴力の優位がたまたま一致する。これは証明の力による真理の勝利ではなく、もっぱら力が真理の審判者になっているにすぎない。このことは、正しさの座を獲得するためには論理の力だけでは不十分だということを示している。論理の力は1＋1＝3を論理的に論破することはできても、1＋1＝3を「信じる」者の「信じる」という信念を否定できないからだ。「信じる」という感情は、不合理なものであるが、不合理であるということを指摘することによって、「信じる」感情を消し去ることはできない。消し去れないときに、なしうることは、1＋1＝3を内心で信じるにせよ、おまえが口に出して言えるのは1＋1＝2だけである、ということを強制する力を受け入れさせることだけである。同じことは、上の例とは逆に1＋1＝3という誤った解が力において勝る場合にも実は同じように生じる。だから物事の妥当性の選択や判断の決定は、もし暴力という手段が選択肢のなかにある限り、正義とか真理とかといった事柄はどうでもよく、力が最後の決定権を持ってしまう。だからこそ暴力を選択肢から排除することが必要なのだ。

繰り返しになるが、万人が承認しえない正義が本当の正義なのか疑わしいのだが、そもそも、あらゆる諍いは、たとえその結果が「正しい」とされる側が暴力という手段によって勝利したとしても、それでは解決にならない、ということが忘れられがちだ。殺傷行為は、対立や摩擦をもたらした事態の一方の当事者を物理的に排除するだけであって、対立や摩擦そのものが意味している問題それ自体に即して解決されたわけではない。だから問題は残される。そのために、同様の対立が再び繰り返されることになる。暴力はいかなる場合においても問題を解決する手段になることはありえない。この意味で殺傷行為はその原因となった事態に対して解決の本来の道筋を逸脱し、そもそもの問題には含まれていない「力」を強引に持ち出すことで問題のフェーズを捻じ曲げるものでしかない。上に述べた例をもう一度持ち出してみるが、1＋1＝3を主張する腕力のある者がこの算数の答えを正しいものとするためにこれを認めない者を殺したとしても、1＋1＝3の間違いは依然として残る。そのために、新たにこれに異論を唱える人がでてくる。この人もまた殺され、暴力の上に1＋1＝3が正答として君臨する。こうして暴力による解決は解決ではなく、解決は先送りにされ、新たな暴力を生み出すだけなのだ。これが、「力」の行使を正当なことであり正しいことだとする暴力の世界である。実は1＋1＝2を正答としても1＋1＝3を「信じる」者を説得できなければ同じことは起きる。本来の解決方法は暴力ではなく別の方法に委ねるべきことはこうした単純な事例でみれば自明なのだが、現実世界で起きる暴力を正当化する事態は複雑な様相を呈するために、この単純な真理を見出せない状態に置かれる。

5・3　自衛の暴力に合理性はない

自衛の暴力であっても、こうした暴力は、先に述べたように、紛争の合理的な解決とは全く次元の異なる手段であることに変りはない。暴力は力学的なメタファを人間集団間の現実の紛争に当て嵌める間違った手法でもある。力学的なメタファは、暴力を自己目的とする軍隊のような組織が、その存在理由を説明する場合に持ち出す理屈でしかなく、より幅広い政治的な交渉の場面では、他の様々な選択肢や応答関係がありえるはずであり、さらに背景をなす紛争の性格についても歴史的な経緯や経済や文化など様々な要因が絡みあうのが普通であって、これらを軍事的な観点（あるいはより口当りのいいゲーム理論など）に還元して集約することは、意図的に暴力以外の選択肢を排除しようという欲望によってあらかじめ規定されていることの方が多いのではないか。

自衛の暴力は、相手が暴力に訴える可能性がゼロではない以上こちらも暴力という手段を放棄しない、ということを理由に、暴力を正当化しようとする曖昧な領域を含む。この場合であっても、相手が暴力に訴えることは「可能性」あるいは「蓋然性」でしかなく、決して必然とはいえない以上、こちら側もまた暴力を必然として前提することはできない。自衛の暴力は、まず最初に前提として、自衛の暴力を肯定する制度や法、暴力の具体的な体現物——軍隊とか警察など——を保有しており、この前提を正当化するために自衛という「物語」が構築される。この場合、暴力が自己目的になりがちだ。というのも、自衛の暴力は、本来多様な選択肢があるはずの未来を暴力による反撃にのみに絞り込んで正当化するという枠組のなかで組み立てられるからだ。私たちはこの暴力としての自衛の罠を回避し、紛争そもそもの対立や軋轢の問題を、その問題そのものを巡る議論のなかで解決するという本来の合理的な道筋に戻してやる必要がある。その最も確実な方法は、暴力の体現物を社会が保有しないことなのだ。つまり軍隊や警察といった暴力装置を持たないということが、暴力への依存という回路を断ち切ることになる。こうして権力が人々に抱かせる怒りや不安感情の基盤を切り崩すことだ。武力を持ちながら冷静であったり理性的な判断に期待しようとする態度は、そもそも暴力への欲望を隠しもった卑劣な者の振舞いでしかなく、こうした態度は一切信用すべきではない。

5・4　権力の自衛と隠蔽され、正当化される暴力――ドメスティック・バイオレンスの場合

最も重要な自衛をめぐる議論のひとつは、ジュディス・バトラーが指摘しているように、自衛の主体が誰であり、誰に対していかなる理由で自衛の暴力を行使するのか、という問いだ。[※44] 夫やパートナー、あるいは大人の暴力に対して妻や女性、子どもが「自衛」することと、警察が介入して公権力の暴力によってDVを阻止することとは同じことではない。DVの被害当事者は当然のこととして怒りや不安や恐怖の感情を抱くだろうが、こうした感情が自衛のための暴力と直結するわけではない。むしろ生き延びるための手段は暴力による自衛とは異なる道を模索することの方が多い。他方で国家や軍隊は怒りといった感情よりも冷徹な殺害の計算に基づいて武力行使を組織化する。戦争を組織する政府の官僚制や軍隊は、怒りや不安といった感情が暴力と直接結びつく形で構築されているわけではない。政府や軍隊は、民衆に対して愛国心やナショナリズムを煽り「敵」への憎悪を醸成するための手段として怒りなどの感情を利用しようとする。逆に私的な領域での暴力の背景にある怒りや恐怖の感情を公権力が受け止めるのは、それが公的な秩序に影響する場合である。この場合にも公権力の暴力の目的は国家や社会の秩序であり、その限りで国家は介入しようとする。だから国家の介入は、外形上は当事者に寄り添うような振舞いがあるとしても、

その実際の目的は国家目的の域を出ることはない。国家には人間が抱く感情の条件がないからだ。私的な領域の暴力は、個人による暴力を倫理的道徳的に否定して法に解決を委ねるという近代の秩序理念が形成された時代から常に存在してきたにも拘らず、国家も私的な共同体もこれを放置し、あるいは黙認してきた。（学校における教師の暴力も同様だ）家父長制に基づく家族関係を是認する社会にあっては、この私的な空間における暴力は長年私的秩序を構成する力（暴力）として正当化されてきたのである。

ジュディス・ハーマンは、フロイトの初期の研究、『ヒステリーの病因』を引き合いに出して、おおよそ次のように述べた。フロイトは、女性の「ヒステリー」つまり心理的外傷が幼少期の性的経験にあることを発見したが、この説が正しいとすると当時の社会（中産階級を主に指す）では幼児に対する性的暴力が蔓延しているという結論にならざるをえない。このことの重大性にフロイトが気づいてたじろぎ、それ以上の追求を放棄したとハーマンは指摘している。[※45] 性的欲望の問題は人間であれば避けられないものだが、これをそれぞれの歴史的な社会はそれ固有の解決＝秩序への組込みの仕組みを通じて「解決」する。この過程で性的欲望が秩序を逸脱しないような範囲の暴力へと押さえ込まれるが、近代の家父長制はこれを男性（夫や父親）に特権的な力を付与することで実現する。言い換えれば制度の自衛のための暴力の特権を男性に与えて制度の「平和」を実現しようとする特異な権力関係が近代の家族制度なのだ。平和にみえる家父長制家族の理想的なモデルには隠された暴力の契機があり、これを家族制度は排除できない。この力の犠牲になるのは子どもや女性だが、彼らは犠牲者とはみなされず、彼らが負う心的外傷は発見されず、近代家族という制度が防衛される。心的外傷は、被害者個人の人格にその原因を求めるような「理論」が開発される。この文脈のなかでの権力の自衛とは、統治権力の基盤をなしている家族制度の危機認識と権力の正統性を揺がしかねない家族の危機に基づく対処であって、怒りや恐怖といった人間の感情に基づいているわけではない。私的領域への介入であっても国家の関心は国家の防衛である。この意味で女性や子どもの生存の権利への配慮は、国家防衛の手段でしかない。自衛の主体が当事者から国家にずらされたとき、自衛の目的もシフトし手段もまた異なる選択肢や優先順位に規定されるようになる。

問題の解決を暴力に委ねることは、力の強い者が問題の解決において正しい立場をとるものである、ということを意味している。力の強い者が正義を体現するということは証明されえないし、力と正義との間には普遍的な因果関係は存在しない。だから、対立する問題の解決をそもそも暴力に委ねるという選択そのものが間違っている。少なくともこの自明の事柄は、私たちにとって理解しがたい難解なものではない。問題は、この自明ともいえる紛争解決の目的と手段の間にある齟齬について、人間社会はなぜ問題視せず、むしろ暴力を問題を解決の有力な手段として是認してきたのか、ということである。

5・5　国家間対立を超越する民衆の非暴力の回路

もういちど戦争に立ち戻ろう。現代の私たちは、果たして国家の戦争をつきはなして、自らの生き方を国家から自立させて相対化しつつも、なおかつ主権者としての責任としての行動をとるという難しい選択をどこまで追求できてきただろうか。戦後日本の憲法は余りにも聖域と化してしまい、護憲か改憲か、9条擁護か9条改正か、という二者択一の選択肢が踏み絵になってしまった。私の立場は、こうした普遍的な価値を指向する憲法という存在そのものに戦争を正当化する根拠があるとみるので（この意味で私の法解釈はベンヤミンに近い）、現代の護憲・改憲の議論は、あまりにも無批判な議会主義に過ぎるものであって、将来の平和を構築する前提となる総体としての社会システムの転換の議論すらままならないものにしているのではないか。世界中に200の国民国家が乱立し、いずれもが自らの国家に至上権を与えて普遍的な価値の体現者であると豪語してやまない体制が戦争を回避できると本気で考えているのだろうか。

19世紀から20世紀にかけて、暴力をめぐる問題のなかに、大衆による直接行動が多く含まれていた。たとえば、労働者のストライキなども暴力の文脈で論じられることが多く、ソレルの『暴力論』もル・ボンの『大衆心理』も暴力とはこうした行為を含むものとされた。しかし、ストライキが労働者の権利としての行為へと合法化されることによって、暴力は再定義されるようになる。他方で暴力の領域の外にあるとみなされていた家族のプライベートな関係になかで振われる暴力が文字どおりの暴力とされ、戦争における犠牲の問題が身体の殺傷から心的外傷へと拡大されることによって、社会が制御すべき暴力の範囲と定義が変更される長い時間を20世紀は経験してきた。こうした暴力や戦争の再定義は、果してこれらを廃棄する方向へと向う変化を含んでいるといえたのだろうか。私はこの点については悲観的だ。ファノンが植民地主義に固有の暴力を示したように、植民地主義を含む近代資本主義システムそのものに不可避なものとしての暴力を見出すことが必要だと思う。同時に、ベンヤミンが法の秩序に暴力が胚胎していることを見抜いたように、私たちが平和であると感じている「平時」の統治機構そのものが同時に暴力を生み出し正当化するものであることを理解する必要があると思う。社会の暴力は、国家であれ様々な集団であれ、これらが組織性をもったものであることによる避けられない総ての人間に対してもたらされる人間性に反する行為であるということから革命や変革の暴力は免罪されないというヴェイユの厳しい指摘を受け止める必要がある。

近代の戦争と暴力の長期的な傾向は、人間への殺傷行為がもたらす心理的な負荷を最小化しながら殺傷力を高める技術開発を促す傾向がはっきりみてとれる。米陸軍で仕事をしてきた心理学者のデーブ・グロスマンは、兵士が人を殺すということの心理的な状態を次のように説明している。

実際に人を殺した兵士は、おまえは女子供を殺した殺人犯だ、許しがたいけだものだと責めたてる自分の一部を抑えこまなくてはならない。身内の罪悪感を否定しなければならない。世界は狂っていない、自分が手にかけた相手は畜生以下なのだ、邪悪な害虫なのだ、国や上官の命令は正しいのだ、そう自分で自分を納得させねばならない。

この残虐行為はたんに正しいというだけではない。殺した相手よりも自分のほうが、倫理的社会的文化的に勝っているという証拠なのだと、兵士はそう信じなければならない。残虐行為は相手の人間性を否定する究極の行為であり、殺人者の優越を肯定する究極の行為である。※46

技術は、精神医学のような医療技術も含めて、こうした心理的な負担を軽減させる方向で進化した。武器は長距離化し、空爆によってターゲットとなる人々が犠牲になる様子を直接体感する必要がなくなる。他方で、行動科学などを駆使して兵士の条件づけを組織的に強化し、殺せる兵士を短期的に育成し、心的障害から回復して戦場に送り出せる仕組みも整備する。インターネットを介したサイバー領域の戦争では、実際に殺傷行為を行なうのが自立型のドローンやロボットとなり、更に実感を伴なわない殺傷行為を蔓延させることになった。こうなればなるほど、私たちの暴力や戦争との距離は実際には縮まることになる。しかし、反戦運動の主流は、こうした領域を視野に入れきれていない。その一方で、通常兵器の殺傷能力の高度化は日進月歩であり、これに核兵器の保有国の拡大の懸念が常につきまとう。このような武器・兵器の現実のなかで武装解放闘争が、テロリズムや白燐弾を使ったり対人地雷を無差別にばらまいたり、ドローンで空爆したりといった作戦をとるべきではないとすれば、どのような殺傷行為であれば正義となるのか。ファノンの苦悩は、より深刻になりながら今の私たちがその答えを引き受けなければならないものになっている。こうした時代であるからこそ、解放の手段としての暴力や戦争という選択肢をきっぱりと捨てつつ近代国家を与件とする反戦平和運動の前提を斥けて非暴力の統治という人類前史には実現できなかった社会へと向うことが可能な手段の創造を構想することが求められている。

註

（1）人間の安全保障委員会『安全保障の今日的課題 人間の安全保障委員会報告書』、朝日新聞社、２００３年。
（2）〈民衆の安全保障〉沖縄国際フォーラム宣言 ２０００年7月1日、https://www.jca.apc.org/ppsg/Doc/urasoede.htm
（3）本稿は、下記の私のブログの記事を踏まえている。ブログの記事は、「小倉利丸　いかなる理由があろうとも武器はとらない」としてネットで検索してください。
（4）ファノン『地に呪われたる者』鈴木道彦、浦野衣子訳、みすず書房、p.24　ただし旧版による。
（5）ファノン、前掲書、p.25
（6）ファノン、前掲書、p.26
（7）ファノン、前掲書、p.26。
（8）ファノン、前掲書、p.26。
（9）ファノン、前掲書、p.26。
（10）ファノン、前掲書、p.26。
（11）ファノン、前掲書、p.27。
（12）ファノン、前掲書、p.27。
（13）ファノン、前掲書、p.27。

(14) ファノン、『革命の社会学』「序」、宮ヶ谷徳三、花輪莞爾、海老坂武訳、みすず書房（1984年版）、p.6。
(15) ファノン、前掲書、p.28。
(16) ファノン、前掲書、p.32。
(17) ファノンの伝記については、海老坂武『フランツ・ファノン』、みすず書房、参照。
(18) ファノン、前掲書、p.179
(19) ファノン、前掲書、p.145。
(20) ファノン、前掲書、p.178。
(21) ファノン、前掲書、p.193。
(22) ファノン、前掲書、p.193。
(23) ファノン、「アルジェリアはヴェールを脱ぐ」、『革命の社会学』所収、宮ヶ谷徳三、花輪莞爾、海老坂武訳、みすず書房（1984年版）、p.33。
(24) フロイト「『戦争神経症の精神分析に向けて』への緒言」参照、『フロイト全集』第16巻、岩波書店。
(25) エイブラム・ガードナー『戦争ストレスと神経症』、中井久夫、加藤寛訳、みすず書房参照。
(26) 本稿ではこれ以上この主題を掘り下げる余裕はないが、ファノン以降の重要な仕事として、戦争とDVにおけるPTSDをひとつながりのものとして把えたジュディス・ハーマンの『心的外傷と回復』（中井久夫、阿部大樹訳、みすず書房）やアラン・ヤング『PTSDの医療人類学』（中井久夫他訳、みすず書房）、キャシー・カールス編『トラウマへの探求』（下河辺美知子訳、作品社）などがあり、日本においても戦争とPTSDをめぐる優れた調査や研究が多く公表されてきた。たとえば、野田正彰『戦争と罪責』（岩波書店 1998）、蟻塚亮二『沖縄戦と心の傷――トラウマ診療の現場から』（大月書店 2014）、中村江里『戦争とトラウマ――不可視化された日本兵の戦争神経症』（吉川弘文館、2018）などがある。専守防衛であっても戦争となれば、たとえ生き延びたとしても、このPTSDの問題は一生を通じて残ることになる。だから、PTSDを、解放実現のための止むを得ない犠牲と考えるべきではない。殺すこと、殺されることだけではなく、戦争や暴力にはあってはならない多くの「止むを得ない」犠牲があり、これを代償としてなし遂げられる「解放」に私は未来を託す覚悟はない。これもまた、武器をとらない、という私の選択の重要な理由になっている。

(27) ベンヤミン、「暴力批判論」、今村仁司訳、ちくま文庫、p.64

(28) ベンヤミン、「暴力批判論」、今村仁司訳、ちくま文庫、p.33。

(29) 同上、p.40

(30) 同上、p.37

(31) 同上、p.39

(32) 同上、p.47

(33) ベンヤミンに限らずソレルやル・ボンのように19世紀末から20世紀初頭にかけてストライキなど大衆運動の力を暴力とみなして、その是非を論じる傾向がある。本稿ではこうした大衆運動の権利行使はむしろ非暴力直接行動として位置づけられるものであって人を殺傷することを目的として行使される力という意味での暴力には含めるべきではないと考えている。とはいえここでベンヤミンは、法に内在する暴力との矛盾を指摘したことは重要であって、この観点は続いて彼が検討する戦争権のなかでより鮮明に示されることになる。

(34) 同上、p.47–48

(35) 同上、p.129

(36) シモーヌ・ヴェーユ、「戦争に関する考察」、伊東晃訳、シモーヌ・ヴェーユ著作集1、春秋社、p.126

(37) ヴェーユ、「展望　われわれはプロレタリア革命に向かっているのか」、シモーヌ・ヴェイユ選集Ⅱ、富原眞弓訳、みすず書房、p.51

(38) 同上、p.129

(39) 同上、p.131

（40）ヴェーユ、「直言」、前掲『ヴェーユ著作集１』、p.326–7

（41）国際司法裁判所、２０２４年１月26日、仮保全措置命令。日本語翻訳チームによる日本語訳 https://www.jca.apc.org/jca-net/ja/node/348 英語正文 https://www.icj-cij.org/sites/default/files/case- related/192/192-20240126-ord-01-00-en.pdf

（42）ジェノサイドを外務省条約局は「集団殺害」と訳しているが、国連のジェノサイド条約は殺害だけを対象にしているわけではない。ジェノサイドとは集団構成員を殺すこと、集団構成員に対して重大な肉体的又は精神的な危害を加えること、全部又は一部に肉体の破壊をもたらすために意図された生活条件を集団に対して故意に課すること、集団内における出生を防止することを意図する措置を課すること、集団の児童を他の集団に強制的に移すこと、を指して定義されている。本稿もこうした範囲を念頭に置きながら戦争と暴力を論じている。ジェノサイド条約の日本語訳は https://worldjpn.net/documents/texts/mt/19481209.T1J.html

（43）アマレクについての旧約聖書の文言とは「さあ、行って、アマレクを討ち、アマレクに属するものはすべて滅ぼし尽くしなさい。容赦してはならない。男も女も、子どもも乳飲み子も、牛も羊も、らくだもろばも打ち殺しなさい」（サミュエル記）ネタニヤフ首相は２０２３年10月28日の会見、11月３日兵士と将校に送った書簡などで繰り返し言及している。南アフリカによる国際司法裁判所への申立書参照。 https://www.icj-cij.org/sites/default/files/case-related/192/192-20231228-app-01-00-en.pdf

（44）ジュディス・バトラー『非暴力の力』、佐藤嘉幸、清水知子訳、青土社。

（45）ジュディス・ハーマン『心的外傷と回復』、中井久夫、阿部大樹訳、みすず書房、特に第１章参照。

（46）デーブ・グロスマン『戦争における「人殺し」の心理』、安原和見訳、ちくま学芸文庫、p.337

4章 今日のガザは明日の沖縄

豊下楢彦

「台湾有事」が喧伝され南西諸島の軍事化が急激に進められるなかで、昨年（2023年）10月からイスラエル軍によるガザでの大虐殺が開始された。種子島ほどの地域に220万人ものパレスティナ人が閉じ込められ「天井なき牢獄」とか「緩慢なジェノサイド」と称されてきたが、文字通りのジェノサイドが展開されることになった。

筆者はかねてより南西諸島における軍事と人権の問題に関心をよせてきたが、ガザでの未曾有の惨劇は問題のありかを極限の様相で示すこととなった。そこで、この間に書き連ねてきた論考をここに再録し、筆者なりの視点を記録として残したいと考えた。

1に転載した「南西諸島は「無人島」か」は、昨年10月25日付けの「沖縄タイムス」に掲載したものであるが、突飛なタイトルは、防衛省による恐るべき計画に警告を発したいとの思いで付したものである。この計画は事実上、南西諸島を「無人機戦争の戦場」に追いやるものであり、そこでは南西諸島があたかも無人の島々であって人間存在が無視されているかの如きなのである。

この拙文を「沖縄タイムス」に掲載した直後に、進行するガザでのジェノサイドをめぐり、イスラエルのネタニヤフ政権の高官たちが、「ガザを無人島にしてやる」とか「ガザの人間は動物以下」と公言していることを知り、心底からの衝撃を受けた。そこで直ちに「タイムス」の拙文にガザの問題を付記して、10月28日付けの「オキロン」(沖縄評論)に転載した。文字通りの人間存在の無視が眼前で展開されているのである。

こうした情勢展開を背景に筆者は、「ノーモア沖縄戦」を掲げる沖縄の反戦・反基地の団体に対し、「今日のガザは明日の沖縄」というスローガンを提起したところ受け入れられ、様々な集会やシンポジウムで前面に押し出してもらうようになった。これを受けて、11月23日に「沖縄を再び戦場にさせない県民の会」主催の「県民平和大集会」が開催され玉城知事も挨拶にたったが、この集会に向けての県庁前での催しにメッセージを送ることを要請された。

2に転載した「当面する普天間問題の「唯一の解決策」」がそのメッセージである。ここには、在沖米軍当局が辺野古に造られる新たな基地が使い物にならないであろう、従って今後も普天間基地を継続して使用するとの意志を明確にしたという、極めて重要な情報が反映されている。短いメッセージであるが、問題の本質を筆者なりに整理したものである。

3に転載した「崩壊した「普天間問題」の構図」は2022年2月1日付けの「琉球新報」に掲載したものであるが、普天間基地が直面する「危険性とは何か」という問題を掘り下げ、本土の政権が唱える「危険性除去」と「辺野古が唯一の解決策」という議論の欺瞞性を暴いたもので、2のメッセージの前提を成すものである。

4に転載した「沖縄の戦場化と国民保護法」は、2021年6月12日付けの「オキロン」に掲載したものである。本土の政権は質量共に急速に沖縄の軍事化を進めており、従って沖縄が攻撃対象になり戦場と化する危険性が増大しているにもかかわらず、島民保護、県民保護の対策はほとんどとられていない。そもそも2004年には国民保護法が成立していたのであるが、これほど住民保護が蔑ろにされてきた背景として、2013年に安倍政権のもとで策定された「国家安全保障戦略」において「国民保護」の観点が完全に欠落していた、という問題を指摘することができる。3年前の論考ではあるが、今日においても本質的な諸問題を照射していると考えるものである。

1 〈南西諸島は「無人島」か〉

「無人機戦争」　どうやら防衛省は、「台湾有事」に備えて南西諸島に攻撃型の無人機を本格的に投入する計画に着手したようである。報道によれば、これまで自衛隊の無人装備の活用は「警戒監視」などに限られてきたが、「23年度から攻撃型や偵察型」などの機種を試す方針に転換したという。なぜなら、南西諸島などの島しょ部が「多数の無人装備で攻撃される恐れがある」からである。

これに対し、人員確保で困難をかかえる自衛隊にあっては、「南西諸島など広い範囲をなるべく人手に頼らず防御できる」体制を構築することが急務となっており、無人機能を備えた装備品の「早期の部隊配備」を目指すという。(『日経新聞』10月9日)つまり、この計画の核心は「無人機で攻撃を受けた場合に無人の装備で対応できる能力を備え、人的な被害を極力伴わないようにする」ところにある。

要するにこの計画では、南西諸島が「無人機戦争」の戦場となることが想定されているようである。それでは、南西諸島は「無人」なのであろうか。言うまでもなく、この戦場には160万近い生身の人間が日々の生活を営んでいる。防衛省の計画は自衛隊員の犠牲を極力少なくすることのみが念頭にあり、膨大な島民が無人機の犠牲になるであろうことは全く眼中にないかのようである。ここまでくれば、差別の域をこえ、文字通りの「人間存在の無視」と言う以外にない。

米軍なき台湾

無人機の実現には日米の連携が不可欠とされているが、それでは「台湾有事」の際に米軍や海兵隊はいかに対応するのであろうか。根本的な疑問は、台湾が真に危機に直面しているのであれば、なぜ米軍は台湾本島に基地を設けないのか、という点にある。米軍が注力しているのは南西諸島やフィリピンなど「周辺地域」の軍備強化であり、台湾にも軍事支援を増大させているが米軍本体のプレゼンスはない。そもそも、一定の〝あいまいさ〟を残しつつも台湾防衛に肩入れすることを取り決めた台湾関係法を有する米国にとっては、台湾有事は何よりも「米国有事」のはずである。なぜ米軍は台湾に直接的な関与を行わないのであろうか。

おそらくは、米軍の基本戦略はウクライナの場合と同じく、「セッティング・ザ・シアター」(戦場を準備する)なのであろう。つまり、米軍は同盟軍の訓練や演習の実施、物資の事前配置、作戦維持の拠点の設置などを担うが、戦場で戦うのはあくまで同盟軍である。つまり、「アジア人同士の戦い」が想定されているのである。冷静に考えてみれば、台湾を防衛するために膨大な数の米兵の棺がワシントンに戻ってくるなどということを、「内向き志向」の米議会や世論が許容するはずがないであろう。

「無用の長物」

南西諸島の海兵隊は今、中国のミサイルの脅威にさらされ標的となる危険性を回避するため「分散と巡回」を基本戦略としている。「有事」となれば直ちにグアムやハワイや米本土に退避し、そこから「後方支援」に乗り出すということである。つまり、固定化した広大な基地は脆弱そのものであり使い物にならないのである。とすれば、おそらくは12年以上の歳月と数兆円もの資金を投じて辺野古に建設されようとしている新たな基地は、文字通りの「無用の長物」であって、直ちに中止すべきである。

地域外交の「指標」

それでは、世界一危険とされる普天間基地の危険性除去の課題に、いかに対処すべきであろうか。今日直面しているのは何よりも普天間が海兵隊の拠点として攻撃される危険性であり、あらゆる手段を駆使して戦争回避に努めねばならない。かつて安倍晋三首相(当時)は2018年に北京を訪問し習近平主席との間で「東シナ海を平和の海に」との決意を確認、防衛当局間の相互交流の拡大や先端技術をめぐる協力枠組の設置、ガス田開発での協議の再開などで合意に達した。さらに安倍氏は、同主席の国賓としての訪日を招請した。コロナ禍がなければ2020年には習近平の来日が実現していたであろう。皮肉にも、「有事」を煽りたてた安倍氏の対中外交はある意味、「アジア・太平洋地域での平和構築」をめざす地域外交の展開に本格的に乗りだした沖縄県にとっても重要な「指標」となるであろう。

「人間存在の無視」

普天間基地が抱える差し迫った脅威は、米軍機による昼夜を問わない低空飛行や耐えがたい爆音によって住民の生活基盤が破壊されようとしていることであり、先鋭化する米軍の活動によって脅威は全域に広がりつつある。今や辺野古が「唯一の解決策」どころか、むしろ危険性を長引かせる「愚策」であることは明白である。それでは、こうした重大な危険性に対処するため当面なし得ることは何であろうか。それは、米軍に航空法をはじめとした日本国内法を守らせることである。

仮に国内法による〝縛り〟をかけることができるならば、直面する危険性は相当程度緩和されるであろう。しかし本土政府は日米地位協定を楯に、この要求を拒否してきた。その理由は、人権侵害が生ずるとしても米軍の活動に支障をきたさず安全保障を確保することが最優先、というものである。しかしこの論理は、人権を蹂躙する強権国家のそれと何ら変わるところがない。

「自由と民主主義と人権」の追求を外交の基本に据えながら、なぜ本土政府は沖縄における斯くも酷い人権侵害、非人道的な状況を長年にわたって放置してきたのであろうか。なぜ「危険性の除去」のため直ちに国内法の適用に乗り出すこともなく、沖縄の人々を米軍による「植民地状態」のもとに放置してきたのであろうか。その「答え」は、今回の「無人機戦争」の計画に求めることができる。つまりは、南西諸島における「人間存在の無視」に他ならない。

「ガザを無人島に」

1948年のイスラエル建国時に531のパレスチナ人の村々が地図から消され1万5千人以上が殺害され約80万人が難民となった「ナクバ」(大惨事)を想起させる「地獄絵」のようなガザの現状についてグテーレス国連事務総長は10月24日、恐るべきハマスの〝凶行〟を厳しく非難する一方で、「パレスチナの人びとは56年間、イスラエルによる息苦しい占領下に置かれてきた」と、問題の歴史的、文化的な背景を指摘した。

言うまでもなく沖縄も27年間にわたり米軍の占領下で憲法なき無権利状態を強いられてきた。さらに、日本への「復帰」後も米軍は好き放題に占領期と同様の「軍事行動の自由」を享受し住民の生活を圧迫し続けている。ガザは種子島ほどの地域に220万人以上の人びとが閉じ込められた状態となってきたが、歴史的、政治的、軍事的な諸矛盾を狭い地域に押しつけるという意味で、構図として沖縄の問題と通底するものがある。

このガザをめぐって10月26日付けの「ニューズ・ウイーク」誌は、イスラエルの指導部が「ガザを無人島にする」との脅しをかけている、と報じた。防衛省による「無人機戦争」の計画に孕まれた恐るべき意味合いとの、余りの合致に驚愕するばかりである。沖縄戦をも思い起こさせるガザの現状は、行き場のない狭い地域が戦場となることがいかなる悲劇的な事態をもたらすか、鮮明に示すものである。

この「地獄絵」を眼前にしながら、日米両政府が「沖縄の戦場化」を前提に戦略戦術を組み立てるとするならば、その歴史的な責任が問われねばならない。

2 〈当面する普天間問題の「唯一の解決策」とは〉

辺野古に新たな基地をつくり、そこに普天間基地を移設するという構図は完全に崩壊しました。なぜなら在沖米軍当局が、今後も普天間基地を使い続けるという意志を明確にしたからです。とすれば、辺野古の工事など全く何の意味もありません。代執行など論外です。巨費を投じて工事を続けることは、文字通り「ドブに金を捨てる」ようなもので即刻中止すべきです。

それでは、普天間が抱える「危険性の除去」という課題についてはいかに対処すべきでしょうか。普天間が直面する最大の脅威は、攻撃されるという危険性です。普天間が攻撃されれば沖縄の全域が戦場と化します。人口が密集する逃げ場のない狭い地域が戦場となればいかなる事態が引き起こされるか、ガザの悲劇的な現状が雄弁に物語っています。政府が唱える全島避難や島内避難などは絵空事です。勇ましく「沖縄有事」を煽る者に対しては、「ガザの現状を見よ」と反論すべきです。かの沖縄戦を想起させるガザの地獄絵を見るとき、安易な有事論を絶対に許してはなりません。「ガザを見ずに有事を煽るな」です。今や、あらゆる手段を駆使して戦争回避に努めねばなりません。この点で皮肉な話ですが、「東シナ海を平和の海に」というスローガンを掲げて中国の習近平主席を「国賓」として日本に招こうとした安倍元首相の対中外交は、一つの参考になるかも知れません。

普天間が直面する差し迫った脅威は、米軍機による昼夜を問わない低空飛行や耐えがたい爆音によって住民の生活基盤が破壊され続けていることであり、先鋭化する米軍の活動によって脅威は全域に広がっています。この事態に対する根本的な解決策は基地の撤去ですが、当面する「唯一の解決策」は、米軍に航空法をはじめとした日本の国内法を守らせることです。仮に国内法による〝縛り〟をかけることができるならば、直面する危険性は相当程度緩和されるはずです。

本土の政権は日米地位協定を楯にこの要求を拒否してきました。つまり、米軍の活動に支障を来たしてはならない、という軍事の論理です。しかし、軍事を理由に人権が蹂躙されることがあってはなりません。ガザの大惨事は、この問題を正面から問いかけることになりました。イスラエルはガザの人びとを人間として扱っていません。ネタニヤフ政権の幹部は「ガザを無人島にしてやる」と公言しています。どれだけの犠牲が出ようが軍事最優先です。

米軍の占領期はもちろん、本土復帰以降も米軍が我が物顔で好き放題に沖縄の人々の人権を蹂躙してきたことと、ある意味通じるところがあります。人間としての尊厳が完全に無視されているのです。岸田政権が「法とルールの支配」を強調するのであれば、直ちに国内法というルールを米軍に適用すべきです。これこそが、当面する普天間問題の「唯一の解決策」です。「辺野古が唯一の解決策」といった陳腐なスローガンの欺瞞性を暴露せねばなりません。

軍事の名によって人権が蹂躙されるガザの悲劇を前にして、なぜ国内法を米軍に適用できないのか、なぜ米国本土で許されないことが沖縄では許されるのか、本土の政権は今こそ明確に答えねばなりませんし、私たちは今こそ、この要求を前面に掲げることが何よりも重要と考えます。

3 〈崩壊した「普天間問題」の構図〉

米中対立の先鋭化が「普天間問題」の構図を崩壊させるに至った、と断じても過言ではないであろう。普天間問題とは言うまでもなく、世界一危険な普天間飛行場の危険性を取り除くため辺野古に新たな基地をつくり、そこに移転させるという政府方針をめぐる問題である。ここでの危険性とは、米軍機やその部品が住宅密集地に落下するなど重大な事故が起きることであり、現に一つ間違えば大惨事になるような事故が繰り返されてきた。

攻撃される危険性

しかし、普天間がいま直面している危険性は、これとは全くレベルを異にするものである。それは普天間が軍事攻撃の対象になる、という危険性に他ならない。2019年に就任した海兵隊のバーガー総司令官は中国の脅威に対抗するため新たに、中国兵器の射程圏内に小規模分散型の部隊を配備して島嶼防衛や奪還の任務を果たす遠征前方基地作戦の構想を打ち出した。この作戦構想に基づく自衛隊との連携訓練が普天間を軸に実施されているように、バーガー構想の展開において普天間は最重要拠点に位置づけられている。とすれば、仮に台湾有事が勃発した際には、嘉手納基地などと共に、何よりもまず普天間に攻撃が加えられ地域一帯は壊滅するであろう。

もちろん米中両国の指導者たちは、いざ戦争となった場合の計り知れないリスクを考慮して軍事的対立のエスカレーションにはきわめて慎重であり、状況次第では関係諸国の頭越しでの〝手打ち〟もあり得るかも知れない。しかし、現場における誤算が衝突を一気に拡大させたり、あるいは対決機運が「愛国的な世論」を刺激し、その世論の突き上げによって事態を制御できず「軍事の論理」が暴走した例は歴史に数多く見られる。

世論を煽る典型例は、安倍元首相による「台湾有事は日本有事、日米同盟の有事」との発言に見られる。しかし、そもそもウイグル問題も香港問題も台湾問題も尖閣問題も棚上げにして習近平国家主席の国賓としての訪日を要請し、中国人観光客への水際対策を怠りコロナの国内蔓延の契機を作り出したのは誰であったのか。無責任の極みと言う以外にない。こうした無責任な政治家による扇動が世論を刺激し緊張を高め戦争の危機を増大させる。

戦争の破滅的な性格

これに対し、こうした戦争の事態を避けるためにこそ防衛費の大幅増額、敵基地攻撃能力の構築、ミサイルの配備など抑止力を高め米軍と提携して軍事バランスをはかるべき、というのが政府方針である。しかし、この方針の最大の問題点は、際限なき軍拡競争の行く末がどういうものか明示せず、今日の起こりうる戦争の性格を無視したところにある。仮に米中間で本格的な戦争が展開されるならば、従来の陸海空のレベルを越え、サイバーやＡＩや宇宙など全領域に及ぶ未曾有のものとなり、その結果は破滅的なものとなるであろう。

それでは政府や防衛省は、この破滅的な戦争の戦場となる沖縄本島や先島諸島の住民を保護する態勢を備えているのであろうか。「申し訳ないが、自衛隊に住民を避難させる余力はないだろう」との制服組幹部の率直な発言（「共同通信」２０２１年12月23日）は、基本的な対策方針さえ準備されていないことを示している。住民保護の態勢構築を放置したまま軍事化のみを推し進めるとは、これまた無責任の極みである。

「見殺し」からの脱却

最悪シナリオを想定すれば、沖縄では膨大な住民が巻き添えになった、かの沖縄戦が再現されるであろう。今こそ、「安保外交は国の専権事項」という大前提が問い直されねばならない。なぜなら、国の方針に委ねておけば住民が見殺しにされかねないからである。放置され犠牲になる側は、生き残りをかけて国の方針と戦う権利がある。

まずは、コロナ蔓延の源泉となった米軍基地をめぐる地位協定の改定を、地方選挙・全国選挙の一大争点に据えるべきである。次いで、台湾問題とも直結し日中間の対立が深まる尖閣問題への対応である。問題解決の手がかりは、最前線で中国と対峙する海上保安庁の元警備救難監・向田昌幸の訴えに示されている。いわく、米国が尖閣の領有権に関して「中立・不関与」の立場をとってきたことが「中国の領有権の主張と対日攻勢の原動力になっている。尖閣の領有権は日本にあると米国にはっきり態度表明をしてもらうよう、政府はもっと働きかけてほしい」と。(『日経新聞』2021年3月18日) 問題は軍事ではなく政治外交上の問題であり、米国が「尖閣は日本固有の領土」との主張を認めていないのであれば、政府は尖閣問題は「領土問題」であることを認め、中国や台湾などと危機管理の枠組み構築にむけた協議を直ちに始めるべきである。何より沖縄県は各方面と協力しつつ、尖閣問題を軍拡ではなく平和的解決の方向に転ずるように主張すべきであり、その道筋が開かれるならば地域一帯の緊張緩和に繋がるであろう。

いずれにせよ、今や明らかなことは、普天間の危険性を除去するために辺野古の工事を進めるという構図が完全に破綻したことである。普天間が、そして沖縄が直面している危険性とは「戦争の危険性」であって、この危険性除去において辺野古の工事などは全く何の意味も持たないし、持つはずもない。日本政府は辺野古の工事にかける全エネルギーを、戦争という危険性除去に向けて注ぎ込むべきである。

4 〈沖縄の戦場化と国民保護法〉

2021年4月16日のバイデン大統領と菅首相との首脳会談を経て発表された日米共同声明については様々な見方がある。例えば、「台湾海峡の平和と安定」とか「両岸問題」という表現は長年にわたって中国が使用してきた言葉であるので、事前に日中間で〝擦り合わせ〟が行われたのではないか、との観測もある。あるいはまた、気候変動問題担当のケリー米大統領特使が首脳会談の直前に訪中し、中国の担当官との間で気候問題での米中協力に関する共同声明が発せられたが、会談場所が1972年のニクソン訪中の舞台となった上海であったため、ここでも米中間で何らかの〝擦り合わせ〟が行われたのではないか、という見方もある。

とはいえ、実に52年ぶりに日米首脳の共同声明に台湾が言及されたことは中国を強く刺激することとなった。なぜなら1969年の佐藤・ニクソン会談の当時は、日米両国ともに台湾を「中国を正当に代表する政府」と位置づけており、共同声明では「台湾地域における平和と安全」を「日本の安全」と深く結びつけることが謳われていたからである。

「台湾有事」

かくして中国は台湾周辺での軍事力の誇示をさらに強化し、米中対立を背景に「台湾有事」が一挙に焦点に浮上してきた。もっとも、米政権のインド太平洋調整官のカート・キャンベルは、台湾をめぐっては「米中間である程度現状を維持することが両国の最善の利益になる」と述べ、中国による台湾侵攻への対応を明確にしない従来の「戦略的曖昧さ」を継続する立場を明らかにしている。(5月4日付「ロイター電」)さらにブリンケン国務長官は米政権の対中政策について、「時に競争的、時に協調的、そして必要な時には敵対的」との基本姿勢を繰り返し明言している。

とはいえ、「軍事の論理」は独自に展開を続け、中国による威圧的とも言える軍事拡張に対抗して、5月中旬には九州でフランス陸軍が初めて参加する日米仏の離島防衛訓練が実施されるなど、緊張が高まるばかりである。すでに日本は先島諸島への自衛隊の配備を急速に進めてきたが、米国も脆弱性の深まった南西諸島を防衛するために「ミサイル要塞化」の計画を立ち上げ、こうして「琉球の防壁」が築かれようとしている。そして今や、「台湾と沖縄は一体」というスローガンが声高に勇ましく叫ばれるまでになってきた。

こうした事態が進んでいくならば、沖縄が格好の攻撃目標となるであろうことは、火を見るよりも明らかである。現に米国の軍事専門家たちにあっては、「米軍に基地や拠点を認めた国は中国の攻撃対象になる」

という認識は広く共有され、だからこそ沖縄の海兵隊の分散化も進められている。嘉手納基地への攻撃さえ具体的なシナリオとして想定される情勢を踏まえるならば、沖縄が再び「戦場」となる危険性が増大していると言わざるを得ない。

国民保護法とは何か

近年の軍事力の飛躍的な高度化と破壊力を考えるならば、仮に「戦場」となった場合、沖縄県民が被る被害は想像を越え、膨大な犠牲者がでるであろう。こうした最悪の事態さえ想定されるとき、改めて着目されるべきは、2004年に成立した国民保護法である。この法律は、国家間紛争を踏まえた「武力攻撃事態」、その前段階として事態が緊迫化し武力攻撃が予測される「武力攻撃予測事態」、主に大規模テロを想定した「緊急対処事態」という3つの事態を対象として、これらの事態から「国民の生命、身体および財産」を保護するために制定された。要するに、国際人道法における紛争下での「文民保護」を日本で実現するための法律である。

具体的には、警報の発令や避難の指示、住民避難など11項目の保護措置が整理され、翌05年の「国民の保護に関する基本指針」において詳細が定められた。これに基づいて全国の自治体で国民保護計画が制定され、毎年十数回に及ぶ国民保護訓練が各地で実施されている。現に本年5月19日にも「全国瞬時警報システム（Jアラート）の情報伝達試験」が全国一斉に実施された。

とはいえ、防衛大学の先端学術機構が2018年にまとめた「国民保護をめぐる課題と対策」と題する研究レポート（武田康裕編）では、繰り返されてきた訓練について、「ワンパターンを重ねてきた」「意味のある訓練はリアリティを感じ取れることである」といった問題点が指摘されている。この「リアリティの欠如」の問題を筆者（豊下）なりに敷衍するならば、5月19日に実施された全国一斉の訓練にも象徴的に示されていると言えよう。

なぜなら、そこでは訓練にあたっての想定として、武力攻撃事態等への対処の重要性を踏まえたうえで北朝鮮問題に言及され、「弾道ミサイルが落下する可能性がある場合の対応」が挙げられているからである。つまり、北朝鮮が発射するミサイルの落下が差し迫った脅威である、との認識で訓練が行われているのである。そうであれば、直ちに浮かぶ根本的な疑問は、なぜ政府は日本海側の原発の再稼働を推し進めようとするのか、という問題である。

実は上述の「国民の保護に関する基本指針」では、武力攻撃事態等における措置として「原子炉の運転停止」が明記されている。なぜなら、「武力攻撃原子力災害」が発生した場合には、近接地域が「放射性物質による被害を受けるおそれ」があるからである。とすれば、北朝鮮によるミサイル攻撃の脅威が切迫しているときに、なぜ政府はあえて日本海側の原発を稼働させようとするのであろうか。あるいは、表向きの脅威の喧伝とは全く逆に、実は政府は北朝鮮の脅威など無きに等しいと見做しているのであろうか。いずれにせよここには、防衛政策とエネルギー政策の根本的な矛盾、基本政策をめぐる支離滅裂さが露呈していると言わざるを得ない。

ちなみに、安全保障関係の政府委員を歴任してきた現JICA理事長の北岡伸一は最近の共同論文で、「北朝鮮にとって最も重要なのは、日本からの巨額の資金の獲得なので、対日攻撃の可能性は低い」と断じた。（北岡伸一・森聡「ミサイル防衛から反撃力へ」『中央公論』2021年4月号）とすれば、主に北朝鮮のミサイル攻撃を対象に計画されているイージスアショア代替艦の配備に1兆円を越える予算を計上するとは、文字通り国民をバカにした愚策の極みと言う以外にない。

沖縄の「戦場化」

それでは今日、このリアリティの問題をどのように捉えれば良いのであろうか。冒頭で述べたように、「台湾有事」が日本の存立危機事態と認定されて日本が台湾をめぐる戦争に加担していく、あるいは琉球列島が攻撃対象となり沖縄が再び戦場と化すといった想定の方が、北朝鮮によるミサイル攻撃よりも、はるかにリアリティがあると世論は受け止めるであろう。

もちろん米中両国の政治指導者たちは、いざ戦争となった場合のリスクは想像を越えるものがあり、現実には戦争に発展するような軍事的対立のエスカレーションには、きわめて慎重である。現にオースティン米国防長官も、「敵対国とも話せるようにしておく必要がある」と、米中の軍当局間における対話ルートの確保に努めている。しかし、超党派の支持を得るための「専制主義との戦い」とか、あるいは党内を引き締めるための「米国覇権との戦い」といった国内向けの対決スローガンが内外情勢を刺激し、軍事や軍需の利権に関わる諸勢力や「愛国的」なメディア、軍事アナリスト、あるいは対決の最前線に位置する関係者などから発せられる強硬論が「軍事の論理」とあいまって勢いを増し、事態を制御できないといった深刻極まりない情勢に陥いる可能性も排除できない。仮に、こうした最悪シナリオが沖縄や本土に及ぼす影響を想定するならば、改めて国民保護法を位置づけ直すことが重要であろう。

たしかに2004年に同法が制定された当時は、「国民統合が加速される」「作戦の邪魔になるものを排除することが目的とされている」「国権の立場で考えられ私権が侵害される恐れがある」等々の問題点が指摘され、現代版の「国家総動員法」であるとの批判も展開された。もちろん、こうした批判は的を射たものであろうが、重要なことは、当時と今日では情勢が大きく異なっていることである。

例えば、沖縄の米軍基地はベトナム戦争は言うまでもなく、2000年代に入るとアフガンやイラクなど米国の侵略戦争の拠点となってきた。しかし今では、米中対決の最前線に位置し、嘉手納基地さえ目標に据えられるように、外からの攻撃の対象に挙げられる事態となってきた。つまり、沖縄の米軍基地の有り様は、今や歴史的に大きな転換を画しつつあり、これに伴い、沖縄の「戦場化」がリアリティをもって語られる状況に立ち至ったのである。そこで国民保護法を捉え直すならば、同法では、武力攻撃事態等において「国民の保護のための措置を的確かつ迅速に支援」するなど、国民を保護するために国は「万全の態勢を整備する責務を有する」と謳われていることに着目すべきであろう。

「避難に焦点を当てる」

それでは、沖縄はいかに位置づけられているであろうか。実は上述した2005年の「基本指針」において「避難措置の指示」に関わって、特に沖縄に言及されているのである。つまり、沖縄本島や本土から遠距離にある「離島における避難」のための適切な実施体制の構築や、沖縄の地理的条件からくる「県外避難」の措置など、「国が特段の配慮をすることが必要である」と明記されている。その沖縄県では2006年に県としての国民保護計画が策定され、数度にわたる訓練も実施されてきた。例えば2014年の図上訓練では「爆発物を保有したテログループによる立てこもり事案の発生」が想定され、19年の実働訓練では新都心での「化学剤散布テロの敢行」が想定された。しかし、外部からの武力攻撃などを想定した訓練は行われていない。

それでは、尖閣諸島を行政下におく石垣市の場合はどうであろうか。同市では2013年に国民保護計画が作成されたが、これまで訓練は一度も実施されていない。また同計画では、「着上陸侵攻に伴う避難」

については、「国の総合的な方針に基づき避難を行うことを基本」とするとしながら、「平素からかかる避難を想定した具体的な対応については、定めることはしない」と明記され、島外や県外への避難体制の整備には全く手が付けられていない。どうやら石垣市当局は、中国の脅威が差し迫っているとは認識していないかのようである。

こうした事態に強い警鐘を鳴らすのが、危機管理学が専門の中林啓修である。彼は「先島諸島をめぐる武力攻撃事態と国民保護法制の現代的課題」と題する2018年の論考（『国際安全保障』46巻1号）で、「有人離島への着上陸侵攻に備えた対応」を検討する必要性が高いにもかかわらず、先島諸島では「国民保護に関する準備は全般に低潮だと言わざるを得ない」と指摘する。その上で、国民保護法の中心的課題である「避難に焦点を当てる」ことで、問題のありかを抉り出していく。

中林はまず避難を要する人数として、居住民の他に、コロナ禍以前の数字であるが観光ピーク時の滞在観光客数を加えて試算した結果として、八重山地域で約7万5千人、宮古地域で約6万1千人という数字を挙げる。問題は避難を担う輸送力であるが、自衛隊や海上保安庁はもっぱら「侵害排除」にあたることからして、具体的には交通運輸業者に依頼するしかないと言う。こうした前提でシミュレーションした結果、両地域からの島外・県外への避難を完了させるには、約2、3週間の日数を必要とし、さらに航空運輸業者は武力攻撃事態等が認定された地域では輸送に従事しない可能性が高く、その場合は、右の避難完了日数は、2、3週間の数倍の日数を要することになる、と指摘される。

中林によれば、こうした事態を避けるために検討されるべきは、武力攻撃や予測事態の宣言を待たずに行う「事前避難」の可能性である。問題は、国民保護法では武力攻撃事態等の認定は、内閣官房に設置される事態対処専門委員会や国家安全保障会議での協議を経て閣議決定によって行われるのであるが、この事態認定プロセスに従えば、避難に要する時間を確保する余裕が保証されないであろう、ということである。さらに、そもそも保護法では「事前避難」については何ら制度化されていないのである。

「軍民分離の原則」

とすれば現実には、島外にも県外へも避難できず島内に乗り残される人たちが多数生まれることが予想される。こうした事態を想定する場合、中林が強調するのが、国際人道法における「軍民分離の原則」、つまり文民と軍隊を分離し適切に文民保護を行うという原則である。この原則の重要性は、日本が経験した悲惨な戦争の歴史からも明らかである。

例えば、自衛隊の研究本部総合研究部に属する横尾和久は、太平洋戦争史において日本人住民を抱えたまま離島防衛作戦が初めて行われたマリアナ戦史を分析対象に据える。(「マリアナ戦史に見る離島住民の安全確保についての考察」『陸戦研究』2015年12月号)横尾によれば、戦争末期の1944年段階でマリアナ諸島には約5万5千人の日本人(7割近くが沖縄県人)が居住しており、そのうち疎開対象の老幼婦女子は約3万9千人であったが、米軍の攻撃で疎開が事実上不可能となった同年6月までに疎開に成功したのは約1万4千人に過ぎなかった。

こうして、サイパン、テニアン、グアム島では残された約3万6千人が、「日本近代史上初の、地上戦下の島内避難」を余儀なくされた。しかし、守備隊と残留邦人とが混在した結果、残留邦人のおよそ4割から5割の人々が戦闘の巻き添えで犠牲となった。言うまでもなく沖縄戦ではさらに悲惨な事態を招いた訳であるが、こうした歴史を踏まえて横尾は、「軍と民の混在防止」「部隊と住民の分離の徹底」を強調する。

これらの研究を踏まえて中林は、先島諸島において「事前避難」が不可能となり膨大な島民や観光客が取り残される事態を想定して何よりも「軍民分離の原則」を掲げるのであるが、この原則を貫くために、非武装地帯や無防備地帯の設定、あるいは非戦闘員の安全な通行を保証する「安導券の交付」を相手国に求めるなど、国際法上の措置を急ぎ検討することの必要性を指摘する。

抑止力と国民保護

もちろんこうした議論に対しては、抑止力を高めることこそが国民を保護する最も確実な手段である、との主張もなされるであろう。しかし、そもそも2004年の国民保護法は、前年の武力攻撃事態対処法などの有事関連三法や同04年に10年ぶりに改定された防衛計画の大綱などと、いわば併せた形で制定された。つまり、大量破壊兵器の拡散や国際的テロリズムなどの新たな脅威や多様な事態に対して抑止力を向上させていく、そういう枠組みのなかに国民保護法が位置づけられていた。だからこそ、「国家総動員法」という批判が加えられたのである。

いずれにせよ、抑止力論にたって、仮に防衛費をGDPの2%、つまり現在の2倍に増額しても、周辺諸国はそれを上回る勢いで軍事力を拡張するであろうから、ありうべき攻撃を想定して国民を保護するという課題は、その重要性を増すばかりであろう。例えば、先に紹介した防衛大学先端学術機構による国民保護に関する2018年の研究レポートでは、「考えられないことを考える」として、「核攻撃に関する評価・被害想定」がシミュレイトされている。ここでは北朝鮮による核攻撃が念頭におかれているが、その分析結果によれば、首都圏6カ所（米軍基地4カ所とJR東京駅・国会議事堂）が同時に核攻撃を受ける可能性はきわめて低いとはいえ、1発でも着弾した場合には「爆心地付近の影響はきわめて甚大で想像を絶するものであるが、……首都圏全体が『終わり』という状況ではない」「壊滅圏であっても、堅牢な地下施設等に迅速に避難することで生存確率が上がる」ということである。ただ、このシミュレーションでは「放射性降下物の影響を捨象している」ということなので、実際のところは「終わり」に近いと言えるであろう。

仮に、米国が構想する第一列島戦への中距離ミサイルの配備による「精密攻撃ネットワーク」の構築を中国側が核搭載ミサイルと認識すれば、琉球列島への核攻撃の可能性も排除できない。その場合には、右のシミュレーションは現実味を帯びざるを得ない。すでに1950年代に、台湾海峡危機から米中戦争が勃発する際には「ほぼ確実に台湾、場合によっては沖縄への核報復攻撃が行われるだろう」と米軍当局が予測していたことが明らかになっている。（『沖縄タイムス』5月31日付）

こうした歴史を踏まえるならば、ミサイルを配備する側は、それが現地の人々に壊滅的な結果を及ぼすであろう事態に責任を負わねばならない。仮に、核兵器や弾道ミサイルの配備が抑止力を向上させるとの論理に立つのであれば、少なくとも原理的には、同じ論理を北朝鮮が採用することを拒否できないであろう。

「最大限の外交努力」

それでは、こうした「最悪シナリオ」を避ける道はないのであろうか。実は2008年に総務省の国民保護運用室がまとめた「国民保護のしくみ」では、武力攻撃やこれに伴う住民の避難という課題を挙げたうえで、「こうした事態を招かないように、最大限の外交努力を行うことは、当然の前提」と明記されている。つまり、なすべき「国民保護」の大前提として、「最大限の外交努力」が掲げられているのである。それでは、「日本有事」を想定した場合、「最大限の外交努力」はどこに向けられるべきであろうか。言うまでもなく、それは中国の脅威が切迫していると見られる尖閣問題であろう。

尖閣問題については、この間も新たな資料が発掘されている。例えば21年5月3日付けの「共同通信」

によれば、1978年4月に多数の中国漁船が尖閣諸島周辺の領海に侵入して退去を拒み日中間で緊張が高まった際に、当時の福田赳夫首相はマンスフィールド駐日米大使との会談で、米国が尖閣諸島の主権判断で中立の立場を維持してきた問題について、日本の領有権に「理解」を示すように期待を表明した。さらに日本側はワシントンで、「日米安保条約への疑念を引き起こす」として米国側の「見解修正」を求めたが、米国務省は「米国の長期的な必要性を考慮した立場であり、状況は変っていない」として要請を拒否したという。

実は福田は沖縄返還の当時は外務大臣であったが、1972年3月、返還協定が議論された国会において野党議員が、「尖閣列島の領有権についてアメリカは発言の権限がないんだ」と言って手を引きながら、久場島や大正島の射爆撃の訓練場は維持するという態度をとっているとして「日本政府は厳重なる抗議をしなさい」と追及したのに対し、「全くそのとおりに思います」「アメリカ政府のそういう態度が非常に不満です」「厳重にアメリカ政府に対して抗議をするという態度をとろうと思っております」と明言した。しかし結局のところ米国務省は、「主権について問題が生じた場合には当事者間で解決されるべきであるという米国の態度に変更はない」と、日本側の主張を退けたのである。（拙著『尖閣問題とは何か』岩波現代文庫、285—288頁）

米国の「中立」の立場

これがいわゆる、「領土問題には中立」という米国の原則的な立場の表明と言えるのであるが、しかし、南シナ海など他の領域の領土問題と尖閣問題は決定的に異なっている。なぜなら、キッシンジャーでさえ、講和条約の発効によって尖閣諸島は「自動的に沖縄に含まれた」と明言しており、だからこそ沖縄占領時以来の射爆場の権利を今に至るまで維持しているのである。この米国が、尖閣諸島の主権は「どこの国に属するのか分からない」という無責任極まりない立場をとっているのであり、実は中国はそこを徹底的に突いてきているのである。

米国はバイデン政権になっても、尖閣諸島は日本の施政権の下にあるから安保条約5条の適用対象との立場を表明しているが、この理屈は裏を返せば、仮に中国の施政権下におかれるならば5条対象から外れることを意味しており、中国の狙いはここに据えられていると言えよう。この問題にかかわって、元海上保安庁警備救難監の向田昌幸は、米国が尖閣の領有権に関して「中立・不関与」の立場をとってきたことが「中国の領有権の主張と対日攻勢の原動力になっている。尖閣の領有権は日本にあると米国にはっきり態度表明をしてもらうよう、政府はもっと働きかけてほしい」「海保は組織をあげて可能な限りの対応をしているが、現場任せでは限界がある。政治・外交面で積極的に有効な対策を講じてほしい」と訴えている。(『日経新聞』2021年3月18日)

これが、中国の脅威に対峙して最前線で戦ってきた当事者の偽らざる主張である。この主張を踏まえて日本は米国に対し直ちに「厳重に抗議」するべきである。仮に政府が「抗議」の意思もなく働きかけもできないというのであれば、それは事実上、尖閣問題は「領土問題である」との米国の立場を認めたことになる。唯一無二の同盟国の立場がこうであるならば、日本も「領土問題」の存在を認め、中国や台湾など関係諸国との間で問題解決に向けた協議を急ぎ開始すべきである。そしてそこでは、何よりも危機管理の体制作りが最重要課題に設定されねばならない。これこそが、向田が求める「政治・外交面で積極的に有効な対策」であろうし、武力攻撃や住民避難といった事態を招かないためになされるべき「最大限の外交努力」であろう。

脅威論の陥穽

仮に中国の脅威が差し迫っていると認識されているのであれば、関係当局は「着上陸侵攻に伴う避難」について具体的な対応策を策定し、島外、県外、島内の避難訓練を実施し、島民保護、県民保護、国民保護の体制を早急に構築すべきである。こうした対応策を何らとることなく、単に中国の脅威を煽り軍事力の強化のみに傾注するならば、それは何らかの政治的意図に基づいたものであり真に脅威を認識したものではない、と断ぜざるを得ない。

ちなみに、自民党の外交部会は5月下旬に、「台湾有事」に際しての在留邦人の救出や保護について具体的な対応策を政府に求める提言案をまとめた。中国が弾道ミサイルを撃ち込むなかで、オスプレイや輸送機C2の派遣、あるいは陸上自衛隊の特殊作戦群（特殊部隊）の投入も検討されていると言う。

しかし、多くの軍事アナリストが指摘するように、仮に「台湾有事」が発生すれば、それに伴って、あるいはそれに先行して、先島諸島や沖縄本島への攻撃・侵攻が行われることは間違いない。そうであれば、なぜ島外避難、県外避難、あるいは島内避難に備えた本格的な避難訓練や避難体制の構築に向かわないのであろうか。島内避難の場合に、いかに「軍民分離の原則」を徹底させて文民保護を確保するか、なぜ具体的な対応策を策定しないのであろうか。

それはおそらく、そうした対応策に乗り出せば島民や県民や国民が事態の深刻さを改めて認識し、生き残るために逆に、軍拡競争ではなく政治的・外交的な対策を強く求めることになるからであろう。このままいけば、沖縄戦の悲劇が再現されると、事の本質を認識するに至るからであろう。勇ましい軍事強硬論が真の意味の「国民保護」を蔑ろにする典型例である。

沖縄戦が問うもの

いずれにせよ、今や日本の安全保障政策は根本的な転換に迫られていると言えよう。かつてであれば、米国の世界戦略にいかに「貢献」できるかを考えておれば良かった。しかし、米中対立が覇権闘争の様相を呈し東アジアが軍事対決の舞台に浮上するなかで、日本はその最前線に位置することとなり、沖縄や本土さえも「戦場」となる可能性を排除できない事態となってきた。そうであれば、「国民保護」は安全保障政策の根幹に据えられねばならない重要課題である。

ところが、2013年12月に第二次安倍政権のもとで策定された安全保障に関する最高位の政策文書「国家安全保障戦略」では、「国民保護」の観点は事実上完全に欠落している。言葉として触れられているのは、「核兵器の脅威に対しては、……弾道ミサイル防衛や国民保護を含む我が国自身の取組により適切に対応する」という一カ所だけであり、いかに「国民保護」の体制を確立していくかという問題意識さえ読み取ることができない。今日の切迫した情勢に照らすならば、この国家安全保障戦略は、根本から組み替えられねばならない。

ちなみに、2012年に自民党が発表した改憲草案における緊急事態条項を見ても、国民保護法で定められた「国民の生命、身体及び財産」を守ることが「国の責務であり使命である」という核心が抜け落ちたままで、ひたすら権力の集中だけが強調されている。今や、国民の生存と生活を守り抜く国民保護の体制作りを放置したままで軍事力強化にのみ突き進むことは、安全保障戦略の前提を欠落させたものと結論せざるを得ない。

この国民保護という根源的な課題が安全保障戦略に具体化されることがなければ、かの沖縄戦の悲惨な事態が繰り返されかねない。沖縄戦の国家賠償訴訟で原告が訴えたことは、沖縄を「要塞化」する一方で、国は戦争となると「国民を保護する義務」を怠り、戦闘で住民に多大の損害を与えながら誰も責任を取ろうとしないという、「国民保護違反の不法行為責任」であった。まさに、沖縄戦の悲惨な歴史は、今日の安全保障政策の本質的な欠落を鋭く問い詰めているのである。

パラダイムの転換を

ここで改めて問われるべき根本の問題は、そもそも国民保護法が発動されるような事態を招かないために何をなすべきか、ということであろう。この点で取り上げるべき格好のテーマが、2015年の国連サミットで採択されたSDGs（持続可能な開発目標）である。このSDGsについては、「誰も反対できない目標が掲げられている」ことから、いわば「あがめ奉る」という形で官民を挙げて取り組みが展開され、今や「カラーホイール」のSDGsバッジを胸元に付けることはエリート達のステータスシンボルと化している。

もちろん掲げられている目標を追求すること自体はきわめて積極的な意義を有していることは間違いないが、「SDGs狂想曲」が奏でられる事態となれば、改めて問題の本質を問わねばならない。実は2018年にグテーレス国連事務総長は「軍縮アジェンダ」を打ち出し、大量破壊兵器を対象とした「人類を救う軍縮」、破棄力を増した通常兵器と膨大な兵器輸出を対象とした「生命を救う軍縮」、さらにAI兵器やサイバー攻撃を対象にすえた「将来世代のための軍縮」という、国連としての画期的な軍縮提案を行った。

制約なき軍拡競争の展開に対峙して提起されたこの「軍縮アジェンダ」で改めて焦点が当てられている

のがＳＤＧｓの課題であって、このＳＤＧｓを推し進めていくためには「軍縮という目標を実現していくことが不可欠」と強調されているのである。つまり、国際的に軍縮に向けて乗り出していくこととＳＤＧｓは、いわば〝ワンセット〟として位置づけられている。考えてみれば当然のことであろう。天文学的な巨費が軍事に投入され続けている状態でＳＤＧｓの目標が実現されるなど夢物語である。ちなみに、ストックホルム国際平和研究所によれば、２０２０年度の世界の軍事支出は前年費２・６％増の１兆９８１０億ドル（約214兆円）と過去最高額を記録した。

ＳＤＧｓの推進があたかも国家目標のように位置づけられるのであれば、同時に「軍縮アジェンダ」への本格的な取り組みも国家目標に据えられねばならない。際限なき軍拡競争を前に、軍縮を掲げないＳＤＧｓは〝欺瞞〟と言う以外にない。緊張が激化し「有事」が叫ばれる情勢であればあるほど、逆に軍事力強化ではなく、東アジアの「軍縮」に向けて日本は具体的な提案を行い、その実現に乗り出すべきである。これこそが、ＳＤＧｓを推進するばかりではなく、何よりも真の意味で「国民保護」の使命を果たす道筋である。沖縄や本土さえ「戦場」と化すことが想定されるような情勢において、今こそ、脅威があるから軍拡に進むのではなく「軍拡こそが脅威なのだ」という、歴史的なパラダイム転換が求められているのである。

5章 まっとうな「狂気の声」

「正義の奇跡的到来」を希求する「理想への執念」

親川裕子

1 はじめに——国際人権法の視点から考える「沖縄問題」

1990年代後半から琉球にルーツを持つ人々によって、いわゆる「沖縄問題」とされる米軍基地から派生する諸問題を人権問題と捉え、国連の人権機関に訴えるアプローチが始まった。国際人権法に基づき、先住民族の権利という視点から琉球の人びとの権利とは何かを考えるこれらの取組から、今日、様々な市民団体がNGOとして国連の人権機関を活用するようになって久しく、その点を見れば琉球・沖縄における国際人権法を活用する手法や先住民族の権利概念は確かに裾野が広がってきた。

その結果、2008年には自由権規約委員会が日本政府の締約国審査を経た総括所見において「国内法によって琉球／沖縄民族を先住民族と認め、その文化遺産および伝統的生活様式の保護・保有・促進、土地の権利の承認、ならび児童の言語・文化に関する教育を受ける適切な機会の提供がなされるべき」と勧告した。2014年には人種差別撤廃条約の日本政府審査においても同委員会は総括所見において「琉球/沖縄の人々を先住民族と認め、その権利保障や言語消滅を防ぐための具体的な措置等」を勧告した。2018年にも人種差別撤廃委員会は日本政府審査の総括所見において琉球/沖縄の人びとを先住民族として認識しその権利を守る措置の強化等を勧告している。(永井(2022)223頁)。さらに、2022年の自由権規約委員会による日本政府審査の総括所見においては、アイヌ民族も含め「琉球その他の沖縄などの先住民族の共同体の伝統的土地及び天然資源に対する権利を完全に保障し、彼らに影響を与えるあらゆる政策についての決定に自由に参加する彼らの権利を確実に尊重し、可能な限り彼らの子どもたちに彼らの母語による教育を促進するための更なる措置を採るべきである。」と勧告されている。[※1]

国連人権機関から度重なる勧告が出されていることは市民社会からの働きかけによる一定の成果といえるが、他方、国内において、「沖縄問題」に対する、先住民族の権利、国際人権法的措置という観点からは、具体的な効果は得られていない。むしろ、沖縄の内部から「沖縄の大多数が先住民族とは考えていない」とし、国連人権機関からの「琉球/沖縄の人びとを先住民族と認めるべき」という勧告を撤廃させようとする動きも出ており、既に沖縄県内の市町村議会で撤回決議がなされている。日本政府も国連の各種人権条約委員会の審査において、同勧告撤廃決議を根拠として引用し、「沖縄の大多数の人々が先住民族とは認めていない」と説明して議論を封じ込めようとしている。これまで沖縄側から行ってきた、度重なる米軍から派生する事件事故に対する地方議会での抗議決議や、普天間基地の代替施設として辺野古大浦湾沖の新基地建設に対する県民投票の結果は一顧だにしない姿勢とは真逆の対応である。

むろん、1990年代後半から四半世紀以上になる取り組みと、その結果、導き出された国連勧告が、沖縄の内部で十分な議論に至っていないという点はおさえておく必要がある。国際人権法の論理や、先住民族とは何か、なぜ先住民族といえるのか、なぜ先住民族の権利を訴えるのか、琉球、沖縄にルーツを持つ人々の先住民族的権利とは何か、国際人権法的、あるいは先住民族の自己決定権とは何か――という点については、関係者の中では一定程度の議論が深まってはいるものの、沖縄の市民社会で広く流通している概念でも、十分な議論が尽くされているわけでもない。むしろ、先の勧告撤廃決議案がなされるなど、国際人権法に関する理解を欠いた言説が流布され、インターネット、ソーシャルネットワーキングサービス（SNS）上では先住民族の権利を提起する側に対してヘイトやバッシングが向けられる。

それでも、先住民族の権利を訴える理由は、琉球、沖縄にルーツを持つ人々を琉球民族と措定すると、国連人権機関や国際人権法上の議論で軸をなすILO第169号条約（独立国における原住民及び種族民に関する条約 Indigenous and Tribal Peoples Convention 1989年採択、1991年発効：日本未批准）の先住民族の定義に照らし、琉球民族が先住民族に符号すると考えるからだ。同条約で示される先住民族の定義は、①近代国家が独自の文化や言語を持ち歴史を育んできた民族に対して、②征服、植民地化、領土の国境線画定によって、国民として一方的に統合され、③近代国民国家の形成過程で、一方的に同化政策を強制されて、土地や文化、言語を奪われて、差別を受けてきた、または現在も差別的状況が続く民族的集団であり、④集団としての意志を表示しうる民族的集団、とされている。琉球は14世紀から19世紀後半にかけて中国との冊封体制のもと朝貢貿易を行い、東アジアの中継貿易国として位置づけられていた。1879年の琉球併合によって日本に組み入れられるが、その時、処分官の松田道之は、警察官160名、熊本鎮台兵300～400名を引き連れ、琉球藩を廃し沖縄県となる旨と同時に、首里城を明け渡すよう一方的に通達した。以後、同化政策が推し進められ、琉球、沖縄の独自の言語や文化、風習などは未開なものとされ、例えば、学校教育の中で琉球語、いわゆるウチナーグチの使用は禁止されるようになった。1903年に大坂で開催された内国勧業博覧会における「学術人類館」で琉球人が「展示」されたのも差別の一端といえる。これらの歴史は先述のＩＬＯ169号条約の先住民族の定義とも符合する。

加えて、今日においては、先住民族の権利に関する国際連合宣言（(A/RES/61/295）2007年9月第61会期国連総会決議にて採択）で先住民族の権利が規定されている。国連決議では、カナダ、アメリカ、オーストラリア、ニュージーランドが反対票を投じたが、後に、ニュージーランドとカナダは態度を変え、限定つきではあるが、同宣言に賛成の立場を表明している。なお、この決議には日本政府も賛成票を投じており、当時の政府代表団、神余隆博（国際政治学）も、「公共の福祉に反しない限り」との限定つきではあるが賛同を表明している。そして、翌2008年には日本でも「アイヌ民族を先住民族とすることを求める決議」が衆参両議会で採択され、2019年には「アイヌ民族支援法」（アイヌ新法・アイヌの人々の誇りが尊重される社会を実現するための施策の推進に関する法律）が制定された。同法の制定にともない1997年に制定された「アイヌ文化振興法」は廃止され、従来の文化振興や福祉政策に加えて、地域や産業の振興などを含めた多様な課題を解決することを目的として立法された。しかし、同法は先住民族の権利宣言を踏まえたものとはなっておらず、現在、国会議員の職にある杉田水脈衆議院議員がかつてアイヌ民族の女性らに対して行った差別発言が同法によって救済されないことからみても明らかなように、人権の観点からみても決して十分ではないことは付記しておきたい。

本稿では、琉球／沖縄が先住民族の権利を訴える背景にある沖縄戦後史について考えてみたいと思う。とりわけ、武者小路公秀先生が思考した「民衆の安全保障」に、東アジアにおける非戦を考えるため、沖縄戦後史、とりわけ精神史の思想を内包しつつ、継承していくために何が必要か、現在地を確認するという視点で応答したい。

今般のウクライナとロシアとの戦争、イスラエルのガザへの侵攻、イスラエルのパレスチナ人に対するジェノサイドをうけて、非戦や非暴力ということばの虚しさ、それらのことばを放つことの難しさ、否、罪深ささえも禁じ得ない。沖縄でも、宮古、石垣、与那国に至るまで、近年、南西諸島全域に自衛隊配備が推し進められている。「台湾有事」などと危機が煽られている中で迎撃ミサイルPAC3の配備など、もはや戦後ではなく、戦前と指摘する人も少なくない。危機的な状況、その中で立ち現れてくる「沖縄人である」ことの意味を、沖縄戦後史を思想的に考察した岡本恵徳、屋嘉比収らの論考に依拠しながら考えてみたいと思う。

2 「土着」、沖縄的なもの

(1) 逆説的かつ濃厚に浸透する「土着」性

日本文学研究者であり、小説家、思想家である岡本恵徳（1934–2006）は「土着」や「沖縄的なもの」が重視される状況について、以下の視点を提起している。

状況が刻々と変化していき、あるいは新しい展開を示しているにもかかわらず、それに対応する論理が硬直し、状況を切開するどれほどの力をも持ちえないと意識されたとき、その上、さらに既知の論理によっては、どのようなかたちであれ閉塞的な状況を超え得ないと感得されたとき、それを超える力を持つもの、あるいはその力を与えるものとして例えば「土着」が協調されてくるに違いない。遡源的な志向を伴いがちな、その意味では確かに迂遠ともみられる「土着」などがとりあげられ強調されるのはそれなりの原因がなくてはならないのである。

（「戦後沖縄の文学」１９７２年、『沖縄文学の地平』所収、28頁）

そして、

いわゆる「沖縄協定」によって「施政権返還」が実現するにもかかわらず、そのような社会的・政治的な状況の変化が沖縄にとって一層閉塞的な状況をもたらすに違いないことが実感されていること、そして手持ちの論理がそのような状況を切開するほどの力を何ほども持ち合わせていないことなどが、いわばそのような「土着」性の強調される基盤として存在していると思われる。

（「戦後沖縄の文学」１９７２年、『沖縄文学の地平』所収、29頁）

と指摘する。さらに、むろん「土着」が強調されるのは政治的、社会的における閉塞的な状況ということのみではなく、「より一層深く、人間の生きている根源的なもの、個を内的に深く規制するもの（それが思想や文化をあらたな強靭なものとして創出したり、あるいは再生したりする基盤となるものに相違ない）に深くかかわるものとして意識されるからに他ならない」とし、それらは「戦中戦後の沖縄に生きる歴史的体験によって、それは育まれたものだといってさしつかえないであろう」と述べている。

例えば、沖縄戦において苛烈な戦禍に巻き込まれ、「友軍」とされた日本軍からは疎外され、戦後は焼き払われた土地からの再生を余儀なくされ、さらには日本からの切り離しという政治状況によって「日本を相対化する視点を持ちえたこと」や、「米国の軍事占領支配下における米国という「異質」文化との接触」によって「日本の思想や文化を対象化する契機を持ちえた」歴史的体験によって「土着」や「沖縄的なもの」といった思想が育まれたとしている。

それら戦後の（／を）「生き延びる」という歴史的体験を「圧殺するかたちで新しい体制的な権力による沖縄併呑が、「施政権返還」の名において行われようとしている」からこそ「「土着」や「沖縄的なもの」の強調が一層盛んになっている」と指摘している。

「戦後沖縄の文学」は『中央公論』1972年6月号で新川明や川満信一と「特集・沖縄の思想と文化」の編集を担当し、寄稿したものである。（「岡本恵徳年譜」『「沖縄」に生きる思想』、286頁）さらに「「土着」と「沖縄的なもの」」を考察するなかで、「沖縄人である」という自明性を解き放ちながら「沖縄人になる」意識に注目している。

さらに、岡本は「何故に「土着」の問題が問い直されるのであるか、何故に「沖縄的なもの」が問われるのであるか、その「問い」そのものをこそ問わなければならないであろうと思う」と説く。（「戦後沖縄の文学」1972年、『沖縄文学の地平』所収、30頁）

現実に状況とかかわっている人々を捉えるのに、それをそのまま「沖縄的」な習俗や祭祀と結びつけて捉え表現することが、いってみれば一種の短絡的な把握に陥るか、あるいは意識の説明に終わってしまうことは、その意味ではごく当然のことである。今日的な状況と必死にかかわり、そのような状況を切開しようとする人々の意識を掘り下げ、あるいはその際に不可避的に現実化される問題性を徹底的に深化するなかで、開かれてくるものとして、おそらく「土着」性は存在するのである。

近代日本におけるナショナリズムが、ヨーロッパの近代に至上価値を置き、それへの近づきを歴史の進歩と目する考えかたに対して不信と疑惑を抱くところにその台頭する基盤があり、沖縄において「土着」性への関心が、日本の中央集権的な文化や社会のありかたに対する強烈な反措定としての意味を担うべき性格をもつものとしてあるならば、沖縄における「土着」への志向は、沖縄の近代以後の歴史のなかで、中央志向をもっぱらとしたその「意識」のありようを根底において差し貫くとともに、そのような中央志向を、深く規制している日本の「近代」そのものを総体として転換させる二重の構造をもつものとしてとらえられなければならないであろう。

そして同時に、沖縄における「土着」への関心が、このような中央志向を価値観の基盤として行ってきた思想的、文化的なあらゆる営為が、それによっては、どのようなかたちであれ、自らの拠って立つところを確実にふまえた、思想的、文化的な営為となりえないという欠落感に支えらえているのだとするならば、「土着」への関心は、そのような欠落感をふまえてなされなければならないといえよう。とするならば「土着」は、沖縄に生きる自らの外に存在するものではなく、自らのうちにまぎれもなく存在するものとしてとらえなければならない。そうでないかぎり、どのような「土着」へのアプローチも、「沖縄」の状況の説明とはなりえても、それ以上に出ることはないにちがいないのである。

（「戦後沖縄の文学」１９７２年、『沖縄文学の地平』所収、32－33頁）

岡本は、近代、戦前の沖縄文学が「そのモデルを手法においても発想においても中央の文壇文学に求めた」とし、他の地方でも同様な状況であったとしつつも沖縄においては「風土的にも歴史的にも大きな質的差異を保持していたにもかかわらず」、「中央の文壇文学に自らを近づける努力を一層激しく重ねた」ことを指摘している。（岡本（1972）1981，36頁）日本で最も遅れて近代化の道を歩み始めた沖縄のもつ独自の生活、風俗習慣といった伝統的なものを、近代以前の停滞的なもの、後進的な性格をもつ否定的対象とみなして時に糾弾し、それらから脱し、自己を確立していく焦慮といった内面を描く文学的試みについて述べている。一方で、長年の薩摩支配下における日本の差別支配に抗して沖縄独自の歴史や文化を重視する表現には、劣等感の裏返しという印象を与え、劣等感という被差別意識こそ克服すべきだとする主張が行われていった。そのようにして沖縄独自のものを無視していったり、あるいは自己否定を強めたと述べている。ここで少し論を急げば、そのような、沖縄側自身が自らの独自性（≒土着性）を無価値化していく歴史的過程は、戦後の沖縄文学を担った人々の表現活動に濃厚にかつ逆説的に浸透していった。

(2) 沖縄人自らが日本のナショナリズムを補完していく主体に——差別の再生産

さらに岡本は「沖縄的なもの」が昭和一〇年代、戦時体制へ傾斜していく過程において、日本の南方侵略を正当化する根拠として利用されたことを指摘している。「「沖縄的なもの」としてその独自な性格を強調するよりも、むしろ沖縄は日本民族の一つの構成部分という前提に立って、「沖縄的なもの」は日本民族の南方的要素を示すものであるとして捉え」られたと述べている。ここで岡本が参照、引用した一文、当時、沖縄の知識人で詩人、国文学者であった新屋敷幸繁による「日本文化の南方進駐の徑路」(『大東亜文化の建設』大東亜文化協会編集、昭和17年）を記しておきたい。

上代日本が大陸文化に相対してその旺盛なる自主性を発揮して、純日本語による古事記や万葉や祝詞や宣命などを生み出したことは実に花々しい実力を示したものであるが、琉球が南方に於て、敏感になりつゝある太平洋上に純日本語で歌い、理想を語って、世路の苦難に悪びれなかったことは、日本人の文化的底力と日本民族発展の性格を示すものとして、上代文化に相通ふものがある。今後の太平洋共栄圏に於ける日本の文化力の成長はかうした性格の上に展開せしめられるのであらう。吾々の復古的努力は、途中、私闘に交へられた雑念を払ひのけて、上代の民族力、文化力を直接受けついで、純粋の日本力をもって大東亜を建設せんがためである

沖縄人自らが、岡本のことばを借りれば、沖縄と日本との異質性「その間に存在する裂け目を覆いつくすとともに」、自らを単一民族国家の一員として捉え、日本民族の南方への進出という政治的侵略行為をウルトラ・ナショナリズム（超国粋主義）的側面から強化していったという点で非常に興味深い。すなわち、新屋敷の言説から、被差別体験をとおして劣等感を抱かされた者たちが、差別者と同じ眼差しを受容していくことで、本来、同じ被差別体験を受けているであろう「南方」の人びとを自らよりも劣位に置き、その暴力性に愚鈍なまでに無自覚であることを露見させている。かつて劣位に置かれ、差別経験から自己否定を強め、独自性を無価値化することで中央に同一化していき、より劣位にあるものと措定し眼差していく。換言すれば、差別―被差別構造における見落としてはならない重要な側面として、差別の再生産の存在をみることができる。

岡本は、戦後の「沖縄的なもの」の強調が、敗戦、日本からの切り離し、戦前戦中の日本からの差別の記憶と苛烈な沖縄戦体験とが結びつくかたちで1947、48年にみられた「沖縄独立論」が立ち現れてきたとし、しかし、米軍占領による沖縄の人々への抑圧が激しくなるにつれて「沖縄独立論」が急速に力を失い、代わって「日本復帰」の主張が急速に広がり、住民の支持を得るようになったとする。（「戦後沖縄の文学」1972年、『沖縄文学の地平』所収、40頁）

これは、当時の「独立」の主張が、戦前の被差別の記憶と、戦場における日本軍人の沖縄人に対する残虐な行為を身にうけた体験に支えられていたので、現実の抑圧と収奪の苛酷に耐える論理としての力を持ちえなかったのである。おそらく、現実の峻烈な抑圧と収奪に対しては、過去のどのような体験の記憶も、何ほどの力を持ちえないのである。

すなわち、戦前、戦中の日本、日本軍による苛烈な沖縄（人）差別が、戦後直後の米軍支配下の抑圧によって上書きされ、それゆえに、日本を「祖国」とする「復帰」の駆動力となった。この時期を歴史的にみれば、昭和天皇による沖縄の米軍による長期租借《リース》を提起した1947年の「天皇メッセージ」、1949年の米国政府による沖縄の排他的保有と恒久基地化の決定によって沖縄の軍事的価値が肥大化していった時代と、複層的な要因が絡んでおり、「復帰」を希求する思いは一元的ではない。加速、強化される軍事基地建設と絶対的権力者として君臨する米軍施政、「天皇メッセージ」にみられるように「祖国」からの「切り捨て」という状況を切開する、どれほどの力をも持ちえないときに立ち現れてくる「土着」から、岡本は戦後沖縄の文学表現活動における「沖縄人となる」思想を見出していく。

沖縄に生まれ育った人間が、即自的に「沖縄人である」ということはない。そういう人間が、自己のうちに「沖縄人」としての特質を自己の生き方とのかかわりにおいて意識し、それと対峙するとき、その人間は初めて「沖縄人となる」のであろう。そして、そういう「沖縄人となった」人間にとって、「沖縄的なもの」はひとつの意味を担うのである。

文学表現活動における「沖縄的なもの」の確認や主張は、まさにそのような「沖縄人となった」人間にとっての課題であって、それ以外のものではないと考える。沖縄の戦後の歴史は、沖縄に住む人間に、そのような「沖縄人となる」ことを迫る歴史であった。かつてみられたような「沖縄人である」人間が「沖縄人である」ことさえ容易ではなかった場合とは異なって、「沖縄人である」人間が、「沖縄人となる」ことによって、「沖縄人である」ことを表現する自由を獲得する過程であったといえよう。

（「戦後沖縄の文学」1972年、『沖縄文学の地平』所収、48－49頁）

「祖国」による包摂という希望が打ち砕かれたときに立ち現れてくる「土着」、とりわけ文学表現活動にみられる「沖縄的なもの」から「沖縄人である」ことを意識し、「沖縄人となる」過程がつまり、「沖縄人である」ことの自由を獲得する過程を見出す岡本の視点を強調しておきたい。

3　「水平軸の発想」

(1)「共同体的生理」

岡本恵徳は「水平軸の発想――沖縄の「共同体意識」――」の中で、沖縄戦で起きた「集団自決」と戦後の「復帰運動」とを「共同体の生理」のあらわれと指摘する。

岡本は、戦中、渡嘉敷島で起きた「集団自決」（強制集団死）について、本来、「共に生きる」方向に働く「共同体の生理」が外的な条件によって歪められたとき、共同体自体の自己否定の方向に機能すると述べる。

しかし、同時に、「共同体の生理」は共同体の歴史体験と共同体を構成する成員の歴史意識によって可変的なものでもあるとし、渡嘉敷島で起きた集団自決の真の原因について次のように指摘する。

〝戦争〟を不可避な宿命のように受けとり、それを相対化することができずに、島が孤立しているというような自然的条件と、共同体に加えられる権力の意志や〝戦争〟などを同じように考え、あらがい難いものとした共同体成員の認識のありかたに原因は求めなければならず、「共同体の生理」をそのような方向に巧みに機能させた支配のありかたこそ問われなければならない。（岡本（1981）242－243頁）

そして、「祖国への復帰運動」を支えた意識として「共同体の生理」が通底していたと述べている（岡本（1981）242－243頁）。岡本の結論を急げば、「渡嘉敷島の集団自決事件」と「復帰運動」は、共同体の生理という「ひとつのもののふたつのあらわれであった」（岡本（1981）259頁）のである。「共同体の生理」、「共同体的生理」と示される共同体の意志、意識は、個人が自身の行動、行為の是非を判断する価値基準における内面的規範となり、個人が意識的、無意識的にとる行動の原理となる（岡本（1981）247頁）。この「共同体の生理」「共同体的生理」が集団の死か生かを方向づけるものとして機能しうるという意味で「ひとつのもののふたつのあらわれ」として表現されている。

岡本が示す「水平軸の発想」をより平易に解釈するならば、共同体という集団の、生死をも左右するものであり、個人の行動規範、価値基準を措定する複数の存在が、いくつも横に拡がっているイメージだろうか。人間関係が同じ共同体（シマや村、島）に属しているか否かという「同心円ふうに意識」される、「〝水平軸〟に機能する意識」が単に人間関係の「支配・被支配などの上下関係」としてよりも、自己とどのような関わりを持つかという「位置」と、親疎、関わりの度合いがどのようなものであるかという「距離」を以て他者との関係を捉えること、それは帰属する「共同体」によって異なるし、自己と同じように他者もそう捉えている。つまり、同心円状にいくつもの円が重なりあったり隣あったりすることを岡本は「水平軸」と表現した。「その同心円の外延として《国・国民》が想定され、《水平軸の発想》による国家意識」(岡本恵徳「《水平軸の発想》その二」(「唐獅子」沖縄タイムス、1969年11月8日)として把握されていった。さらに注視すべきなのは岡本は「共同体の(／的)生理」を「「共に生きる方向に働く」ことだけに限定」しており、「日々の暮らしといった次元に限定」(徳田(2008)203頁)しつつ思想を押し拡げようとしている点である。

(2) 共同体的生理を切開するコミュニケーション

他方、日本近現代思想史の研究者であり、沖縄思想史、沖縄戦の研究者であった屋嘉比収(1957–2010)は、「「復帰」以後の開発によって大きく変容した沖縄の多くの共同体が空洞化している現実」を指摘し、「「集団自決」の問題を二十一世紀における沖縄戦の記憶の継承という文脈で考えるためには、「共同体」と個の関係という問題意識を踏まえながらも、若い世代が「集団自決」からどのような声を聴き取るかについて考察」している(屋嘉比、2009, 42頁)。

屋嘉比は「集団自決」を「日本軍の上意下達の構造的強制によるガマでの住民同士の殺害をさすもの」と定義づけつつも、「集団自決」に関する証言を検証していく中で、状況が多様であることが明らかになっている点を指摘している。同時に、ジャン＝リュック・ナンシーの『無為の共同体』(西谷修・安原伸一郎訳、以文社、2001)で示される共同体と個との合一的な融合状況下における死への論理を引きつつ、同様な状況下にあっても「その状況を脱臼し問い質して亀裂を入れた「コミュニケーション」としての「他者の声」」によって「集団自決」を逃れた人びとを捉えている。

例えば、激戦地であった沖縄島南部の糸満市米須のガマの中で「集団自決」が行われている最中、子どもの「死なない」という声に反応した父親が、子どもと一緒に壕を出て米軍に投降し捕虜になったことで救われた命があり、渡嘉敷島では、母親の「手榴弾を捨てなさい、死ぬのはいつでもできるからこの場から逃げよう。」という言葉により生き残った家族がいた。

すなわち、「共同体と個が合一化し拡大した「自己（共同体）の声」」によって死が当然視される極限状態において、生きることを選択した「他者の声」、「いわばまっとうな「狂気の声」」が「自己のなかに亀裂を呼び込」み、共同体から個を断絶させ、その声に反応する「コミュニケーション」によって、死から生へと反転させた状況を浮かび上がらせている。屋嘉比は共同体と合一した自己の声に亀裂を入れ、その「他者の声」を聞き入れるか否かが「決定的な分岐点」になったことに視点の重きを置いている。

屋嘉比は証言できる沖縄戦体験者がいなくなったとき、「戦後世代の非当事者である私たちが沖縄戦や「集団自決」を継承していくためには、誰の声を聴き取るか」という点が重要だと提起する。「わたし自身が起こすかもしれぬ」（岡本恵徳、「水平軸の発想——沖縄の「共同体意識」——」『現代沖縄の文学と思想』（1981）237頁）という当事者性のもとで、死へと導く共同体の論理に亀裂を入れる「他者の声」をいかに聴き取るか、そこから生き残った人々の声と行動を「学びなおす」ことで、沖縄戦体験者と戦後世代の共同作業による記憶の「継承」の可能性があると述べる。

4　「命どぅ宝」

「命どぅ宝」、「ヌチドゥタカラ」とよみ、「命こそ宝である」と訳され、沖縄の反戦平和運動の折に頻繁に発せられる。根拠については諸説あり、組踊や芝居で語られてきたとする説が主流だが、組踊も芝居も基本的に口述にて継承されてきたことから断定できてはいない。

屋嘉比は、「命どぅ宝」という史実的に曖昧で根拠不明な言葉が、なぜ、戦後の沖縄で反戦平和の重要なフレーズとして位置づけられていったのか、その過程を以下のように検証している。そして「管見の限り」としつつ、1970年代の『沖縄県史』や『那覇市史』の編纂において、沖縄戦体験者への聞き取り調査を通じて、沖縄戦研究者の大城将保による論考「戦争体験は継承しうるか」が初出と記している（屋嘉比(2009) 200頁)。当時、日本軍による戦史記録などを中心に「殉国美談」として描かれる傾向が強かった沖縄戦を、住民の視点からの体験記録、とりわけ防衛隊員の実態が把握されていく中で「玉砕の思想」とは異なる「瓦全の思想」として「命どぅ宝」の考えが指摘できるとしている（屋嘉比(2009) 201頁）

屋嘉比は、その後、現在に至る反戦平和のフレーズとして大きく転換したきっかけが1982年6月の文部省教科書検定における、高校日本史教科書から沖縄戦での日本軍による「住民虐殺」の記述が全面削除された事実が報じられたことをあげている（屋嘉比(2009) 203頁)。この教科書検定の問題は、東京都内の教科書会社、実教出版社が、沖縄戦において旧日本軍による住民虐殺事件を指し、旧日本軍が足手まといになるとして約800人の住民を殺害したとする表現内容に対し、文部省が「犠牲者数が定かではない」として「根拠資料が不十分」な点に加え、虐殺の表現に対しても意見がついたという理由で削除されたものである。

沖縄県内の地元紙ではこの教科書検定問題を契機に、関連する連載記事や識者評などを中心に連日調査報道が掲載されていった。教育団体が反対意見を表明するなどの動きも見せ、結果的には文部省見解が改められたことによって「解決」となった一方で、沖縄県内では、これまで語られることのなかった沖縄戦における新たな事実が相次いで証言され、それをきちんと語り継いでいこうとする機運が顕著に表れた（屋嘉比（2009）203頁）。とりわけ、防衛隊員の「兵隊意識の欠如、希薄な玉砕思想」といった本土出身兵士とは異質な思考や行動様式を紙面で「命どぅ宝」と記すといった、県民のなかで沖縄戦の記録が新たに語りなおされることによって、それを象徴するように新聞紙面に新たに登場した言葉が、「命どぅ宝」であった（屋嘉比（2009）204頁）。屋嘉比はこの状況を以下のように指摘している。

それは、教科書問題をきっかけとして、体験者の証言を採録しながら、「沖縄戦とは何だったのか」を深く問いかける連載の取材過程で、「命どぅ宝」という言葉が見出され、その言葉が初めて新聞紙上で登場した瞬間であった。そのことは「命どぅ宝」という言葉によって、沖縄戦の記録を語る新たな枠組みが「発見＝創造（invention）」されたことを意味した。とくに注目したいのは、沖縄戦の研究者のあいだで使用されていたこの「命どぅ宝」という言葉が、新聞紙上で取り上げられ多くの県民の耳目にふれて認識されたことで、その後に沖縄戦を語るさいの一つの言説を形成したという経過である。

（屋嘉比（2009）205頁）

かつて、2000年沖縄サミットの折、当時のクリントン米国大統領は平和の礎での演説において「命どぅ宝」に触れ、戦争の世を終わらせられたらとの希望を語った。欺瞞と傲慢に満ちたなスピーチは県内で様々な波紋を広げたが、歴史家の高良倉吉は、批判する沖縄側に対して「命どぅ宝」という「根拠不明な言葉をあたかも不動の価値や前提であるかのごとく主張」する沖縄側こそ問われるべきだと主張した。屋嘉比はその出所経歴を史実的に明確に説明する必要性については高良の指摘に異論はないとしながらも、むしろ、史実性において根拠不明で曖昧である言葉が沖縄の人々の反戦平和の願いとのイメージと符合する「事実」こそ重要（屋嘉比（2009）198頁）と述べつつ次の視点を提起している。

その経緯を踏まえてみると、むしろ問われているのは、この「命どぅ宝」という言葉のほうではなく、それを分析する側の眼差しであることがわかる。分析者は、その言葉のどの側面をとらえ、何を重要視して論じるかというように、分析者の視点そのものが問われているのだ。したがって、私は、その「命どぅ宝」が実証性の観点から史実的に根拠不明で曖昧だと批判するのではなく、むしろその言葉が戦後ならびに復帰後の沖縄社会の状況と切り結んだ沖縄の人々の価値観と理念を背景に形成され、反戦平和のイメージを体現している事実にこそ注目したい。今歴史研究者に求められているのは、沖縄戦の教訓からえた平和に対する沖縄の人々の願いが託された「命どぅ宝」を、実証性の観点だけから裁断するのではなく、それを複合的に眼差してとらえる視点にあるのではなかろうか。（屋嘉比（2009）206－207頁）

すなわち、屋嘉比の指摘におけるもう一つの重要な主眼は、高良の、琉球史研究という学問的意匠による非政治的立場を装いながら、極めて政治的な役割を果たしている立ち位置である。沖縄サミットに先立って高良らが著した『沖縄イニシアティブ――沖縄発・知的戦略――』（高良倉吉、大城常夫、真栄城守定著、２０００年、ひるぎ社）は、日本政府による「在沖縄米軍基地との共生、共存」という基地政策を、「未来志向型」として沖縄側から是認、補完する立場を主張した。それゆえに、クリントンのスピーチにおいて、高良は琉球史研究者としてのみならず、むしろ、米国側の日米外交防衛戦略を肯定する立場ゆえに助言を求められたのであった。屋嘉比は、「実証的研究」という学問的意匠によって隠蔽された「政治的無意識」が、本来、価値的判断を伴わない「客観的中立性」(「それ自体も疑わしい」としつつ)を保持しつつ実証的研究が行われているとされる琉球史研究が、社会の支配的な価値観を無批判に受け入れている場合が少なくない(屋嘉比(2009)209－210頁)とし、研究(者)が果たしうる政治的な役割に対する批判の重要性を指摘している。

加えて屋嘉比は、「命どぅ宝」は時代状況に危機意識を抱いた沖縄の人々が「主体的に」沖縄戦を語りなおしたことによって「(再)発見」されたことばであるとし、その立ち現われ方について次のように述べている。

> 戦争の記憶は、時間の自然的な経過に関係なく、ある出来事をきっかけとして、突然に記憶が想起される場面がある。むろん沖縄戦体験者も例外ではない。前述したように、沖縄戦体験者の新たな証言は、教科書検定で沖縄戦での住民虐殺が削除された出来事をきっかけとして、戦後三十二年が経過したにもかかわらず記憶が突然に想起され、新たに語られ出したのである。何らかの状況や関係に刺激されると、時間の自然的な経過に関係なく、戦争の記憶は新たな位置からまた新たに語られるのだ。(屋嘉比(2009)208－209頁)

さらに屋嘉比は高橋哲哉の『戦後責任論』(講談社、1999)を引きつつ、沖縄戦体験の証言者が「差異や忘却を含んだ反復」として「自分の位置から新たに証言する」なかで出会い直されたことばとしての「命どぅ宝」の意味を提起している。高良の「命どぅ宝」を「反戦平和を希求する精神」「そのようなキャッチフレーズの一つ」だとする指摘がいかに表層的なものであるかを指摘すると同時に、今を生きるわたしたちもまた改めて、「命どぅ宝」のことばが持つ深意を再確認すべきであるように思う。

5　更新される「まっとうな「狂気の声」」

(1) 復帰運動における「反復帰論」

屋嘉比の指摘する沖縄戦中において生きることを求める「まっとうな「狂気の声」」は、共同体と合一的な融合状況下において亀裂を放つという意味で、復帰運動期における「反復帰論」であったと指摘できないだろうか。「祖国」日本への「復帰」運動が当然視される中において、「祖国」に疑問を呈し、「復帰」を拒絶する思考として様々な文脈が顕れた。新川明の「反復帰、反国家、反国民志向」として、「再併合」されることを拒否する論理から、川満信一の「共和社会」（琉球共和社会憲法C私（試）案）、仲宗根勇の「琉球共和国」（琉球共和国憲法F私（試）案）へと派生し、「反復帰論」とは基軸を異にしながらも、ズレて繋がっていったのが先述の岡本恵徳の「水平軸の発想」といえないだろうか。

さらに岡本は、戦後沖縄の民衆運動、当時の復帰運動において「「異民族支配」という表現が強烈に機能しえたのは、運動の基盤である「共同体的性格」にもとづく感性の即自的な表現にほかならなかったからではないか（「「施政権返還」期の思想」）一「拒否」の論理と「生活」の論理と」岡本（1981）282頁）と考察し、ゆえに、沖縄戦時の「集団自決」と復帰運動が根を同じくした「ひとつのもののふたつのあらわれ」と表現した。

そして、集団への圧力、もしくは国家権力の行使の際には抵抗の論理として機能する「共同体的性格」（先の岡本のことばにある「共同体的（／の）生理」）が、日常的に個人に降りかかった場合の脆さを、5・19ゼネスト※2を例に説明する。賃上げ要求が実現されなかったばかりか、賃金カットという卑劣さで労働者を分断した。それでもなお、約6万人もの労働者がストに参加したものの、生活者の論理としては賃金削減や人員整理が運動への参加を躊躇する要因とならざるをえないということに、運動体、換言すれば共同体的性格がどれほどまでに想像を働かせられるのか。岡本はその「思想的課題」が可能となれば、「「返還協定」拒否の運動は「返還協定」の実現を完璧に阻止しうるばかりでなく、沖縄の存在それ自体が全国的に大きな意味をもつものになるだろう」（岡本（1981『現代沖縄の文学と思想』284頁）と展望する。

加えて、岡本は「沖縄は甘やかされている」という主張に対して以下のように指摘する。

「沖縄は甘やかされている」という考え方は、おそらく租税負担が重く、生活の楽ではない階層に属する人たちに説得力があって、国民の大半はその階層に属するのだから、今後も大きな力を持つにちがいない。そしてその主張を支えているのも、日常の生活の感性に裏付けられた論理なのであるから、その主張を解消するのはおそらく容易ではない。場合によっては、日本政府が沖縄の特殊性を強調すればするほど、それは沖縄に対する反発となって現れることにもなるであろうし、そのことを十分に察知して沖縄の特殊性が政策的に強調されることもあるのであろう。

（岡本（1981）『現代沖縄の文学と思想』289頁）

沖縄振興予算が報道されるたびに「沖縄を甘やかすな」という言説があがる。加えて、辺野古大浦湾沖の新基地建設にかかる国と沖縄県の裁判において「沖縄県敗訴」の司法判断が下されるたびに、裁判所の司法権の役割を放棄した判断には言及せず、司法の「鉄槌」が下されたかのように、基地建設を認めよと強制する世論が一定程度存在する。これらの言説、世論を形成する層が「租税負担が重く、生活の楽ではない階層に属する人たち」であるとする岡本の指摘は、現代的差別、ヘイト・スピーチをする側の属性に経済的不安定さをかかえる階層があり、彼女彼らの経済的不安定さが社会不満となり、排外主義的な言動へ向かわせているとする指摘とも符合する。

さらに岡本は、「沖縄を甘やかすな」の言説に内在する差別性を次のようにみている。

> ところで「沖縄を甘やかすな」といったりするとき、その論理は暗黙のうちに、沖縄は「本土」と同質、同類であるか、でなければそれ以下のものであっても、それ以上のものでは決してないという認識を前提にしているにちがいない。
>
> （岡本（1981）『現代沖縄の文学と思想』289頁）

同質、同類かどうかという議論の前提には対立する集団があり、文化的後進性を意識する側、文化的に劣位にあると認識する側、ここでは沖縄側が自身の特殊性を、普遍的価値を持つとされる日本への同質化、同類化へと変容させていくことで普遍性を獲得したと幻想させる機能に注視している。すなわち、そのような「みせかけの〝普遍性〟」に同質化していくやり方ではなく、「個々の具体的な特殊をそのまま生き」、「日常の生活の感性に支えられた論理を提示していくことによって拒否する」あり方の有効性を示唆している。（『現代沖縄の文学と思想』291頁）ここに再び岡本の「生活者の論理」が見出せるのではないだろうか。

（2）国際人権法における先住民族の権利

屋嘉比収は「反復帰論の現在」として、冒頭に述べた国際人権機関に訴えるアプローチについて次のように述べている。

1997年の米軍基地に関する特別措置法改正に衝撃を受けた若い世代から、国家の枠組みを超えて国連小委員会の場で沖縄人を先住民族と再定義することで、沖縄の「自己決定権」を主張する実践的な動きも出ています。そのような動向は、沖縄の「自己決定権」を主張した反復帰論の現在の動きを示唆する、若い世代による一つの新たな意思表示といえるように思います。（屋嘉比、2008）

川満、仲宗根にみる共和社会、共和国憲法の思考実験の展開として、次世代を担う者たちの国際人権法上の先住民族の権利概念に基づき自己決定権を主張する活動を、屋嘉比が「反復帰論」実践の延長線上に位置づけている点に注視したい。

これは屋嘉比がシンポジウムの基調講演で言及したものであるが、その冒頭、当時の沖縄でひとつの言説を形成していた「現実的対応」から、反復帰論が知的遊戯、夢物語、お伽話として「非現実的」との批判が存在することに対し、ノーマ・フィールドの「理想に対する執念を創り出すことも教養の役割」という講演内容を引用している。その中でノーマ・フィールドは1920年代後半ドイツの文化批評家クラカウアーが、非現実的といわれるお伽話やメルヘンはたんなる軌跡を描いているのではなく、「正義の奇跡的な到来」を示唆した物語であると指摘した例を提示している。クラカウアーはわたしたちは「現実的」という言葉におされ、正義の到来を信じることができなくなっただけでなく、嘗て持っていた理想や正義を希求する力さえも失われかけていると指摘し、重要なのはお伽話（フィクション）という「真実を伝える虚構」によって逆に「正義の奇跡的到来」を説く言論の重要性を主張したという。屋嘉比はノーマ・フィールドの視点に加えて、アメリカの批評家、エドワード・サイードの、デモクラシーにおける自由の一形態として批評を位置付けることの重要性という指摘と接合して反復帰論を考察している。屋嘉比の視点を共有すれば、反復帰論という思考実験の延長線上に位置する国連の人権機関へのアプローチという実践が「真実を伝える虚構」であったとしても、もしくは、いまは「現実的な視点」から夢物語やお伽話とされていようとも、むしろそれらの批判を積極的に引き受けて語り続け、時間を経ていつか「現実」になるような「理想への執念」が「現実的対応」を切開するまっとうな「狂気の声」といえるのではないだろうか。（屋嘉比、2008）

(3) 普天間基地代替施設の辺野古新基地建設にみる沖縄県側の「不承認」

２０２３年暮れ、沖縄は、普天間基地の代替施設として新基地建設が進められる辺野古大浦湾沖での軟弱地盤改良埋立工事にかかる設計変更申請を承認するよう沖縄県に求めた代執行訴訟で福岡高裁那覇支部が国の主張を認め、沖縄県知事に承認するよう求めた判決（令和5年（行ケ）第5号　地方自治法第245条の8第3項の規定に基づく埋め立て地用途変更・設計概要変更承認命令請求事件２０２３年12月20日判決言い渡し）に対し、沖縄県側が承認しなかったことによってこの国で史上初となる代執行という極めて卑劣な状況に直面させられた。辺野古新基地建設をめぐる沖縄県と国との計14件の裁判では、「私人成り済まし」や原告適格要件を理由に門前払いするなど、中身の議論に立ち入ることなく、工事推進の結論ありきで司法的解決が閉ざされた。それだけでなく、判決後、国は「公益」が侵害されるとして法治主義を建前に沖縄県側に対し司法判断を遵守すべきと、むしろ判決に抗う沖縄県側の姿勢こそが問われるべきという論調に終始し、あたかも国側が「被害者」であるかのような、「被害者化」(victimization) さえなされているように思われる。

ここで再度、屋嘉比の指摘を反復すれば、沖縄県知事の「不承認」はやはり「正義の奇跡的到来」を希求する「理想への執念」から発せられるまっとうな「狂気の声」であり、この問題が起きた1996年以降続く、基地建設に抗する市民の「個の志の集合体によって支えられた徹底的な非暴力実力闘争」(新崎盛暉『沖縄現代史　新版』2005, 221頁) に支えられた思想の実践であると強調したい。

他方、国寄りの同判決において「付言」の内容は注視されよう。長期化する工事を念頭に「更なる設計概要変更の必要が生ずる可能性」から今後も予想される代執行などの「国の関与は必要最小限のものとすること、「地方公共団体の自主性および自立性に配慮しなければならない」と苦言を呈している。さらに、国と県との訴訟が繰り返されぬよう、沖縄の「歴史的経緯などを背景とした本件埋立事業に対する沖縄県民の心情もまた十分に理解できる」とし、「国と県との相互理解に向けて対話を重ねるように」との指摘に、まっとうな「狂気の声」に応答しようとする裁判官の少なからぬ矜持をみるのは穿ち過ぎだろうか。

6　おわりに――まっとうな「狂気の声」を学びなおす

琉球史や沖縄現代史を顧みれば、同化政策によって自らの土着性を否定されたこと、戦時中は「友軍」による虐殺、戦後は、米軍占領という「異質」文化との接触によって劣等や被差別意識を抱かせられたからこそ、閉塞的状況における、より根源的な概念として、さらには自己を深く規定する基盤としての「土着」性に向き合わざるをえなかった。同時に、劣位化される土着性が自己否定へと繋がり、中央志向の価値観への基盤として昇華（／消化）されていく中において、それらはやはり自らの拠って立つ思想的、文化的営為とはなりえないという欠落感こそ踏まえられなければならないとする岡本の指摘は繰り返しておく必要があるようにおもう。

ゆえに、沖縄戦後史において、伊江島の土地闘争、地元住民の女性らが立ち上がった伊佐浜の土地闘争、そして、環境破壊に繋がる開発行為を否定したＣＴＳ闘争は、生活者の営み、土着性を守る運動にほかならなかった。いまなお繰り返し読み返（／直）されるのは、それらの運動そのものが思想をなしえていただけでなく、むしろ「共同体的性格」や「共同体的生理」が状況を切開する方向へと作用し、思想的課題を超越しつつも接合していく、いわば生活者の論理に根差した抵抗であったことが指摘できよう。

沖縄戦後史における反復帰論、そしてそれら歴史的系譜の延長線上にある国際人権法に基づく先住民族の権利概念、自己決定権を主張する実践と、今日の普天間基地の代替施設となる辺野古新基地建設への抵抗は、琉球史、沖縄戦後史をとおして強いられてきた劣位と構造的差別の経験が通底している。同時に、否定軸にあった「土着」に内在する欠落感とともに沖縄に生まれ育った人間が「沖縄人と（に）なる」という出会い直しから「沖縄人である」ことを見出してきた思想でもある。それは、沖縄戦の苛烈さを証言する者と、証言の内実が非体験者らに継承されていく中で、「命どぅ宝」が再・発見されたのと軌を一にする。戦後の米軍占領期、軍政による人倫にもとる支配と、「天皇メッセージ」に顕される「祖国」からの眼差し、「復帰」において蔑ろにされてもなお、新たな軍事基地を拒否し続けるのは差別の再生産に対する峻拒にほかならない。「正義の奇跡的到来」を希求する「理想への執念」から発せられるまっとうな「狂気の声」を今日もまたあげつづける。

永年、マイノリティや被差別問題に取り組まれてきた武者小路公秀先生へ、その精神を継承する意味を込めて編まれた本書に、沖縄の戦後精神史における非戦や共生の思想に関する拙稿を寄せることで弔意としたい。

註

（1）自由権規約委員会の総括所見（2022年11月）（日本弁護士連合会仮訳）https://www.nichibenren.or.jp/library/pdf/activity/international/library/human_rights/no_7_soukatsu_shoken.pdf（最終閲覧日：2023年11月30日）

（2）1971年5月19日、佐藤・ニクソン共同声明に基づく沖縄返還協定粉砕を掲げて行われた復帰協主催のゼネスト。17単組5万3800人が24時間全面ストに入り、時限ストを含めて約10万人が参加。小中高大学も休校した。『最新版　沖縄コンパクト事典』2003年3月・琉球新報社発行

〈参考文献〉

新川明『反国家の兇区』現代評論社、1971年
岡本恵徳『現代沖縄の文学と思想』193－261頁沖縄タイムス社、1981年所収
――「水平軸の発想――沖縄の「共同体意識」――」
『「沖縄」に生きる思想 岡本恵徳批評集』未來社、2007年所収
――「〈水平軸の発想〉その二」43－44頁（『叢書わが沖縄』第6巻『沖縄の思想』木耳社刊　1970年11月初掲載）
――「「沖縄」に生きる思想――渡嘉敷島集団自決事件」の意味するもの」52－64頁
『「反復帰論」を再び読む』沖縄タイムス社、2022年所収

――――「「差別」の問題を通して考える沖縄――副読本『にんげん』をめぐる問題」65－74頁（『教育評論』通巻261号、1971年6月初出）
『沖縄文学の地平』三一書房、1981年所収
――――「二　戦後沖縄の文学」28－49頁（『中央公論』1972年6月号初出、『沖縄文学全集』第17巻評論Ⅰ、1992年6月所収）
川満信一・仲里効『琉球共和社会憲法の潜勢力――群島・アジア・越境の思想』未來社、2014年
徳田匡「「反復帰・反国家」の思想を読みなおす」『沖縄・問いをたてる――6　反復帰と反国家――「お国は？」』社会評論社、2008年、187－224頁
永井文也「先住民族の権利運動は、琉球／沖縄に何をもたらしうるのか」『考えてみよう先住民族と法』信山社、2022年、217－229頁
仲里効『沖縄戦後世代の精神史』未來社、2022年
仲宗根勇・仲里効『琉球共和国憲法の喚起力』未來社、2022年
宮城晴美『母の遺したもの』高文研、2001年
――――『《新版》母の遺したもの』高文研、2008年
屋嘉比収「戦後世代が沖縄戦の当事者となる試み――沖縄戦地域史研究の変遷、「集団自決」、「強制的集団自殺」、『沖縄・問いを立てる――4　友軍とガマ――沖縄戦の記憶』社会評論社、2008年、19－73頁、『沖縄戦、米軍占領史を学びなおす――記憶をいかに継承するか』世織書房、2009年、5－54頁両所収
――――「「反復帰論」を、いかに接木するか――反復帰、共和社会憲法案、平和憲法」シンポジウム「来るべき〈自己決定権〉のために　沖縄・アジア・憲法」第一部基調講演（2008年5月18日、沖縄県立美術館にて開催）録として『情況』（第3期第9巻第8号［通号77号］、2008年10月1日、情況出版、pp.16–33）に掲載。『越境広場』第10号、越境広場刊行委員会、2022年、78－90頁所収

6章 「台湾有事」と沖縄の人びとの安全保障

星野英一

はじめに　ウクライナ戦争と「台湾有事」

沖縄対外問題研究会の提言「『沖縄返還』50年を超えて：基地の島からの主張」が『世界』2023年2月号に掲載された。3つの提言は以下の通りだ。

・私たちは、沖縄が日本有事の防波堤となる「辺境の島」から、アジア太平洋地域の国々を結びつける「津梁の島」となることを切望する。

・台湾危機を回避するために、中国、米国、日本は、台湾の将来を平和的な手段で創り出すことに尽力すべきである。

・日本は、東アジアに位置する自らの新たな役割を模索し、進行する軍備増強に歯止めをかけるべきである。

この「提言」を準備するきっかけとなったのは、2022年が「沖縄返還」から50年の年であったことだが、加えて、50年後のその年に沖縄を取り巻く国際環境、日本の安全保障政策が大きく変化しようとしていたこと、そしてその変化が「提言」の執筆者達の目には大変危惧すべきものと映っていたからでもある。

2021年3月、米インド太平洋軍司令官（当時）は「今後6年以内に中国が台湾に軍事攻撃を仕掛ける恐れがある」と米上院軍事委員会の公聴会で証言した。4月、日米共同声明は「日米両国は、台湾海峡の平和と安定の重要性を強調するとともに、両岸問題の平和的解決を促す」と台湾問題に言及し、日米が協調して中国に対抗するという姿勢を打ち出した。12月には、安倍晋三元首相が台湾で開かれたシンポジウムにオンライン参加し、「台湾有事は日本有事であり、日米同盟の有事でもある」と台湾海峡の緊張を印象づけた。既に、自衛隊と米軍が、中国と台湾の戦争に関与することを想定して南西諸島に軍事拠点を設け、日米の共同作戦を展開する計画が進められていた。南西諸島における自衛隊の態勢を強化し、自衛隊基地や民間施設の共同使用を含む構想に対し、それは負担軽減に逆行するばかりか沖縄を再び戦場とするものであると、戦争シナリオへの批判の声も上がっていた。

だが、2022年2月のロシアによるウクライナ侵攻によって、日米両政府が煽る「台湾有事」発生の信憑性は高まったと受け止められた。琉球新報と毎日新聞が5月に実施した復帰50年の合同世論調査では、南西諸島における自衛隊配備の強化について、県内調査でも「強化すべきだ」の回答が55%と半数を超え、「強化すべきでない」の16%を大きく上回った。中国もまたロシアと同じように「何をするか分からない国」であるとの認識が沖縄でも共有され、結局日本も自国の軍事力を強化することで安全を確保するしかないのだ、との主張が受け入れられやすくなっていた。

国会本会議などでの発言に「台湾有事」の言葉が現れる頻度は、それまで一桁台だったものが、2021年には72回に増え、2022年にはさらに251回に急増し、2023年の6月までで204回に達していた。読売新聞紙上での出現頻度も、21年に58件、22年に205件へと急増、23年6月までに123件となっていた（伊波2023）。

研究会が「提言」の作成作業を開始したのは、こうした時期だった。「南西シフト」と軍備増強に前のめりになり、敵基地攻撃能力の保有や長射程ミサイルの増強など地域を不安定化させることにしかならない「抑止力」一辺倒の安全保障政策ではなく、信頼醸成と安心供与を軸とする外交的努力によって「人間の安全保障」を確保しようとする政策を、戦場となり犠牲となることを当然視されている「基地の島」から発信しようと考えたのだ。

2022年8月、ナンシー・ペロシ米下院議長の訪台に反発して、中国人民解放軍は「重要軍事演習」を開始した。演習は、台湾海峡の中間線や台湾の防空識別圏を無視する形で実施され、弾道ミサイルが沖縄県与那国島の沖合80キロに着弾した。台湾からは「今回の演習は、中国軍の飛行機や艦船が中間線を越えることが常態化することになる先例だ」と警戒する声が上がった（読売2022年8月5日）。

「提言」が発表された同じ月に、中国の台湾侵攻を想定した戦略国際問題研究所（CSIS）のシミュレーション結果が発表された（Cancian et. al. 2023）。2026年に中国軍が台湾に武力侵攻する24のシナリオが検討されたが、多くの場合、中国の侵攻は失敗に終わる一方で、日米両軍の損害も甚大なものになるという結論だった。中国が勝利する唯一のシナリオは、日本が参戦せず、在日米軍基地の使用を認めなかった場合だけだった。逆に言えば、中国の侵攻を阻止するためには、日本の参戦や在日米軍基地の使用が欠かせないという結果だったとも言える。

一方、ユーラシア・グループの「Top Risks 2023」は、台湾有事を「リスクもどき」に位置付けた。「特にロシアが西側から突然孤立したのを見た後では、中国が軍事衝突を引き起こす可能性のある行動をとるのは、パワーバランスが決定的に自国に有利になるか、米国で明らかに台湾を守る気がない大統領が就任するときになるだろう。いずれも2023年には起こり得ない」(Eurasia Group 2022)。オバマ政権の国家安全保障会議(NSC)メンバーの1人ライアン・ハスは、「中国が台湾有事を望まないさまざまな理由が考えられるが、中でも最大の理由は、中国は長期的には戦闘せずとも台湾統一を実現して勝つ自信を今も持っていることだ」と言う(朝日新聞、2021年4月16日)。

米国インド太平洋軍のデービッドソン司令官の「6年以内の台湾侵攻の可能性」という議会証言は、予算獲得のために有事の可能性について懸念を示しただけかもしれないが、近い将来に台湾の政府が中国本土との経済関係を犠牲にしてまで、共産党政権を刺激するような政策を選択するとは思えない。経済力・軍事力で劣勢に立たされているだけでなく、経済において台湾と中国とは密接に関係しており、台湾の輸出の4割以上が大陸向けで、海外投資の6割は中国本土にあるといわれている。ユーラシア・グループの報告書は、「中国と米国は、緊張関係が続き相互依存を減らそうとしているが、経済的に深く絡み合っており、当分それは変わらない。近い将来の軍事衝突は、相互確証的な経済破壊を導く」と指摘する(Eurasia Group 2022)。

中国がロシア・ウクライナ戦争の「教訓」をどう学ぶかは、一意的に決まるわけではない。ロシアが短期戦に勝利できなかったことから、より大量の軍事力で台湾上陸作戦を成功させるべきだとの主張が生まれるかもしれないし、対ロシア経済制裁の帰趨を見て「この程度ならば耐えられる」と判断するかもしれない。もし台湾が独立を宣言し、米国、日本などが台湾を国家として承認した時には、中国政府がこれを放置することは不可能だろう。台湾統一は、帝国主義列強により分断された国土を取り戻し、「民族の偉大なる復興」を実現するという建国理念の重要な柱の一つだ。それが「核心的利益」である以上軍事力を行使することが有力な選択肢となる。習近平国家主席も「武力行使を放棄することはしない」という従来の立場を維持している。だが、中国にとっても、台湾に軍事侵攻し占領統治を続けることは簡単なことではない。軍事上のリスクだけでなく、国際政治経済上のリスクが大きすぎるからだ。※1

したがって、習近平国家主席にとって「武力解放」は最後の手段である。「提言」では、「台湾有事」が起こる可能性として、台湾が米中両国にとって国内政治上の危機から衝突を回避できない場合、台頭する新興国と従来の覇権国との緊張関係が双方の望まない戦争へとつながる「トゥキディデスの罠」に嵌まってしまう場合、再分配政策としての「共同富裕」が成功せず、イエスマンに囲まれた指導者が最後の手段を用いて党と政府の正統性をつなぎ止めようとした場合を指摘している。そのような場合でも、日米両国で冷静な対応ができれば危機は回避できる可能性はある。心配なのは、むしろ、「反中国の世論がウイルスのように感染拡大し、経済的なピークを過ぎた日本の政治・社会に「焦り」が出てくる場合」というべきかもしれない（対外問題研究会「提言」2023）。

一方、歴代の米国政府は、デモクラティック・ピース論の影響もあり、どんな国も経済発展し分厚い中間層が育てば、やがては民主化し国際社会の安定勢力になるとの「理論」と期待を背景に、関与政策を採用してきた。中国がアメリカ主導の国際経済体制に参加することを歓迎し、中国もいずれは米国や西欧諸国のように自由や人権などの価値を尊重する民主主義国家へと生まれ変わると考えてのことであった。こうした期待に応えてはくれなかった中国との関係を「民主主義と専制主義の戦い」と見なすバイデン政権ではあるが、これを「新冷戦」と呼ぶのは大袈裟にすぎる。

米国と中国両国は、世界の各国・地域にとっての二大貿易相手国であり、日本にとっても、お互いにとっても重要な貿易相手国である。トランプ政権時代の「貿易戦争」にもかかわらず、米国の対中貿易赤字の拡大傾向に変化はなく、米国企業の中国からの脱出が起きた証拠は乏しい（Bloomberg News, ２０２１年1月12日）。「共通の利益を有する分野に関し協働する必要性を認識」（日米共同声明 ２０２１年4月16日）するのはお互いに政策の柔軟性を確保するという意味で妥当な選択なのだ。

つまり、日本や米国にとっても、台湾の「現状維持」が国益に合致するだろう。カート・キャンベルは、米国が中国への挑戦に立ち上がる必要性については「超党派のコンセンサス」としながらも、米中の競争は、ソ連との戦いのように軍事化されたものとは異なり、主に経済的、技術的なものであると述べている。そのためには、米国の競争力と革新性に再投資することが必要であり、それは国内の再生と労働者階級の繁栄にとっても不可欠であると、内政重視の「中流階級のための外交」を強調している（Cambell and Doshi 2020）。米軍制服組トップのミリー統合参謀本部議長も「今後10年から15年の間に、米中は武力紛争を回避するため、共に外交関係を成熟させる必要がある」と米中間の対話を促進する必要性を強調している（朝日新聞 ２０２３年7月14日）。バイデン・習近平会談では、危機を望んでいるわけではないとのメッセージをお互いに伝え合っている。米国の「対決と対話、競争と協調」の「あいまい政策」はぶれながらも維持され、近い将来において続いていくと考えられる。※2

ロシア・ウクライナ戦争において、米国は自国の軍を投入せず、核大国であるロシアとの直接戦争を避けようとしている。米国が「一つの中国」政策を破棄して、台湾の独立承認に向かう動きがない以上、台湾をめぐって核大国中国との戦争に踏み出す可能性は極めて低い。米国は、日本の軍事力増強を支持し、南西諸島の軍事化を支持しているが、日本が台湾をめぐる戦争に前のめりになる必要もなければ、そうすべきでもない。それでも、日本が米国の対中「対決・競争」姿勢にのみ反応し、「リベラルな国際秩序」のために闘うのではないか、との懸念は残る。

本章では、第1に「台湾有事」の言説によって南西シフトと日米軍事一体化が正当化されていること、第2に、そうした日本の国家安全保障政策が沖縄の人びとの安全保障を脅かしていること、第3に、より広い文脈で、日本の国家安全保障政策が沖縄の人びとの安全保障を犠牲にしていること、また、それを可能にしている「補償型政治」を沖縄において終わらせる可能性があることを論じ、最後に、沖縄の人々が自らの人間の安全保障のために声を上げ、動き、民衆の安全保障を実現しようとしている現状を報告したい。

日本の国家安全保障は、その犠牲を沖縄に対し地域的に不均等に押しつけてきたし、現在もなおそうである。平和憲法の日本は、沖縄が米国の統治下に入ったことで担保されてきたし、日米安保体制は、沖縄の住民の日常的犠牲の上に成立している。日本社会が、そのような「沖縄依存の平和」から脱する道を探るとき、「台湾有事」をめぐる日本政府の政策を沖縄の人びとの安全保障との関連で議論することが、その足掛かりになるかもしれない。

1　「台湾有事」と南西シフト

ロシア・ウクライナ戦争のショックが「台湾有事」に備える政策を正当化したように、「台湾有事」の言説が安保関連3文書の閣議決定や南西諸島の軍事化を正当化している。遠藤（2023）は、「アメリカから見捨てられる不安とアメリカの抑止力の低下という問題意識の下で、抑止力の強化に資するものとして敵基地攻撃能力の獲得と軍事費の倍増が進められている。そして、それを正当化する重要事例として台湾危機が利用されている」と指摘している。

「台湾有事」への言及が2021年以降にその頻度を増したことは既に触れたが、日本の首相が「集団的自衛権の行使容認」の検討と南西諸島の軍事化を米国に約束したのは、２０１３年のことだった（安倍元首相のハドソン研究所演説）。その後、安倍政権は「集団的自衛権の行使は可能」と従来の解釈を変更する閣議決定を経て、２０１５年の国会で安保法制を成立させ、翌16年度から22年度までの計画で南西諸島の軍事化に着手した。陸上自衛隊のミサイル基地を建設し、地対艦ミサイル部隊や地対空ミサイル部隊、電子戦部隊を配備し、航空自衛隊の部隊を含めて19の部隊が配備された。

２０２２年12月、岸田政権は「国家安全保障戦略について」「国家防衛戦略について」「防衛力整備計画について」の安保関連3文書を閣議決定した。その記者会見の中で、岸田首相は、新たにどのような能力が必要なのか、その具体例として「反撃能力の保有」「宇宙・サイバー・電磁波等の新たな領域への対応」「南西地域の防衛体制の強化」の3点を強調した。

専守防衛を超える敵基地攻撃能力（文書中の反撃能力）の保有や、ＧＤＰ１％で推移していた防衛費の倍増を含む、日本の安全保障政策の大きな転換が、立法府での議論もなく決定され、２０２３年１月の日米共同声明と外務・防衛の「２＋２合意」を経て、それらは対米公約になってしまった。

「国家安全保障戦略」は、中国の外交・軍事政策をとらえて、「これまでにない最大の戦略的な挑戦であり、我が国の総合的な国力と同盟国・同志国等との連携により対応すべきもの」と中国を「想定敵国」とするところに特徴がある。同文書は、また、「一方的な現状変更」の試みによる「国際秩序に挑戦する動き」に注目し、それらが経済や技術開発などを含む広範な分野での競争や対立を激化させており、これに対する対応も広範な分野で必要であるとの認識を示している。

政府が自衛権を発動する際に満たすべき要件は、従来、①「我が国に対する急迫不正の侵害がある」つまり日本に対する武力攻撃が発生したこと、②「これを排除するために他の適当な手段がないこと」（必要性)、③「必要最小限度の実力行使にとどまるべきこと」(均衡性)であった。この条件は、2014年、第2次安倍内閣の閣議決定により、「我が国に対する武力攻撃が発生した場合のみならず、我が国と密接な関係にある他国に対する武力攻撃が発生し、日本の存立が脅かされ、国民の生命、自由、幸福追求の権利が根底から覆される明白な危険がある」ことと変更された。これが現在の「武力行使の3要件」であり、専守防衛の拒否的抑止から敵基地攻撃の懲罰的抑止への変化を先取りしていたとも言える。

「国家防衛戦略」は、「憲法を守り、国土防衛に徹する」という専守防衛の考え方(『防衛白書』1970)、基盤的防衛力の考え方(『防衛大綱』1976)からの転換を特徴としている。「相手の領域において、我が国が有効な反撃を加えることを可能とする、スタンド・オフ防衛能力等を活用し」て、相手からの更なる武力攻撃を防ぐとの、敵基地攻撃能力の保有に依拠する防衛戦略は、拒否的抑止から懲罰的抑止への転換だと言える。

「防衛力整備計画」について、前田(2023)は、「南西諸島基地で・中国軍と・敵基地攻撃能力を駆使して」戦うための防衛力の整備が書き込まれていると指摘している。南西地域における防衛体制の強化の内容は、統合司令部の創設、第15旅団の師団への格上げ、そして海上輸送部隊の新設という「新部隊創設」と、中距離ミサイルの配備、司令部の地下化、そして弾薬庫の整備という「新兵器配備」と要約することが出来る。

台湾、朝鮮半島の全域や中国沿岸都市を射程に入れる中距離ミサイルの配備について、遠藤(2023)は、「アメリカの中距離兵器の面での弱体性を補うような装備を整える必要がある」からと指摘している。敵基地攻撃能力の保有は、懲罰的抑止の手段となることを期待されているが、「一つの中国」原則が破られ、中国がいかなる犠牲を払ってもこれを止めると決断した場合には、その効果があるとは思えない。それ以前に、むしろ、東アジアにおける緊張の高まりと予測可能性の不安定化をもたらすことが懸念される。

安保関連3文書に表われている安全保障政策の大きな転換を「日本の選択」ととらえて、米雑誌「TIME」

（2023年5月12日）は、その表紙に岸田首相の写真を採用し、「岸田文雄首相は数十年にわたる平和主義を捨て、日本を真の軍事大国にしたいと考えている」と紹介した。遠藤（2023）が、この「日本の選択」を「主としてアメリカから見捨てられる不安とアメリカの抑止力の低下という二つの問題意識を反映している」と分析したことは先に触れた通りだ。つまるところ、「日本の選択」は、軍事大国化の欲望の現われというよりも、日本の安全保障と東アジアの安全のためには米国の積極的関与を確保しなければならず、見捨てられる不安を払拭するためにも、日本が米国の軍事的優位の減退を補う必要があるとの判断故の「選択」である、という見立てだ。

確かに、日本政府は、この間、米国の安全保障政策への貢献度を向上させ、自衛隊と米軍との運用面での一体化を進めており、イージス・アショアの配備停止などを想起すると、敵基地攻撃能力の保有もこうした文脈で理解することができる。遠藤（2023）は「集団的自衛権の行使が許容されたことによって、さらなる日米の軍事力の一体化が進められ、具体的な作戦行動においてもさらに緊密な連繫を達成するような軍事演習が活発に行なわれるようになっている」ことを指摘している。

2022年11月、自衛隊と米軍は、日米共同訓練としては最大規模となる共同統合演習「キーン・ソード23」を実施した。自衛隊約2万6千人、米軍約1万人を動員し、沖縄を含む南西諸島における、対中国を意識しての島しょ作戦の訓練である。米軍のロケット砲システム（HIMARS）の奄美大島への展開、陸自の地対艦誘導弾（SSM）との連携、日米両方のオスプレイによる連携、そして陸自水陸両用車（AAV）などによる徳之島への上陸など、日米双方が主要装備品を使用して行うことで、自衛隊の統合運用および日米の共同対処能力の向上を図ったものだ。

2023年2月には、これまで米国内で行なわれてきた離島奪還の日米共同訓練「アイアン・フィスト」

が大分県の日出生台演習場や鹿児島県の喜界島、徳之島、そして沖縄県の宜野座村や金武町などで行われた。また、10月には、離島防衛を想定した陸上自衛隊と米軍との大規模共同訓練「レゾリュート・ドラゴン」が、沖縄と九州、北海道で行なわれた。石垣島に米軍が初めて展開したことに加え、陸自のオスプレイが県内で初めて飛行し、新石垣空港に着陸するなど民間施設の利用が進められた。

日米共同統合演習に象徴される日米の軍事一体化だが、それは二国間同盟を束ねた「ハブ・アンド・スポーク」型の米国のアジア太平洋の安全保障戦略が、同盟国や友好国を繋ぎ合わせるバイデン政権の「ネットワーク」型のそれへと変化する中で、その重要な一部を構成していると理解すべきだろう。米国はすでに「唯一の超大国」ではなく、中国の経済成長と軍事的な台頭に対し、もはや単独で対処するには限界があるため、軍事的には、日・豪に加えてＮＡＴＯ加盟国とも連携して「統合抑止」をめざし、日米韓や日米とフィリピンとの協力強化を追求している。「キーン・ソード23」には、英軍の艦艇やオーストラリア軍、カナダ軍の艦艇、航空機も参加していた。経済的には、日米豪印のＱＵＡＤに加えてＡＳＥＡＮ、太平洋島嶼国家との連携を強めて、中国に対抗する協力関係の樹立をめざしている。

日米軍事一体化は、米軍基地への自衛隊駐留や自衛隊基地の米軍との共同使用という形にも現われている。沖縄タイムスと共同通信の日米両政府関係者に対する合同取材によって、陸上自衛隊と米海兵隊が、名護市のキャンプ・シュワブ、辺野古新基地に陸自の離島防衛部隊「水陸機動団」を常駐させることで２０１５年に合意していたことが分かった。沖縄タイムス（２０２１年1月25日）によれば、２０１２年に陸上幕僚監部が幹部をキャンプ・シュワブの現地調査に派遣して、海兵隊と交渉を開始し、２０１５年に陸幕長と在日米海兵隊司令官（在沖米四軍調整官）との間で水陸機動団の常駐を合意したものの、表面化した場合の沖縄の反発を考慮して、計画は一時凍結されているという。

また、朝日新聞（2017年11月1日）は、日本版海兵隊「水陸機動団」は金武町の米海兵隊キャンプハンセンを日米共用とし、駐屯するとみられていると報じている。2005年の米軍再編合意に基づく海兵隊一部のグアム移転によって、キャンプハンセンの収容力に余裕が生じるからとの理由が考えられていた。先の沖縄タイムス記事も、辺野古新基地が完成し、配備する政治環境が整うまでは、一時的にキャンプ・ハンセンに移す案があるとしている。いずれにせよ、2012年頃にはこうした計画が始まっていたと思われる。共産党の穀田恵二議員が共有している『日米の「動的防衛協力」について』（統合幕僚監部防衛計画部2012）には、「沖縄本島における恒常的な共同使用の構想」として、キャンプ・シュワブ（名護市）、キャンプ・ハンセン（金武町）、嘉手納弾薬庫（沖縄市）の名前が挙がっている。

自衛隊基地の米軍との共同使用について、2018年のアミテージ・ナイ報告は「最終的に、在日米軍は日本の国旗を掲げた基地から部隊運用すべきだ」と書いている。もちろん、これは未だ実現していないが、2023年1月の「2＋2共同発表」の中で、日米外務・防衛両大臣は「日本の南西諸島を含む地域において、日米の施設の共同使用を拡大し、共同演習・訓練を増加させることにコミットした。」「閣僚は、空港及び港湾の柔軟な使用が有事における防衛アセットの坑たん性及びその運用効果を確保するために重要であることを強調し、そのような使用を可能にするために、演習や検討作業を通じて協力することを決定した。」現在の共同演習における民間施設や自衛隊基地の共同使用が、沖縄島を含む南西諸島の島々の自衛隊基地の有事における共同使用を準備している。

2016年以降、有事の際には米軍と共同使用するであろう自衛隊基地が南西諸島に建設され、陸自のミサイル部隊などが配備されてきた。「台湾有事」を言い立てる言説は、安保関連3文書の閣議決定を正当化しているだけでなく、「南西諸島基地で・中国軍と・敵基地攻撃能力を駆使して」戦うための防衛力の整備を正当化しているように見える。

2016年、1月に空自那覇基地のF15戦闘機が約40機態勢に増強され、3月に陸自与那国駐屯地が開設された。当初予定されていた沿岸監視隊だけでなく、中距離地対空ミサイルを持つ高射中隊や電子戦部隊の配備が予定されている。2017年、空自南西航空混成団が南西航空方面隊に格上げされ、2019年には、陸自奄美駐屯地、宮古島駐屯地が開設された。奄美駐屯地には、地対空ミサイル部隊や電子戦部隊が配置されて、宮古島駐屯地では、警備部隊や空自の警戒管制レーダーの他に、地対艦、地対空ミサイル部隊が配備されている。2023年1月、鹿児島県の馬毛島で、米軍艦載機の発着訓練用滑走路や自衛隊の訓練施設・補給拠点となる基地の建設が始まった。3月に陸自石垣島駐屯地が開設され、地対艦、地対空ミサイル部隊の配備が進められている。米軍基地が集中する沖縄本島だけでなく、南西諸島全体の軍事化が続いている。

自国の安全を追求するための軍事力強化、抑止力強化の安全保障政策では、相手国に不安を呼び起こし、逆に相手国の軍事力強化、抑止力強化を招来するという「安全保障のジレンマ」を免れることはできない。また、日米安保体制以外に選択肢を持たない日本の安全保障政策は、「同盟のジレンマ」からも自由になれない。「見捨てられる恐怖」のために米国の対中政策、台湾政策への過剰同調を招き、日本政府の政策の自由度は奪われてしまい、国民とりわけ沖縄は「台湾有事」や「米中戦争」に「巻込まれる恐怖」から自由になることができない。

だが、これまで見てきたように、安保関連3文書に表われている日本政府の安全保障政策の大きな転換は、「安全保障のジレンマ」の危険から目を背け、「日本自身がまるで予測不可能な現状変更勢力であるかのように振る舞っているのみならず、そのことに全く無自覚であり」、「そうした無自覚な行動が東アジアの国際関係における予測可能性を低下させてしまい、結果的により不安定な状況をもたらしかねない」（遠藤 2023）。一方、現在進行形の日米の軍事力の一体化と自衛隊の南西諸島での軍事化は、在日米軍基地の7割を負担している沖縄と南西諸島の島々にとっての人間の安全保障に深刻な危険をもたらしているが、日本政府はそのことにもまた無自覚でいるかのようだ。

2　南西諸島の軍事化と沖縄の人びとの安全保障

安全保障の概念は長い間「外部の攻撃から国を守る」という狭義の解釈がなされてきた。それは国民国家に関わる概念として理論化され、論じられ、そのために多くの現実が不可視化されてきた（武者小路2009）。だが、冷戦終結に伴う国家中心の安全保障観が転機を迎えているとの認識や、グローバル化に伴うアフリカなど最貧国の経済社会が深刻な状況を呈していることの認識を背景に、次第に広義の解釈がなされるようになり、安全保障の概念は、例えば、飢餓や病気、政治的不安定性といった脅威から個人や集団を守ることや、日常生活の安定を突然に妨げるような脅威をも含むようになってきた。

国連「人間の安全保障」委員会の報告書『安全保障の今日的課題』は、「人間の安全保障」を「人間の生にとってかけがえのない中枢部分を守り、すべての人の自由と可能性を実現すること」と定義している（人間の安全保障委員会2003）。初瀬龍平（2011）はその「支配のイデオロギー」（土佐2001）的な性格を認識しつつも、「人間の安全保障」概念を、「それは、弱者中心（女性、先住民族、生存農業、労働者、差別される者）の原則に基づき、日常生活、実生活の中の不安（恐怖と欠乏）の除去をめざし、国家・非国家の多目的な安全保障を確立し、異なる国家、宗教、文化の間や、異なる安全感覚をもつ者の間に『共通の人間の安全保障』の成立をめざすものである」（初瀬2011a）と論じている。

武者小路（2003）は、この報告書について、「国家の経済社会安全の保護義務を度々主張することで、ネオリベラリズムの民営化万能主義への無言の批判をおこなっているし、特に最も不安全に晒されている民衆の安全は、何よりもまず、自分で自分の安全が守れる能力を活性化する「エンパワメント」が不可欠であるという形で、人民を国家による保護の対象としてあつかう主体性無視の国家中心温情主義を否定している」との理解を明らかにした。

『人間開発報告1994』や緒方／センの『安全保障の今日的課題』にみられる、人間中心で、多元的な安全保障への新しいアプローチは、日本政府の外交政策においても重要な地位を占めている。日本は国連に「人間の安全保障基金」を設置し、「貧困・環境破壊・紛争・地雷・難民問題・麻薬・HIV／エイズを含む感染症など、多様な脅威に取り組む国連関係国際機関の活動」に対する資金拠出を行ってきた。政府は途上国における「恐怖からの自由」「欠乏からの自由」を実現することに本気のようだ。

だが、政府が外交政策の柱の1つとして掲げている「人間の安全保障」が、国内政策としては軽視され、沖縄における人々の安心や安全が蔑ろにされているようにみえる。安全保障とは単に「外部の攻撃から国の領土を守る」ことではなく、そこに暮らす国民を守ることでなくてはならない。そして、人々の暮らしや安全を守ると言うことは、貧困や失業、感染症や環境破壊、暴力や犯罪、そして人権侵害や差別から人々を守ることであり、人々が平和のうちに暮らすことを実現することである。

「人間の安全保障論は、国家や国民の大多数の安全を提供する国家の安全保障に対置する者でも代替する者でもない」（栗栖 1998）との見方がある一方で、人間の安全保障と国家の安全保障は基本的に対立・矛盾する場合があるとの見方もある。ブザン（Buzan 1983）は、個人が色々な仕方で国家からの脅威に直面することがあると言い、国際システムにおける自国の対外行動や他国との相互作用の結果として、個人が脅威に晒される場合もある、と指摘している。

「人間の安全保障」概念は、一般に途上国社会の開発／発展の文脈で利用されるが、以下、それを先進国の一地方である沖縄に適用することにする。「人間の安全保障」の概念を沖縄に適用することは目新しいことではない。初瀬龍平、武者小路公秀、大芝亮らがすでにそうした仕事を残している。初瀬は「国民の安全が国内で地域的に不均等に分布している例」として沖縄の基地問題に言及し、「基地周辺の住民の安全は日常的に不安定である」とこれを人間の安全保障の文脈に置いている（初瀬 2011b）。「国家の軍事的安全保障政策は国民の安全を高める」という命題は、本土の国民からは受入れられるかもしれないが、多くの沖縄の人々に受入れられるものではない。

武者小路（2002）は、国連「人間の安全保障」委員会の共同議長である緒方＝センに宛てた『「人間安全保障」についての公開書簡」の中で、「人間安全保障」のジェンダー的側面の第3として「軍事化に対抗して人間の安全を確保する活動のジェンダー的側面」を指摘している。１９９５年の少女レイプ事件と「基地・軍隊を許さない行動する女たちの会」がその中で取り上げられ、「人間の安全保障」概念との関連が明らかにされている。

このように見てくると、「人間の安全保障」概念の中で沖縄を考えることは、決して場違いなものではないことがわかる。政府の追求する国家安全保障が特定の地域の犠牲の上に成り立っているとするなら、あるいはまた、国の政策によってある地域が享受している政治的・経済的権利を他の地域が享受できていないとすれば、そこでは国家がこの「インセキュリティ（安全が保障されていない状態）」・「不安全」の原因となっていると言わなくてはならない。

「台湾有事は日本有事」であるなら、沖縄は間違いなく戦場となる。先に見てきた南西諸島の軍事化と日米の軍事一体化がそれを示している。「しかし、果たして米軍は直接の戦闘に加わるのであろうか」と豊下

(2023) は大きな疑問を投げかける。そして、「米軍が行うのは立案、訓練、物資の事前配置、作戦維持の拠点の設置などであって、この戦場で戦うのは台湾軍と矛としての自衛隊であり、犠牲となるのは台湾と沖縄の住民である」と述べて、米国はウクライナでの基本戦略を踏襲すると論じている。2023年2月の衆院予算委員会で公述した川上高司は、「自衛隊が戦い、その後に、一、二週間後にもしかするとアメリカが来ることになるかもしれない」と言いつつも、米国は中国と直接衝突することを避け、ウクライナ型戦争を遂行するとの見通しを示している。

いずれにせよ、台湾と沖縄の島々の人びとが犠牲となる。2022年5月、沖縄県は「有事」の避難計画のタイムラインを検討し、「石垣市の新石垣空港と石垣港、宮古島市の宮古空港と下地島空港、平良港から、民間の航空機で1日約1万7500人、民間の船舶で約3千人の輸送が可能と試算」(朝日2023年3月16日)したが、これだけでも全住民を避難させるのに6日間かかる計算になる。

2023年10月、政府は、国民保護法に基づいて、武力攻撃など有事の際に宮古・八重山地域の住民を九州で受け入れる避難計画を、2024年度中にもまとめる方針を明らかにした。住民と観光客の計12万人を、航空機や船で九州各県に避難させ、最短6日程度で完了する想定だ(朝日2023年10月18日)。住民説明会も実施されているが、住民が納得できるような内容とは言い難い。石垣の説明会後には、「そもそも狙われる状態にしているのは誰か。避難する事態が起きないようにするべきだ」との声も聞かれた(琉球新報2023年10月17日)。

最も憂慮すべき点の一つは、有事において、あるいは有事の接近に備えて、日米両軍が分散して利用しているはずの民間の空港や港湾が利用できるのかだ。利用できるにしても、これらの施設は「敵ミサイル」の正当な標的だと考えるべきではないか。つまり、実際には「有事の住民避難」は不可能であり、島々の人びとの安全を考えるのなら、政府・自治体が行えるのは平時からの人々の疎開である。だが、宮古島のある住民は「日本全体が攻撃の対象になるわけで避難したところで安全な場所ってあるんだろうか。なによりも自分たちの暮らしを放棄して、新たな地を求めて、そこで一から人生をやり直すっていうことが、島の住民がそういう選択を全員がとれるとは、私は思いませんね」とこれに否定的だ（QAB2023年4月26日）。

だが、避難の開始は「我々は戦争準備をしています」と伝えるシグナルになってしまうし、「敵」が攻撃準備をしている時に避難を開始すれば、それは「我々はそちらが攻撃準備をしていることを知っている」と伝えるシグナルになってしまう。結局、「敵」からの攻撃を早期に予想できたとしても、それは住民には知らされず、不可能な「有事の住民避難」を止むなくされ、失敗し、「遠く離れた南の島」が「尊い犠牲」になったのだというニュースを多くの人々が聞くことになる。

「2025年までに」と言われていたキャンプ・ハンセン駐留部隊の海兵沿岸連隊（MLR）への改編が早まると報道された（琉球新報2023年10月18日）。MLRは、海兵隊が離島などに攻撃や補給の拠点を設けて戦う遠征前方基地作戦（EABO）の中核をなす部隊であり、日米の運用一体化が進む中、MLRは地対艦ミサイルを扱う石垣市や宮古島市などの陸上自衛隊部隊との連携が特に想定されている。敵の攻撃に晒されながら、被害を出しながらも戦い続けることが想定された部隊であり、有事には時間を稼ぐ持久戦が想定されている。その舞台は、もちろん沖縄をはじめとした南西諸島だ。

「防衛研究所」が中国との戦闘を想定した研究を2021年度に取りまとめていたことが報道されたが、そこでも、「日本の目標が現状維持である以上…短期戦で決着がつかないよう、膠着状態に持ち込み」、半年から1年の時間を稼ぐことができれば、米軍が駆け付け、中国の行動を阻止することができる、と南西諸島が時間稼ぎのための戦場となることが予想されている（琉球新報2023年1月2日）。

「キーン・ソード23」に際して、琉球新報社説は、「1945年1月、大本営は沖縄を日本防衛のための「前縁」と位置付け「極力敵ノ出血消耗ヲ図」る方針を決定した」と、沖縄戦が「本土決戦」に備えるための時間稼ぎだったことを指摘し、「沖縄戦の教訓から県民は「人間の安全保障」を要求してきた。だが、日本は米軍との軍事一体化を強化し…台湾有事を想定して南西諸島に米軍の軍事拠点を設ける日米の新たな共同作戦計画が策定中だという。…過去の大本営方針のように、沖縄が最前線（前縁）となり再び戦争に巻き込まれることは断じて認められない」と、沖縄の人びとの安全が、国家の安全保障の犠牲にならないよう警鐘を鳴らしている（琉球新報社説2023年11月9日）。

「レゾリュート・ドラゴン23」について、沖縄タイムス社説は、米海兵隊の遠征前方基地作戦が、海兵隊を敵地へ上陸させる従来型の作戦から、MLRの小規模部隊を敵ミサイルの射程圏内にある複数の離島に展開させて攻撃拠点を確保し、味方の艦隊の行動を支援する海兵隊の新たな運用指針であると指摘し、「作戦が現実となれば住民が戦闘に巻き込まれる可能性が高い…これまでにない軍事訓練の大規模化・広域化は地域住民を不安に陥れている」と、有事における人びとの「不安全」だけでなく、有事に向けた準備の軍の活動自体が、沖縄の人びとの安全を棄損していることを指摘している（沖縄タイムス　2023年10月16日）。

与那国町では、町民有志がミサイル配備を認めないことを決議するよう町議会に要望書を提出した。外間守吉前与那国町長は、朝日新聞のインタビューに「監視部隊の誘致はしたが、ミサイル部隊は聞いていない。とんでもない話で、だんだんと人やモノ、予算がつぎ込まれて強化しているのを感じる。ミサイル部隊配備や米軍との共同使用には反対だ」「我々の穏やかな島の生活が脅かされそうになっており、声をあげなければならないと思う。『国の専権事項』ですまされる話ではない」と答えた（朝日新聞　2023年3月17日）。

宮古島では、現在配備されている地対艦・地対空ミサイルから、敵基地攻撃にも利用できるスタンドオフ・

ミサイルへの置き換えの可能性について、市民の間から反対の声や不安の声が上がっている。「中国を例にとればね、本土まで届くわけでしょ。そしたら撃ち返されるのは当然じゃないですか。それが前提で戦略を立てるはずですから、そうするとこの島は犠牲になることがね、前提の軍事戦略なのかと思いますよね」（QAB 2023a）。「（自衛隊が）入ってきたときに言ったのは、宮古の住民の生命・財産、安全を守るといいましたよ。皆さんを守りに来たんだと、これは戦前・宮古に3万の軍隊が入ってきたとき、いったセリフと同じです」（QAB 2023b）。

石垣島では、市長が2018年に自衛隊駐屯地の受け入れを表明したのに対し、若者を中心としたグループが署名を集め、賛否を問う住民投票を求めたが、市議会はこれを否決した。駐屯地建設が始まると、反対する市民の声はしぼんだが、安保関連3文書で長射程ミサイルの配備の可能性が明らかになった2022年12月、石垣市議会は「自ら戦争状態を引き起こすような反撃能力をもつ長射程ミサイルを配備することを到底容認できない」との意見書を採択し政府に提出した。今でも「ミサイル基地反対」と「ありがとう自衛隊」の旗が各地に立つ石垣島ではあるが、朝日新聞は「『守るため』と説明しておきながら、『攻撃する』基地になるかもしれないなんて。有事になれば、真っ先に標的になりかねない」との住民の声を紹介している（朝日2023年3月15日）。

2023年11月、「台湾有事」を念頭に置いた陸海空の自衛隊による大規模な統合演習が全国各地で始まり、自衛隊約3万人、米軍約1万人が参加した。「国家安全保障戦略」などで、有事に対応するためとして、空港や港の利用を拡大する方針が示されていたが、真っ先に攻撃目標となる空自の基地が使えなくなったとの想定で、鹿児島県の徳之島空港、奄美空港、大分空港など、統合演習では初めて民間の空港が使われた。そうなれば次にこれらの民間施設が攻撃目標となるはずで、日出生台での米軍演習に反対の声を上げている市民は、「米中が対立する軍事ラインの拠点の一つとして今後大分空港を使うための、地ならしのようなものだ。やがて使用頻度が上がり、米軍も来るようになるのではないか」との危惧を示した（朝日２０２３年11月14日）。２０２１年に菅政権が成立させた「土地規制法」は、南西諸島を含む日本各地の港湾施設や航空施設などを規制できるようにして、「台湾有事」に向けた日米両軍の作戦行動を支えるための立法だと考えることができる。

３　沖縄の人々の安全保障と補償型政治

ここまで、「台湾有事」の言説によって自衛隊の南西シフトと日米軍事一体化が正当化されていること、また、安保関連3文書に示された「南西諸島基地で・中国軍と・敵基地攻撃能力を駆使して」戦うための防衛力の整備が沖縄の人びとの安全保障を脅かしていることを見てきた。有事に攻撃対象となり、時間稼ぎのための戦場となる島々の人びとの「不安全」だけでなく、有事に向けた自衛隊の統合訓練や日米共同訓練自体が、沖縄の人びとに「不安」をもたらし、人びとは「巻込まれる不安」から自由になることができない。

以下では、より広い文脈で、日本の国家安全保障政策が、沖縄の人びとの安全保障を犠牲にしていることを確認しておきたい。人権の普遍性に対し、人間の安全保障の状況規程性・文脈規程性を指摘して、武者小路（2005）は『人間』一人ひとり、あるいはそのコミュニティのそれぞれの固有の安全感覚、周囲の環境に対する脅威感や安心感をあくまでも尊重する『実存性』をもたなければならない」と論じている。

国家の安全保障における日本政府の選択が、沖縄に米軍基地を集中させていることは言うまでもない。面積にして全国の1％に満たない沖縄県に、在日米軍専用施設の7割が集中している。それは県の面積の10％、沖縄本島の面積の20％近くを占めている。また、在日米軍の人員の6割が沖縄に駐留しており、その6割が海兵隊に所属している。では、そのことは沖縄の人びとの安全保障の状況に、どのような具体的なインパクトをもたらしているだろうか。

筆者は、すでに、在日米軍基地の過重な負担が沖縄における米軍関連の事件や事故そして環境破壊といった「人間の安全保障」の大きな課題となっていること、補償型政治と沖縄振興体制が沖縄に米軍基地を置き続けるためのメカニズムとして機能してきたこと、だが、補償型政治に典型的な「基地受け入れ」と「経済振興策」とのリンケージを期待する声はむしろ少数派になりつつあるのではないかとの「補償型政治の終わり」について論じている（星野 2018b）。そこで、ここでは、すでに論じた点については簡単に触れるにとどめ、それを補足するような仕方で、その後問題化した水の安全に関わる生活環境への影響にも触れ、その後見えてきた補償型政治のしぶとさについて論じることにしたい。

『沖縄の米軍及び自衛隊基地』（沖縄県 2023）に掲載された沖縄県警本部の統計によると、1972年から2022年までの米軍人等による刑法犯罪検挙数は6163件にのぼり、そのうち強姦を含む凶悪事件が584件、粗暴犯が1103件も発生するなど、県民の生命、生活及び財産に大きな影響を及ぼしている。犯罪の数は次第に減ってきてはいるものの、深刻な犯罪は現在も無くなったわけではない。米軍属による女性殺害事件（2016年4月）も記憶に新しい。米国防総省の2010年度の調査では、基地内で起きた性的暴行の約8割が申告されなかったと報告されているが（琉球新報 2012年7月6日）、訴えを行わない被害者の存在を考えれば、沖縄におけるこの数字もまた氷山の一角に過ぎないと考えるべきだろう。[※3]

2012年9月、米海兵隊の新型輸送機オスプレイの沖縄配備に反対する県民大会が開かれ、県内外から数万人の参加者が宜野湾海浜公園に集まった。「世界一危険」とも言われた普天間基地に配備されるという新型輸送機が「構造的欠陥機」である疑いがあるとすれば、当然、古くは宮森小学校で死んだ子供たちのこと（1959年）が、最近では沖縄国際大学での事故のこと（2004年）が、想起される。実弾射撃訓練、パラシュート降下訓練や車両などのつり下げ訓練のような危険な軍事訓練も止むことがなく、安全性に対する懸念が強まるのは当然である。

『沖縄の米軍及び自衛隊基地』（沖縄県 2023）によれば、米軍航空機関連の事故は、復帰後、2022年12月末現在で882件（うち墜落49件）発生している。このうち、216件が基地外で発生しており、周辺住民はもとより県民に大きな不安を与えている。2000年代においても毎年10件から60件の航空機関連事故が起こっており、最近では15年8月、米陸軍のMH60ヘリがうるま市沖で米海軍艦船への着艦に失敗し墜落、16年9月、米海兵隊のAV8ハリアー戦闘攻撃機が辺戸岬沖に墜落、12月には普天間基地所属の米海兵隊のMV22オスプレイが名護市東海岸の浅瀬に墜落した。17年10月の東村高江のヘリ炎上、12月の普天間第二小校庭へのヘリ窓落下など、米軍の事件事故はなくならず、23年11月に横田基地所属の米空軍CV22オスプレイが沖縄へ向かう途中、鹿児島県屋久島沖で墜落し死者をだした。

嘉手納基地及び普天間基地周辺においては、依然として環境省の定める環境基準値を超える航空機騒音が発生している。地域住民の日常生活や健康への影響が懸念されており、基地周辺の学校では、授業が度々中断されるなど教育面でも影響が出ている。嘉手納爆音訴訟・普天間爆音訴訟の原告に対し、司法は国に賠償支払いを命じはするが、早朝および深夜における飛行の差し止めについては、これを認めないため、人びとの「不安全」は続いたままだ。

2016年1月に県内の米軍基地周辺の有機フッ素化合物PFAS（ピーファス）汚染が明らかになってからも、地位協定の壁に阻まれて調査が進まず、汚染源が特定できないまま高濃度のPFAS検出が続いている。市民団体の独自調査では、普天間基地に近接する小学校のグラウンドの土から、米国の基準値の最大で29倍のPFOS（P

FASの一種で泡消火剤などに使われる）が検出された。県は、高濃度の値が出る取水源からの取水を停止し、PFASの検出がないダムなどから取水を増やしているが、住民の不安は解消されていない（沖縄タイムス2022年12月30日）。国際政治史の研究者である山本章子は、米軍基地の集中が沖縄の日常、生活環境に及ぼす影響を綴った文章をこう締めている。「宜野湾市で生まれ育った、私と同世代の知人は、幼少から水道水は飲んではいけないと言われ、自身も子どもにそう教えている。私の子もそうなるのだろうか。子どもを守るのではなく、静かで安全な生活を知らないまま、危険な日常に慣れさせるのが、この国の「安全保障」なのか」（山本2022）。

以上、在日米軍の沖縄への過度な集中がもたらす「人間の安全保障」状況への影響を、犯罪、事故、騒音・生活環境に注目して整理した。日本政府が「人間の生存、生活、尊厳を危険にさらすさまざまな脅威」に対して取り組んでいくと言うのなら、当然、沖縄の米軍基地問題もそこに含まれるべきである。

現代的形態の人種差別に関する国連特別報告者のディエン（Diene 2006）は、日本への公式訪問後の報告書の中で「沖縄の人びと」を、差別されているマイノリティと認め、米軍基地が沖縄に集中し、その結果、航空機事故や環境被害、性的暴力が発生していること、それに対し日本政府が行動を起こさず、充分な調査も行っていないこと、そして、「沖縄に米軍基地が存在し続けることが、沖縄県民の基本的人権の尊重と両立するのかどうか」について日本政府が調査を行う必要があることを指摘している。

沖縄における「インセキュリティ」・「不安全」の現状を「人間の安全保障」問題であると確認する時、それが沖縄におけるもうひとつの「不安全」、経済的な「インセキュリティ」と深く結びついていることが視野に入ってくる。

低所得や失業などの経済的なインセキュリティは先進諸国においても「問題」である。復帰以降、4回にわたって10年間の沖縄振興開発計画と沖縄振興計画が立案され、実施されてきた。多額の公共投資にも拘わらず、県民所得は全国平均の70％前後と低いままで格差は縮まらず、失業率も1990年代に4％から8％へと悪化し、その後2010年頃まで8％前後で高止まりしてきた。自立経済の指標である財政依存度（県民総所得に占める一般政府最終支出と公的総固定資本形成の割合）は30～40％と高止まりしており、全国平均（2009年度24％）との差は縮まらない。沖縄タイムス社の県民世論調査（2022）によれば、「沖縄と本土には様々な格差がある」との見方に対して、約9割の回答者が「その通り」と答えている。

日本政府は、こうした経済的格差の現実と認識をテコに、沖縄に基地を押しつけることに成功してきたというのが、ケント・E・カルダー（2008）の「補償型政治」の議論である。「補償型政治」とは、「要求を聞き入れる者と支持者に物理的な満足をもたらすような要求を満たし、それを喧伝することを基本とする政策」（カルダー 2008）である。彼は、このような富の分配に定期的にかかわってくる人々のネットワークを「補償の輪」と呼び、基地に様々なサービスを提供する地元の利益団体を構成する、建設業者、基地労働者の組合、電力会社、軍用地主などがその受益者となっていると指摘している。

1996年のSACO合意以降、普天間飛行場の移設先として浮上してきた名護市では、受入の賛否をめぐって地元の意見が激しく割れていた。97年の市民投票では受入反対派が過半数を超えたが、北部振興事業、島田懇談会事業などの影響もあり、98年以降の3回の市長選挙ではいずれも移設容認派の候補者が当選してきた。長元（2000）は、基地誘致を主張する名護市の人たちが、新聞取材に対して、「振興策で地元に仕事を作らせないと、子や孫の世代は暮らせなくなる」・「子どもたちのためにも、新しいものを受け入れて活性化させなくちゃあ」と答え、本土と沖縄の格差、沖縄と名護の格差、名護市内の東海岸と西海岸の格差という「三重の格差」を埋める「千載一遇のチャンス」だと力説している様子を紹介している。

政府からの交付金・補助金を含む基地関連収入に依存している自治体は、この資金が地域の経済に刺激を与え、自主財源の増加や失業率の減少、財政負担の軽減という地域の自立につながるような結果を期待している。しかし、地域によっては、順調な経済成長に結びついていないばかりか、むしろ依存度を高めたがゆえに財政が硬直化し、公債残高も失業率も高くなっているなどの実態が、次第に明らかになってきた（前泊 2009）。

名護市は、1997年に新基地建設の受入を条件付きではあるが容認した。95年における基地関連収入は20億円だったのに対し、2001年には90億円に増加した。この間、名護市予算に占める基地関連収入の割合は、6％から29％へと跳ね上がった。しかし、それが名護市の発展をもたらしたかといえば、そうではなかった。企業立地を期待した法人税収入について大きな変化はなく、完全失業率は8・7％から12・5％（2005）へと悪化し、市の負債は171億円から235億円（2004）へと膨らんだ（前泊 2009）。

2010年頃を境に、「基地がないと沖縄経済は立ち行かないのではないか」といった声に対し、むしろ「基地縮小こそが経済成長をもたらす」との主張が見受けられるようになった。那覇新都心地区や北谷町美浜地区・ハンビー地区の発展ぶりを前に、「沖縄は既に基地依存経済から脱している」（琉球新報 2012年5月15日）との声も上がり、補償型政治に典型的な「基地受け入れ」と「経済振興策」とのリンケージを期待する声は、むしろ少数派になりつつあるように見えた。

2010年1月名護市に「普天間代替施設」受入反対の市長が誕生した。09年の政権交代後の「県外移設、国外移設」との県民世論の高まりを背景に、名護市民は「基地とリンクしない振興策」を訴えた候補を選択したのである。2014年の名護市長選挙と市議会議員選挙では、「補償型政治はいらない」との名護市民の声が、より明確に示された。

さらに、2014年11月の県知事選では「オール沖縄」での新基地建設反対を掲げた翁長雄志知事が誕生し、翌月の衆議院選挙でも「県内移設による負担軽減」を掲げる自民党は沖縄の4小選挙区で全敗した。２０１６年の参院選沖縄選挙区では、元宜野湾市長の伊波洋一氏が、現職で沖縄担当相の島尻安伊子氏に11万票近い大差をつけて初当選し、翌年の衆院選で自民党が奪回できた小選挙区は１つだけだった。２０１８年、翁長知事死去に伴う知事選で、「イデオロギーよりアイデンティティー」・「誇りある豊かさを」と翁長氏のスローガンを継承した玉城デニー知事が誕生した。２０１９年には、辺野古新基地建設の是非を問う県民投票が実施され、反対が7割を占めた。同じ年の衆院3区補選で「辺野古反対」の候補が初当選、参院選で「辺野古反対」候補が初当選した。「私たちはもう補償型政治を必要としない」との声が全県的な拡がりを持ち始めた、あるいは、経済的なインセキュリティをテコに、補償型政治によって県民を「説得」して辺野古に総合的な海兵隊基地を建設することは不可能だとのメッセージが沖縄から発せられたと言える。

だが、補償型政治はしぶとかった。２０１８年の名護市長選挙では、新基地建設の是非には言及せず、しかし後に再編交付金の受け取りが見込まれる候補者が当選を果たした。２０１９・２０２２年の参院選沖縄選挙区では、新基地建設反対を掲げた候補が当選しているが、２０２１年の衆院選では沖縄4小選挙区での勝敗は2対2、新基地建設の是非よりも経済政策・沖縄振興策に力点を置いた自民・公明両党が支える自民党候補が2議席を獲得した。翌22年には、那覇市、名護市、宜野湾市など県内の7つの市で市長選挙が行われたが、そのすべてでオール沖縄が支援した候補が自公が推薦した候補に敗れる結果となった。

こうした流れの原因として、いくら反対の声をあげても工事が止まらないことから来る「あきらめ」の様な気分、「どうせ止まらないのなら、容認して経済振興などの見返りを受け取った方が良いのではないか」との気持ちの変化があると考えることができる。そうした変化を反映しているのが若い世代の世論調査への回答だ。

国際化と政治参加に関する研究プロジェクト（2023）の「政治参加と沖縄に関する世論調査」は、「戦略的な重要性から基地が沖縄に集中する現状はやむを得ない」、「国防は国の専管事項なので基地反対運動をやっても意味がない」。「普天間基地周辺の危険性を除去するためには、辺野古移設はやむをえない」・「建設が止まる可能性は低いので、辺野古移設はやむをえない」という4つの質問への回答を元に「諦め度」という指標を算出し、世代や性別ごとの傾向を見ている。

全体を諦め度が強い人、中程度の人、弱い（＝諦めていない）人に分類したとき、18〜34歳の世代では諦め度が強い人が4割強で、弱い人は2割弱だったのに対し、65歳以上の世代では逆に強い人は2割強と少ないのに対し、弱い人が5割強となっていた。「若い世代に一定の諦め感が広まっている一方で、高齢世代の多くは基地が集中する不条理を受け入れず、反対運動を続けて辺野古の埋め立てを止めようとしている」と考えることができる（沖縄タイムス2023年8月15日）。

この世論調査の報告書は、「基地問題への諦め度が強い人ほど、沖縄に米軍基地が集中していることを不平等だと感じる人は少ない傾向」にあるとしているが、因果関係の方向性は確定的ではない。「『（辺野古移設は）日本の安全保障にとって必要である』『南西諸島への自衛隊配備を進めるべきだ』『米軍基地は沖縄の経済に役立っている』と答えている人たちほど『諦め度』が強いという傾向もみられることから、米軍や自衛隊の安全保障上の必要性を認めている人たちが沖縄の基地負担を積極的に受け入れ、米軍基地からもたらされる経済的効果を負担の代償のように受け取っているのかもしれません」との注意も残している（国際化と政治参加に関する研究プロジェクト2023）。

となると、補償型政治を終わらせるのはまだ時間がかかるかもしれない。

政府はこれまで基地受け入れと振興策のリンク（リンケージ）を表立って認めてはこなかったが、もはやそれを口にすることをはばからなくなった。1997年、当時の橋本龍太郎首相は、振興策は辺野古移設が前提かと問われ「二つの問題を一緒にされるのはとても悲しく聞こえる」と答えた。2015年、安倍内閣の沖縄担当相だった山口俊一氏も「膨大な国家予算、あるいは待遇と引き換えの米軍基地は論外だ」と明確にリンク論を批判していた。だが、2017年、当時の菅義偉官房長官は、沖縄振興の展望と基地問題との関係について、これらは「結果的にリンクする」と述べ、振興策には政府の基地政策への協力が条件との認識を示し、その後も沖縄振興と基地問題の「リンク」発言を繰り返している（琉球新報2020年9月4日）。

さらに、沖縄予算の「冷遇」で政府の方針に反対する声を押さえつける流れが予想される。2013年、当時の仲井真弘多知事が辺野古沖の埋め立て承認を表明し、安倍政権が「第5次沖縄振興計画（12～21年度）実施期間の沖縄振興予算を毎年3千億円台確保する」と閣議決定したが、22、23年度と計上された予算は2年連続でこれを下回った。沖縄振興予算には、地方交付税交付金のように基地負担とは関係のないものや、基地交付金のように基地負担の穴埋めとして当然受け取るべきものも含まれるため、総額で議論することは難しい。ただ、予算配分における国の関与を強める仕方で、沖縄県の自主性を弱める方向での動きが続いている。

政府は、2019年度の沖縄関係予算案に、沖縄振興一括交付金の補完を名目にした「沖縄振興特定事業推進費」を盛り込んだ。県が市町村への配分額を決める一括交付金と異なり、県を通さない新たな交付金として、国が市町村へ直接予算を配分するため、自治体が補償型政治に巻き込まれる恐れがある。実際、22年に県市長会は県町村会と連繋して、この推進費の増額を要請し予算増に繋がった「成功体験」を背景に、21年から県と3者で実施していた国庫要請を2本立てにし、推進費などの24年度の予算要請は独自に実施することとした。政権与党から支援を受ける首長の多い市長会からは、「辺野古の問題をはじめ、（国と県が）対立している訳だから同じテーブルで話をしてもうまくいかないんじゃないか、というのは自然な考え」などの声が聞こえてくる（琉球新報2020年11月7日）。

また、岸田政権は、南西シフトと密接に結びつく仕方で、自衛隊や海上保安庁が使用したい空港や港湾などの民間インフラを「特定重要拠点」に指定し、これに対する優先的な予算付けをする事業を準備している。自衛隊が円滑に利用できるとの条件は、実際には米軍の利用にもつながり、有事に標的となる危険をも意味しているが、経済活性化の観点から歓迎する自治体も出てきている。

それでも、補償型政治は終わるかもしれない。

市長選挙での連敗はあるものの、県知事選、参院選という全県選挙では、2013年から22年まで、すべて「辺野古反対」の候補が勝利を収めてきた。2018年の名護市長選挙で、新基地建設に反対する現職が3選を果たすことはできなかったが、当選した渡具地現市長も選挙戦で「新基地建設推進」を掲げていたわけではなく、「争点外し」の戦術を取らざるをえなかった。

本土との経済的な格差を意識しているにも拘わらず、県民世論は「県内移設反対」・「埋め立て承認反対」と、補償型政治が機能しているようには見えない。復帰50年の沖縄県民意識調査で、「沖縄と本土に格差があるか?」尋ねたところ約9割が「その通りだ」と回答したが、「格差の中で一番問題だと思うことは?」に対し、最も多い回答が「所得」の62％で、次が「基地問題」の23％だった（沖縄タイムス2022年5月12日）。半年後の別の世論調査ではあるが、米軍普天間飛行場の移設に伴う名護市辺野古の新基地建設について、「反対」との回答が64％を占め、「賛成」の21％を大きく上回る傾向は変わっていない。「賛成」が「反対」を上回ったのは、30代のみだが、それも53％に留まっていた。

県知事を3期務めた故・西銘順治氏の三男で、後に沖縄・北方担当相を務めることになった西銘恒三郎氏は、2022年度以降の沖縄振興について仲井真弘多元知事にこう話したという。「沖振法はもうない方がいいんじゃないでしょうか。他県と同じようにすることで苦労するかもしれないけど、『振興予算は一括で3千億円を』と政府に言うより、各省に散らばっても4、5千億円になるかもしれない。その代わり米軍基地の問題ではがんがん闘いますよ」（朝日2020年4月28日）。

沖縄振興法によって沖縄振興予算は様々な事業を連携させつつ全体像をつかむため内閣府に一括計上されているが、これまでの特別扱いを辞退する方が、知恵を出せばもっと政府の予算が取れるし、政府への負い目はなくなるから、米軍基地問題で「がんがん闘」えるというのだ。仲井真に「いや、まだだ」と反対され実現しなかったものの、また、その後西銘からこうした発言は聞かれていないものの、こうした考えは沖縄の自民党議員の中にも存在する。

沖縄振興と基地問題の「リンク」で、沖縄が得をしていると信じ込まされているだけかもしれない。実際にどうであろうと、沖縄側が信じていれば補償型政治は機能する。近年、振興予算に疑問を持つ若い地方議員の声も聞こえるようになってきた。持続する県民世論をバックに、知恵を働かせ、沖縄振興法に依存しない制度設計を進めることで、補償型政治を終わらせ、沖縄における人間の安全保障の実現に一歩近づくことができるのではないか。

4　おわりに　沖縄の人々の安全保障とエンパワーメント

沖縄対外問題研究会の提言「基地の島からの主張」は、「現状維持の選択肢しかないとわかりつつも、現状を維持するために緊張を増大させる措置が必要だとの判断を各国が実行に移した場合、エスカレーションのコントロールは、米中の当事者はもとより、台湾にもできないだろう。／だからこそ、火種である台湾海峡の周辺から、燃えやすい材料を取り除くことが不可欠だ」と、軍備削減による危機管理と紛争予防体制を構築する必要を訴え、日本政府にはそう呼びかける責務があると主張した。（対外問題研究会「提言」2023）

紛争予防のためには、「日本政府が民主的な議論をふまえて遂行しようとしている安全保障政策には、無謀な戦争を行なわないようなブレーキや制約が明確に存在しており、十分な予測可能性があるということを他国に示せなければならない」（遠藤2023）。「燃えやすい材料を取り除くこと」と同時に「燃えにくい材料を作り出すこと」も必要だろう。

筆者は、記者から「提言は『戦争をどう始めさせないかが喫緊の課題である』としているが、この点で県民が行動できることには、例えばどのようなものがあるか?」と尋ねられ、以下の4点を指摘した。これらは相まって、「燃えにくい材料を作り出すこと」に繋がると考えたからだ。

・「津梁の島を実現する」ために、国境を越えた対話を始める
・「政府の政策を変える」ために、政府や日本国民に沖縄の声を届け続ける
・「政府の言うがままにならない」ために、振興予算で手足を縛られている状態から抜け出す
・自分ができることは何なのかを考え、それを実行しようと努力する

だが、筆者がお節介な口をきくまでもなく、沖縄の人びとは既に「燃えにくい材料を作り出す」活動を始めていた。小倉（2009）は、２０００年の沖縄サミットへの対抗フォーラムの「呼びかけ文」に言及し、『民衆の安全保障』の考えと行動がすでに沖縄の民衆運動のなかに深く根ざしている」こと、つまり「民衆の安全保障は、政府主導の人間の安全保障への批判として提起されたものではあるが、その考え方は決して新しいものではなく、むしろ民衆運動のなかで繰り返し指摘されてきた論点を民衆の安全保障として整理しなおすことを通じて、恐怖と欠乏からの自由は政府主導の政策枠組みでは実現しえないということ」を提起した

という。以下は、「呼びかけ文」からの抜粋だ。

私たちは、基地と軍隊による「国家の安全保障」に根本的な疑問を抱くようになりました。国家の軍隊は人びとの安全を守るどころか、あまりにも多くの民衆を殺し、傷つけ、暴力によってその生活を破壊してきたからです。／私たちはそれにに対して「民衆の安全保障」の創造を追求します。それは、人びとが、自分たちの生活、仕事、環境、自由を守り、飢餓や差別に苦しまず、殺されたり傷つけられたりレイプされたりしない生身の平和と安全を、非軍事化をつうじて、自身の力で創りだしていくことを意味します（「民衆の安全保障」沖縄国際フォーラム 2000a）。

沖縄は、日本の安全保障のためと言われて米軍基地を過剰に負担し犠牲となっているばかりか、喧伝される「台湾有事」に備えて自衛隊基地が増強され、その基地や周辺の施設の日米共同利用が準備されることで更なる基地負担を余儀なくされている。そして、台湾海峡をめぐる危機が戦争に発展した場合には、真っ先に攻撃対象となり、戦場となる沖縄であり、15年戦争の末期に「本土の防波堤」となり多くの民間人の犠牲を出した沖縄である。「燃えにくい材料を作り出す」活動は、以下のように様々な仕方で、沖縄の人びとの「不安全」を取り除こうとする活動となっている。

まず、「津梁の島を実現する」ために、国境を越えた対話が始まっている。『台湾有事』を起こさせない・沖縄対話プロジェクト」は、台湾や大陸からゲストを招き、２０２３年2月から数回のシンポジウムを開いている。東アジア共同体研究所の「沖縄を平和のハブとする東アジア対話交流２０２３」も6月に開催された。県が自治体外交を通じてアジアなど地域間の交流を強化するために地域外交室を設けたことや市民団体が始めた対話プロジェクトなど、すぐに効果が現れる即効性の「行動」ではないが、こうした活動は「戦争回避の出発点」となるはずだ。

2000年の「民衆の安全保障」沖縄国際フォーラム自体もそうだが、すでに1990年代から沖縄の人びとの運動は、平和・人権・環境などの沖縄の問題を世界共通の課題と結びつけながら、各国の人びととの運動とのネットワークを広げつつあった。武者小路（2003）は、沖縄の人びとは「海洋民族として諸文明の間を行き来しながら、各自の長所・短所をよく理解し、また、長い年月にわたって、文明の接触面に生きぬいてきたことで、独特の感受性を持って、異なる文明の対立の中で対話を絶やさない知恵を身に付けてきた」と指摘している。

第二に、「政府の政策を変える」ために、政府や日本国民に沖縄の声を届け続ける活動は、辺野古のキャンプ・シュワブゲート前での抗議行動が3000日を超えていることを指摘するまでもなく、続けられている。選挙や県民投票で、集会やデモで、座り込みや「人間の鎖」で、「県民の声」を可視化する努力が続いている。「台湾有事」の掛け声で南西諸島の軍事化をなし崩し的に進める動きに対し、2023年4月、沖縄県議会は「沖縄を再び戦場にしないよう日本政府に対し対話と外交による平和構築の積極的な取組を求める意見書」を政府に提出した。6月、沖縄県の慰霊の日の沖縄県全戦没者追悼式で、玉城デニー知事は平和宣言の中で「二度と沖縄を戦場にしてはならない」との決意を語った。

「島々を戦場にしないで！沖縄を平和発信の場にしよう」とのスローガンを掲げた、2023年5月の平和集会では、「馬毛島および種子島、奄美大島、沖縄島、宮古島、石垣島、与那国島。軍事拡大に脅かされる島々の想いを一つに私たちはここに集い、平和への強い想いを込めて宣言します」との決意が示され、11月の県民平和大集会には1万人の参加者（主催者発表）が声を上げた。安全保障関連3文書で示された南西諸島への自衛隊配備強化について、1月の県民世論調査は、反対が54％と、賛成を25ポイント上回った。「反対」の理由としては「沖縄が他国の標的にされる」が6割に上り、人びとに「不安全」をもたらしていることがわかる（琉球新報2023年1月31日）。

「ドローンの時代に不要」（沖縄タイムス2023年9月4日）と言われ、軟弱地盤の存在が明らかになり「完成は早くても2037年」（毎日2023年11月7日）と言われ、「完成したとしても普天間を使い続けたい」（2023年11月10日）と言われる辺野古新基地の建設だが、政府は「辺野古移設が唯一の解決策」だと繰り返すばかりだ。合理的とは思えない工事を強行し続ける政府とこれに抗う沖縄との裁判闘争が続いている。※4 建設に反対する様々な運動の中で、沖縄戦で戦場となった地域の「遺骨混じりの土砂を使うな」という死者の人間の尊厳を訴える活動も注目される。

第三に、「政府の言うがままにならない」ために、振興予算で懐を握られ、手足を縛られている状態から抜け出すことも不可能ではないはずだ。県や自治体が住民のために様々な施策を実現したいからとの理由で、国との関係を良好に保っておきたいのは理解できるが、「国家の安全保障」政策が「人間の安全保障」を犠牲にして、住民が危険に晒されるとしたら、元も子もないのではないか。西銘衆院議員が仲井真元知事に提案したように、せめて、予算の一括計上はやめて、他の県と同じように頑張れば、今よりも「政府の言うがままにならない」ことはできる。それを沖縄の人々の自己決定権実現へのはじめの一歩とすることはできないだろうか（沖縄自治構想会議 2018）。

この点は、県や市町村が主役であり、役所で行政に携わっている人びとや市民社会の動きは目立たない。新基地反対の立場で名護市の市長を2期務めた稲嶺進元市長は、米軍再編交付金のような基地政策とリンクされた予算に代わる財源をいかに確保できるのか、「アンテナを高く持ち、国が持つメニューから最も条件のいいものを調べて引っ張ってくるように」と職員を育てることで実現してきたと振り返っている（稲嶺 2022）。職員のエンパワーメントが必要なのだ。

最後に、誰にでも、自分ができることは何なのかを考え、それを実行しようと努力することができるというのは、少し漠然としすぎている。ただ、「民衆の安全保障」沖縄国際フォーラム（2000b）の行動提起の一つには、「民衆の安全保障を、軍事、外交、政治などの領域ばかりでなく、家族関係、ジェンダー関係、社会運動、文化など日常生活の領域でも追求し、創造するため行動しなければなりません」とある。武者小路（2009）が指摘するように、人間の安全保障は、複雑に絡み合う政治経済・文化社会の諸要因に囲まれて生活する具体的な生活者としての「人間」の不安全に注目するため、沖縄の人びとの安全保障のための活動も多岐にわたるものになっている。

子どもの貧困に関わる市民の活動はそれを県政の課題へと押し上げた。１９９５年の米兵による少女暴行事件以降の市民の闘いを、武者小路（2000）は「ジェンダー安全保障への脅威をきっかけにした人権と人間安全保障のための市民運動」と性格づけた。安全な水へのアクセスを求めた市民は国連人権理事会にまでその声を届け、国際人権法研究会がそれを後押しした。沖縄へイトなどのヘイト・スピーチに反対する活動は県の条例制定へと繋がっていった。浦添西海岸埋め立て（米軍港新設）に反対する人たちはネット上で美しい海《イノー》の写真を共有している。そして、平和を希求する人びとの活動は、講演会、学習会、フィールドワークなどから、平和の礎の戦没者の名前の読み上げ（沖縄戦の記憶継承プロジェクト）まで様々な形をとっている。

「生活現場の『軍事化』をこそ問題にすべきだ」として、田仲（2022）は、「権力や国家によりそう精神風土の醸成がなし崩しに進んできた」、「社会全体をおおう霧のようにわたしたちの意識や無意識に忍びより、自己や他者に対する想像力を削いでいくような事態の到来に注目したい」と言い、「軍事化は、目に見えないかたちでわたしたちの日常を侵食していく。それに抗う道もしたがって、日常のなかで見つけるしかない」

と論じている。以上では言及さえできなかった様々な日常の中の活動がある。こうした沖縄の人びとの動きは、日常の中で遭遇してしまった不安全と闘うことで、「燃えにくい材料を作り出すこと」に繋がっている。

峯（2009）は、市井三郎（1971）の言葉を借りて、人間の安全保障とは、社会のなかで不均等に分配される「不条理な苦痛」、「各人の責任を問われる必要のないことから受ける苦痛」を減らすことをもって、人間の歴史の進歩と見なす運動である、との見方を示した。では、「不条理な苦痛」を減らすのは誰なのか。市井は「不条理な苦痛を軽減するためには、みずから創造的苦痛をえらびとり、その苦痛をわが身にひき受ける人間の存在が不可欠なのである」として、こうした人びとを「キー・パーソン」と呼んだ。社会の人権状況を改善するために活動する人を人権擁護者（Human Rights Defender）と呼ぶように、人間の安全保障の実現のために社会の不安全と闘う人びとを「キー・パーソン」と呼んでも良いのかもしれない。

沖縄における現在がそうであるように、「人間の安全保障」と「国家の安全保障」が矛盾する場合に、「人間の安全保障」概念が「抵抗の理念」でありうるとの大芝（2004）の主張にも留意したい。権利が、政府や法によって人々に与えられたものではなく、人々が闘い勝ち取ってきたものであるとすれば、人々の安全保障もまた、そうであることを免れ得ない。市井の言葉を借りるなら、本章で取り上げてきた様々な不安全に立ち向かう沖縄の「キー・パーソン」たちが、世界の他の場所でも通用する「人間の安全保障」概念を豊かにし、その内実を形作っている。※5

（2023年12月3日脱稿）

註

（1）2024年1月の台湾総統選で民進党の頼清徳氏が勝利したが、与党は立法院では過半数をとれなかった。

争点は、「独立か、統一か」であるよりは、格差・貧困などの経済政策であると訴えた第三勢力・民衆党が存在感を示した。「一つの中国」に反対する頼氏だが、独立ではなく現状維持を強調していた。

「一つの中国」を支持する国民党と、「将来の統一に反対しない」民衆党を合わせた得票率は6割に達したが、頼氏が新総統に就任した5月、中国人民解放軍は台湾周辺の空と海で軍事演習を実施し、国営メディアや外務省報道官は、頼氏が率いる民進党が「台湾独立という破滅的な道を突き進むなら、最終的には衝突・炎上するだろう」と警告を発した(BBC、2024年5月24日)。だが、もちろん、こうした事態の展開が中国軍の台湾軍事侵攻の可能性を高めているわけではない。(2024年7月24日追記)

(2)米国大統領選挙は、共和党のトランプ前大統領と民主党のカマラ・ハリス副大統領との対決の構図となった。トランプ氏が勝利した場合、貿易・経済政策における中国との対立が激化することはあっても、安全保障上の対決・競争が激化することは考えにくい。むしろ、台湾を犠牲にした「取引」にでる可能性すら聞こえてくる。一方、ハリス氏が大統領となった場合には、対中政策における「あいまい政策」が続くと考えられ、いずれにせよ、大統領選挙は米中関係の景色を変える不安定要因にはなるが、それが台湾をめぐる米中戦争の可能性を高めるわけではない。(2024年7月24日追記)

(3)嘉手納基地に勤務する米空軍兵が2023年12月に県内在住の16歳未満の少女に性的暴行をしたとして起訴された(2024年3月付)。その後、6月に報道されるまで、県警からも外務省からも、事件に関して沖縄県への情報提供がなかった。外務省は官邸には報告したものの、沖縄防衛局にも知らせていなかった。5月に別の事件で米海兵隊員による性暴力事件が発生していたことが分かったのも、それ以外に報道発表されていない事件が23年以来3件あったことが分かったのも、6月の報道の後だった。

県警や外務省は「被害者のプライバシー保護」を非公表の理由として挙げているが、事件に関わる報道から、身柄引き渡しや通報手続きなど、沖縄の人々の不安全に繋がる重要な事実が明らかになった。1997年に日米間で合意された通報手続きでは、米軍は沖縄防衛局に、在日米大使館は外務省に事件を伝達することになっているが、今回の事件では伝えていなかった。(琉球新報・沖縄タイムス　２０２４年7月11日)95年の少女暴行事件後に地位協定の運用改善として約束された凶悪犯罪に関する起訴前の容疑者の身柄引き渡しに関して、身柄拘束を求める沖縄県警に対し、警察庁や外務省はこの間、日米関係に配慮して難色を示してきた(沖縄タイムス　２０２４年7月18日)。

２０２４年4月の日米共同声明は「日米同盟は前例のない高みに到達した」と強固な同盟関係を謳い上げたが、この間の経緯は、日米両国の国家の安全保障が沖縄の人々の安全保障を犠牲にしていることを浮き彫りにした。(２０２４年7月24日追記)

(4)２０２３年12月、辺野古新基地建設を巡る代執行訴訟で福岡高裁は、実質的な審理をすることなく、県知事に対して設計変更の承認を命じた。憲法の保障する地方自治を根底から覆す判決に、県はこれを不服として最高裁に上告したが、24年2月、最高裁はこれを不受理とし、高裁判決が確定した。

一方、２０１９年に国交相が県の埋め立て承認撤回を取り消した裁決は違法だとして、周辺住民が裁決の取り消しを求めた訴えに対し、22年4月の那覇地裁判決は、国交相の裁決の違法性をめぐる判断には踏み込むことなく、住民らに訴訟を起こす資格がないとして、これを門前払いした。だが、24年5月の控訴審判決は原告適格を認め、一審判決を破棄して地裁に差し戻すと言い渡した。福岡高裁は「国交相の裁決が違法か否か実体判断をすべきとの判断を示した」と言える(産経　２０２４年5月15日)。(２０２４年7月24日追記)

(5)星野(2018a、2018b、2021、2023)の一部を再構成し、加筆・修正した。

〈参考文献〉

新崎盛暉、我部政明、桜井国俊、佐藤学、星野英一、松元剛、宮里政玄(2011)「脱『沖縄依存』の安全保障へ」『世界』２０１１年11月号。
市井三郎(1971)『歴史にとって進歩とは何か』岩波書店。
稲嶺進(2022)「インタビュー　名護市長選挙後、名護市政をどう考えるか/どうなっているのか」『けーし風』116号。

伊波洋一（2023）『戦場にさせない――沖縄からの「台湾有事」』立憲フォーラムブックレット。

遠藤誠治（2015）「軍事優先の安全保障政策の不毛：『抑止力の強化』で低下する日本の安全」樋口陽一・山口二郎編『安倍流改憲にＮＯを！』岩波書店。

遠藤誠治（2023）「『台湾有事』言説の問題点」『世界』２０２３年９月号
大芝亮（2004）「国際機構と人間の安全保障」高柳、アレキサンダー編『グローバル時代の平和学　4　私たちの平和をつくる』法律文化社。

沖縄県　知事公室基地対策課（2023）『沖縄の米軍および自衛隊基地（統計資料集）』令和5年10月。

沖縄自治構想会議（2018）「沖縄エンパワーメント――沖縄振興と自治の新たな構想――」。https://www.jichiken.org/main/info/file/00751.pdf
沖縄対外問題研究会（2023）「『沖縄返還』50年を超えて：基地の島からの主張」『世界』2月号。

小倉利丸（2009）「第13章　社会運動と人間の安全保障」武者小路公秀編『人間の安全保障』ミネルヴァ書房。

外務省（2014）「日米共同声明：アジア太平洋及びこれを越えた地域の未来を形作る日本と米国」平成26年4月25日。

カルダー、ケント・E（2008）『米軍再編の政治学』日本経済新聞出版社。

ＱＡＢ（琉球朝日放送）（2023a）「沖縄と自衛隊（２）反撃能力を有するミサイルの県内配備」２０２３年２月28日。

ＱＡＢ（琉球朝日放送）（2023b）「沖縄と自衛隊（７）宮古島と弾薬庫 住民犠牲の事故も」２０２３年４月26日。

栗栖薫子（1998）「人間の安全保障」『国際政治』第117号。

国際化と政治参加に関する研究プロジェクト（2023）「政治参加と沖縄に関する世論調査」調査報告書（速報版）。

田仲康博（2022）「軍事化される沖縄の日常　『復帰50年』を問い直す」『世界』２０２２年５月号。

統合幕僚監部防衛計画部（2012）『日米の「動的防衛協力」について』平成24年7月。http://www.kokuta-keiji.jp/wp-content/uploads/2018/04/kokutagennponn.pdf
土佐弘之（2001）「『人間の安全保障』という逆説」『現代思想』第29巻第7号。

豊下楢彦（2023）「『台湾有事』狂想曲」２０２３年2月23日（木）琉球新報〈寄稿〉「台湾有事」狂想曲／豊下楢彦／戦争回避望む国多く／独自外交 県の「専管事項」。

内閣府沖縄総合事務局『沖縄振興計画』『沖縄振興開発計画』。https://www.ogb.go.jp/soumu/3702/index.html
長元朝浩（2000）「われわれの『希望』はどこにあるか」『季刊アソシエ』第2号。

人間の安全保障委員会（2003）『安全保障の今日的課題』朝日新聞社。

初瀬龍平（2011a）「『人間の安全保障』論と人々の安全」『国際関係論』法律文化社。

初瀬龍平（2011b）『国際関係論：日常性で考える』法律文化社。

米国大使館（2014）「オバマ大統領と安倍首相の日米首脳会談後の共同記者会見」２０１４年4月24日、東京・赤坂迎賓館。http://japanese.japan.usembassy.gov/j/p/tpj-20140522a.html
防衛省（2012）「大臣会見概要」平成24年12月25日。http://www.mod.go.jp/j/press/kisha/2012/12/25.html
星野英一（2009）『基地のない沖縄』の国際環境」宮里政玄・新崎盛暉・我部政明編『沖縄「自立」への道を求めて』高文研。

星野英一（2018a）「国家の安全保障と平和」星野英一他著『沖縄平和論のアジェンダ　怒りを力にする視座と方法』法律文化社。

星野英一（2018b）「人間の安全保障と平和」星野英一他著『沖縄平和論のアジェンダ　怒りを力にする視座と方法』法律文化社。

星野英一（2021）「沖縄から世界を問う」『越境広場』9号。

星野英一（2023）「解説　沖縄対外問題研究会の『提言』について」『けーし風』117号。

前泊博盛（2009）「『基地依存』の実態と脱却の可能性」宮里政玄、新崎盛暉、我部政明編著『沖縄「自立」への道を求めて』高文研。

前田哲男（2023）「安保三文書を読み解く：臨戦態勢化する日米安保」『世界』3月号。

峯陽一（2009）「第2章　人間の安全保障と開発――地平線の広がり」武者小路公秀編『人間の安全保障』ミネルヴァ書房。

「民衆の安全保障」沖縄国際フォーラム（2000a）『『民衆の安全保障』沖縄国際フォーラムを成功させよう！――沖縄の

米軍基地を撤去し、アジアと世界の平和を民衆の力で創造していくために」。
「民衆の安全保障」沖縄国際フォーラム（2000b）「〈民衆の安全保障〉沖縄国際フォーラム宣言――アジア太平洋地域の民衆の安全保障にむけて」２０００年7月1日。
武者小路公秀（2000）「グローバル覇権状況下の沖縄――反覇権歴史ブロックの中核として」『季刊アソシエ』第2号。
武者小路公秀他（2002）「『人間安全保障』についての公開書簡」『世界』２００2年5月号。
武者小路公秀（2003）『人間安全保障論序説――グローバル・ファシズムに抗して』国際書院。
武者小路公秀（2009）「序章　羅針盤としての『人間の安全保障』」武者小路公秀編『人間の安全保障』ミネルヴァ書房。
山本章子（2022）「（沖縄季評）「安全保障」下の日常　空も水も、ほど遠い平穏」『朝日新聞』２０２2年2月3日。
Buzan, Barry (1983) *People, States, and Fear.* Boulder: Lynne Rienner.
Campbell, Kurt M. and Rush Doshi (2020) The China Challenge Can Help America Avert Decline: Competition could be the key to U.S. renewal. *Foreign Affairs*, December 3, 2020.
Cancian, Mark F., Matthew Cancian, and Eric Heginbotham（2023）*The First Battle of the Next War: Wargaming a Chinese Invasion of Taiwan.* Center for Strategic and International Studies.
Diene, Doudou（2006）Racism, Racial Discrimination, Xenophobia and All Forms of Discrimination, Report of the Special Rapporteur on　Contemporary Forms of Racism, Racial Discrimination, Xenophobia and Related Intolerance, Addendum, Mission to Japan. UN Doc. E/CN.4/2006/16/Add.2
Eurasia Group（2022）*Top Risks 2023.* https://www.eurasiagroup.net/files/upload/EurasiaGroup_TopRisks2023.pdf
Gordon, Susan M. and Michael G. Mullen（2023）*U.S.-Taiwan Relations in a New Era: Responding to a More Assertive* China. Council on Foreign Relations.
UNDP.（1994）*Human Development Report 1994: New Dimensions of Human Security.* Oxford University Press.

7章 東アジアにおける琉球独立

韓国の「平和線」をヒントにして

松島泰勝

1 米国も条約により琉球国を国家として認知

2015年2月、私は琉球民族独立総合研究学会の共同代表として日本政府外務省沖縄事務所に行き、「琉球併合は国際法違反であることを認め、謝罪すること」、「米国、フランス、オランダと締結した修好条約の原本の返還」を求めた。さらに「琉球国が独立国であることを認めるかどうか」と質問をしたところ、日本政府は「日清両属の状態にあり、独立国とは言えない」と回答した。しかし琉球国は1609年に江戸幕府の了解を得た薩摩藩に侵略され、その後、経済的に搾取されたのであり、日本に帰属したことはない。琉球国が日本国や清国の双方に属していたとする「両属論」は日本による琉球侵略と搾取を隠蔽する、侵略者側から生み出された言葉であり、帝国主義的な政治概念である。琉球国は1879年まで明朝、清朝に帰属する「藩属国」であり、中国型華夷秩序の中の朝貢冊封体制を通じて、海洋島嶼国家として存在していた。
米政府は琉球国、琉球併合をどのように認識しているのだろうか。米国務省の歴史事務所（U.S.Department of State Office of the Historian）はそのホームページで次のような見解を示している。※1

「(要約）Lew Chew（しばしばLoochooとも呼ばれ、より一般的にはRyukyuとして知られている）は、アジア沿岸沿いの太平洋上にある島々である。今日では「沖縄」として知られており、現代の日本を構成する島嶼群の一つである。しかし、19世紀の半ばにおいて、Lew Chewは独立した王国であり、日本とアジア諸国との間で貿易活動を行なっていた。

マシュー・ペリー米提督が１８５４年7月11日に、Lew Chewと条約（treaty）を締結した。他の欧州諸国も同様な貿易上の合意を結んだが、それはLew Chewの北方にある日本からの脅威を高める結果になった。１８７４年の終りから、明治の日本帝国は琉球をより深く併合（incorporate）し始めた。１８７５年に日本は琉球に駐屯部隊をおいた。１８７９年に日本政府は琉球を併合し（annexed）、琉球王国を廃絶させ、日本列島のなかの南の辺境として位置付けた。１８８２年までに中国は日本によるLew Chewに対する支配を既成事実として認めた」

「(認知）アメリカと琉球との最初の公式的な相互承認は、１８５４年7月11日にマシュー・ペリー米提督が署名した条約（treaty）によってなされた」

「(外交関係）米国と琉球王国は、外交関係を樹立することはなかった」

「(１８５4Compact）この条約（treaty）によって、琉球を訪問する全ての米市民にたいする優遇と友好や、琉球の沿岸で座礁した米国船にたいする救援が保障されることになった」

「(日本との潜在的な利害の対立）琉球と締結した米国の条約によって発生した問題の一つは、日本政府が琉球への支配をさらに強化し、諸外国政府の琉球に関する諸事務は日本政府の外務省を通じて行うことを主張し始めたことである。このような命令にたいするアメリカの立場は、島々の独立は係争問題になっており、関係諸国と結んだ条約条項に明記された諸権利が破られない限り、アメリカはこの問題に介入しないというものであった。しかし、この問題は、1879年に日本がLew Chewを直接的に併合(take over)し、日本の一部にしたときに、存在しなくなった」

米政府は琉球国を国として認め、日本に併合されたことを歴史的事実としている。米政府は、琉球国と結んだ修好条約で定められた諸権利が日帝の琉球支配によって失われることで日米間の「利害の対立」が引き起こされうると認識していた。琉米修好条約は1855年に米議会が批准し、同日に大統領によって公布された。米政府は、琉球国を独立国家として認知し、条約(treaty または compact)を締結、批准していた。日本の琉球併合により、具体的な外交関係を持つことがなかった。

同条約の中で特質されるべきことは、米国人に対する琉球国側の逮捕権を主張し、それを条約上に明記させたことである。「ボード事件」を踏まえてのことであった。1854年5月に、ペリー提督とともに琉球にやってきた船員の中にウィリアム・ボードという人物がいた。彼は船を抜け出し、人家に押し入り琉球人女性をレイプした。それを知った琉球人たちが石を投げて、逃走するボードを追いかけたが、ボードは海中に転落して死亡した。ペリー提督がボードを追跡した6人の処罰を求めたため、王府は自らで裁判をし、6人を宮古・八重山諸島に「島流し」の刑に処した。しかし実際は、裁判の席にいた琉球人は替え玉であり、主犯とされた女性は八重山諸島に流されず、沖縄島内で90日間の寺入り処分で終わった。つまり琉球国は領事裁判権を行使したのである。

琉球併合後、米政府は同条約の効力について日帝に問い合わせたところ、「条約を引き継ぐ」と回答した。

琉米修好条約の効力を日本政府も認めていた。

琉球国は琉球人の生命、財産を守るために逮捕権を琉米修好条約に書き込ませた。琉球国はこのような近代的な条約を結ぶ外交能力を培っていた。琉球国が近代国民国家に発展する直前に、日帝が琉球国に侵略し、併合して、その可能性を奪った。

1872年に日本政府は琉球国を「琉球藩」とし、琉球国王を「藩王」に冊封したと主張している。しかしその後、琉球国王は自ら「藩王」として名乗り、天皇（日王）に「進貢使」を送り、その服属の意を示すことはなかった。1879年の日本国による琉球国への侵略、併合過程において条約、協定等は締結されておらず、その後の「沖縄県」という政治的地位も法的根拠を欠いていた。

1895年に清国と日本との間で締結された「日清講和条約（馬関条約）」は第1条で「清国による朝鮮国の独立の確認」が定められ、第2条で「台湾等の割譲」が記載されているが、「台湾等」の中に「琉球」は含まれていない。[※2]

「両属論」は虚偽であり、琉球併合、戦後の米軍統治は国際法違反である。「カイロ宣言」には「日本国は、また、暴力及び貪欲により日本国が略取した他のすべての地域から駆逐される」[※3]と書かれている。1879年に日本政府は琉球を「暴力及び貪欲により略取」したのであり、琉球から日本は駆逐されなければならない。

日本はこれまで、1609年と1879年の2回、琉球を侵略し、植民地支配をおこなってきた。他方、中国は琉球国を侵略し、内政干渉をすることなく、明朝以来、文化的影響、経済的な利益を与え、友好関係が続いてきた。近年、日本政府は、「台湾有事」、「離島防衛」を掲げて自衛隊（日本軍）の軍事基地を琉球諸島に設置し、沖縄島名護市辺野古に新たな米軍基地を建設している。本来、中国と琉球は友好的であり、交流の歴史も長いが、日本政府は「中国脅威論」により互いを対立させ、琉球で新たな「沖縄戦」を起こそうと目論んでいる。

2 国際法違反の米国による戦後琉球統治

戦後、米政府は「極東の安全のため」と称して琉球の軍事基地機能を強化し、自国の軍事植民地にした。それは国際法違反の国家行為であった。英国のチャーチル首相と米国のルーズベルト大統領が定めた「大西洋憲章」には次のような記載がある。「第一に、両者の国は、領土的たるとその他たるとを問わず、いかなる拡大も求めない。第二に、両者は、関係人民の自由に表明する願望に合致しない領土的変更を欲しない。第三に、両者は、すべての人民に対して、彼らがその下で生活する政体を選択する権利を尊重する。両者は、主権及び自治を強奪された者にそれらが回復されることを希望する。[※4]」

戦後、米国は「大西洋憲章」に反し、琉球を軍事植民地にして「領土の拡大」を行なった。米国民政府は琉球における反植民地運動を弾圧しており、「関係人民の自由に表明する願望に合致しない領土的変更を欲しない」にも違反している。

次のような「対日平和条約」第3条に基づき米国が琉球を統治することになった。「日本国は、北緯二九度以南の南西諸島（琉球諸島及び大東諸島を含む。）孀婦岩の南の南方諸島（小笠原群島、西之島及び火山列島を含む。）並びに沖の鳥島及び南鳥島を合衆国を唯一の施政権者とする信託統治制度の下に置くこととする国際連合に対する合衆国のいかなる提案にも同意する。このような提案が行われ且つ可決されるまで、合衆国は、領水を含むこれらの諸島の領域及び住民に対して、行政、立法及び司法上の権力の全部及び一部を行使する権利を有するものとする。[※5]」

琉球に軍事基地を建設し、軍事訓練を行うには、本来ならミクロネシア諸島のように琉球を「国連戦略的信託統治領」にしなければならなかった。同3条において、米政府は信託統治制度に移行するまで琉球における「行政、立法及び司法上の権力の全部及び一部を行使する権利」を有すると記載されているが、「軍事権」の行使については明記されていない。つまり、国際法に基づかず違法に米国は琉球に基地を建設し、原子力兵器を含む膨大な武器や爆弾を貯蔵し、地上・海上・空域で軍事訓練を行なったのである。米政府のダレス特使が、日本政府は琉球に対する「潜在主権」を有すると発言したが、同3条やその他の条約文書にはそれに関する記述が存在しない。つまり、戦後琉球の主権に関する国際法上の規定はなく、1879年の琉球併合により琉球民族から主権が奪われた状態が戦後、そして現在も続いているのである。

1955年12月26日、台湾の立法院において「現在米国の軍事占領下に置かれている沖縄は国連の信託統治下に置き、将来の独立を保証すべきである旨の決議案」が共同提案された。[※6] 戦後、蔣介石は、琉球民族の蔡璋（喜友名嗣正）らによる琉球独立運動を支援していた。[※7] 台湾の立法院議員は、独立の前段階として琉球の信託統治領化を求めていたが、米政府は信託統治領への移行を進めようとせず、軍事占領という植民地支配を継続させた。

3　未だに法的地位が確定していない琉球

「ポツダム宣言」には「カイロ宣言の条項は、履行せらるべく、又日本国の主権は、本州、北海道、九州及四国並に吾等の決定する諸小島に局限せらるべし[※8]」と記載されている。琉球は「吾等の決定する諸小島」には含まれない。「対日平和条約」草案を作成した英国も「諸小島」とは「本州、北海道、九州及び四国」

の近隣にある島嶼であると認識していた。※9

日本は「ポツダム宣言」の受諾をもって帝国主義戦争を終結する機会を得ることができた。しかし、未だに琉球を植民地支配している日本は、上記の国際法に違反している。また同法には琉球が日本領であると明記されていない。

琉球の法的地位は1879年以降、現在に至るまで未確定のままである。琉球併合は軍事侵略でしかなく、日本国と琉球国との間には琉球併合に関する協定なども存在しない。それは日本軍国主義の発動であり、「対日平和条約」のように、本来なら利害関係国を含む多国間で「対日講和条約」を結ばなければならない。日本とは国や民族が異なる琉球国に対する侵略・併合問題は、日本の国内問題ではなく、国際的な問題である。同じく日本帝国に侵略・併合された大韓帝国は、戦後、韓国、朝鮮民主主義人民共和国として独立した。しかし琉球はいまだに植民地のままである。

米国は、「対日平和条約」第3条に基づいて琉球を信託統治領にして、国連信託統治理事会の監督下に置くべきだったが、1971年まで違法に琉球を軍事占領し続けた。米国は、琉球を国連信託統治理事会の監視が及ばない状態にすることにより、様々な軍事活動を何らの制約を受けずに実施することができた。米国による軍事独裁体制を日本政府も利用した。内灘闘争、砂川闘争等、日本国内における米軍基地反対運動に手を焼いていた日本政府は1950年代、在日米軍基地を琉球に移動させた。日本大手建設会社は基地建設のために琉球に進出し、貴重な外貨であったドルを獲得した。さらに日本政府は琉球に米軍基地を集中させることで軍事費の大きな負担を免れ、経済成長を実現することも可能になった。

戦後、国連の戦略的信託統治領になったミクロネシア諸島は、住民投票により自らの地位を決定することができたが、琉球はそのような機会が奪われた。信託統治国であった米国は、当初、ミクロネシア諸島全体をまとめて「ミクロネシア連邦」として独立するよう促した。しかし、マーシャル諸島、パラオとも独自に住民投票を実施し、自らの国を樹立した。戦後、琉球では独立を掲げる様々な政党が形成されたことを考えると、もし琉球が信託統治領になっていたら、国連や非同盟諸国首脳会議等の支援を受けて平和的に独立していた可能性が大きい。[※10]

東アジアで朝鮮戦争が勃発し、東西冷戦が厳しくなるなか、米国は自らを「施政権者」として琉球を軍事的に利用するために「戦略的信託統治領」にすることを目指して、「対日平和条約」第3条を策定した。「国連憲章」第83条には次のような記載がある。「〔戦略地区に関する安全保障理事会の任務〕1戦略地区に関する国際連合のすべての任務は、信託統治協定の条項及びその変更又は改正の承認を含めて、安全保障理事会が行う。2第76条に掲げる基本目的は、各戦略地区の人民に適用する。[※11]」つまり、本来なら琉球の法的地位の決定は、国連安全保障理事会において協議しなければならなかったのである。

「国連憲章」第76条は次のように記載されている。「〔基本目的〕信託統治制度の基本目的は、この憲章の第1条に掲げる国際連合の目的に従って、次のとおりとする。a国際の平和及び安全を増進すること。b信託統治地域の住民の政治的、経済的、社会的及び教育的進歩を促進すること。各地域及びその人民の特殊事情並びに関係人民が自由に表明する願望に適合するように、且つ、各信託統治協定の条項が規定するところに従って、自治又は独立に向かっての住民の漸進的発達を促進すること。c人種、性、言語又は宗教による差別なくすべての者のために人権及び基本的自由を尊重するように奨励し、且つ、世界の人民の相互依存の認識を助長すること。d前期の目的の達成を妨げることなく、且つ、第80条の規定を留保して、すべての国際連合加盟国及びその国民のために社会的、経済的及び商業的事項について平等の待遇を確保し、又、その国民のために司法上で平等の待遇を確保すること。[※12]」

米軍統治は「対日平和条約」に基づいて、琉球を信託統治領にすることを国際的に約束して実施された。そうであれば信託統治制度の基本目的に沿って統治を行い、琉球の信託統治領への移行を早期に実施する国際的な義務があった。

中国は、米国以上に長く日本帝国と戦い、人的、物的被害も甚大となったが、「対日平和会議」に招かれず、その協議過程に参加することが拒否された。本来なら、琉球国と500年以上朝貢冊封関係を有していた中国を交えて、戦後の琉球の法的地位を決めるべきであった。琉球併合の際も王府役人が清国に亡命して「琉球救国運動」を展開したように、中国は宗主国として琉球の地位回復のために期待されていた。戦後、アジアに誕生した共産主義国との戦いを米国側にとって有利に進めるための多国間枠組みを作ることを目的にして、「対日平和条約」の内容が決定されたと考えることができる。

「琉球諸島及び大東諸島に関する日本国とアメリカ合衆国との間の協定」は、一般的に日本において「沖縄返還協定」と呼称されている。しかし、この名称は誤訳である。本来、琉球は日本の領土ではなく、日本に返還されるべき地域ではない。同協定の英文の正式名称にも「返還」という言葉は含まれていない。「沖縄返還協定」という名称は事実誤認を与えるため、使用すべきではない。本論では「琉球に関する日米協定」と略したい。同協定の第1条、第3条には下記のような記載がある。

「第一条〔施政権の返還〕1　アメリカ合衆国は、二に定義する琉球諸島及び大東諸島に関し、一九五一年九月八日にサン・フランシスコ市で署名された日本国との平和条約第三条の規定に基づくすべての権利及び利益を、この協定の効力発生の日から日本国のために放棄する。日本国は、同日に、これらの諸島の領域及び住民に対する行政、立法及び司法上のすべての権力を行使するための完全な権能及び責任を引き受ける。[※13]」

同協定のどの箇所にも琉球の「主権」に関する規定が存在しない。米国は「平和条約第三条の規定に基づくすべての権利及び利益を、この協定の効力発生の日から日本国のために放棄する」と記載されているが、米国単独で放棄することはできない。「対日平和条約」は多国間の協議、署名によって定められたのであり、その内容の変更についても多国間による協議が当然必要になってくる。琉球の法的地位は、日米という琉球を植民地支配している国によってではなく、「カイロ宣言」、「ポツダム宣言」、「国連憲章」に基づいて、国連総会、国連安保理等の多国間協議の場において定めるべきである。「復帰」後の地位とされた「沖縄県」は国際法上の根拠に基づいておらず、現在も琉球の法的地位は未定のままなのである。

「第三条〔基地の提供〕 1 日本国は、一九六〇年一月一九日にワシントンで署名された日本国とアメリカ合衆国との間の相互協力及び安全保障条約及びこれに関連する取極に従い、この協定の効力発生の日に、アメリカ合衆国に対し琉球諸島及び大東諸島における施設及び区域の使用を許す。[※14]」

日本国は琉球に対する主権（領有権）を有しておらず、よって米国に対して「施設及び区域の使用を許す」権限も持っていない。

日米両政府だけで決めた「琉球に関する日米協定」には、琉球の地位を確定する法的根拠が存在しない。本来、琉球の法的地位は500年以上琉球国と朝貢冊封関係をもつ、宗主国であった中国、また琉球国と外交・交易関係を有したアジア諸国を含む国連加盟国との協議により決定されるべきである。中国は清朝時代から今日まで、日本による琉球国に対する侵略、併合を認めていない。「カイロ会談」においてルーズベルト米大統領は蒋介石に対して、戦後の中国による琉球の信託統治を提案した。それに対して蒋介石は中米共同統治を提示した。中米両国とも琉球が日本の領土ではないと認識していた。「対日平和会議」では中国を排除した形で、琉球は将来、米国による信託統治領になることが決定された。

琉球は日米間の取引材料として利用されたのである。「国連憲章」に基づいてその法的地位が確定されたのではなく、「沖縄県」という現在の地位は無効であると考えることができる。

「琉球に関する日米協定」は、琉球が将来、信託統治領になるという「対日平和条約」第3条の履行を妨害している。また同条約の他の締約国による協議、つまり「対日平和条約」を締結した「多国間処理メカニズム」を無視し、琉球の植民地支配国である日米両国だけで話し合い、日米両軍の軍事基地を琉球に押し付ける態勢を作った。戦後、不法に琉球統治をした米国と、琉球併合をして植民地支配した日本が、琉球の法的地位を決める権限を持っていないことは言うまでもない。琉球民族の自己決定権によってのみ琉球の脱植民地化は可能となる。その発動には「時効」はなく、主権を回復するまで何度でも行使することが可能である。

4　琉球と韓国との比較関係史

太平洋戦争で敗戦した日本は自国の植民地である琉球を米国に差し出し、琉球は米国の軍事植民地になった。1950年台初頭には朝鮮戦争のための軍事拠点として琉球が位置付けられた。その後、朝鮮戦争の停戦、サンフランシスコ講和条約の締結により、1950年代半ばから在日米軍基地が縮小され、在琉球米軍基地が拡大された。韓国と琉球との軍事的なリンケージが東アジアにおける米軍戦略内で形成された。極東軍司令部の解消と国連軍司令部の韓国移動の理由は、日本の軍事的価値が低くなったこと、および李承晩大統領に対する政府的ジェスチュアであるとされた。1956年度に約1万1千名の日本からの米軍の撤退が決まり、九州に駐屯していた米第三海兵隊の琉球移駐も時期の問題となっていた。日本の軍事的価値の80％は日本が共産主義国側に移っては困るという消極的なものであり、残り20％が補給基地としての価値しかないとされていた。国連軍を韓国に移すことは李大統領が1954年から要求していたことであった。1955年7月、神奈川県座間にあった米第八軍司令部を韓国に戻したが、国連軍司令部の移動も李大統領の要求に沿ったものであった。[※15]

1958年11月、李大統領が琉球に一時滞在し、琉球についてコメントをしたことがあった。李大統領が搭乗した飛行機がエンジン故障を起こし、那覇空港米軍滑走路に緊急着陸した。「日本復帰についてどう思うか」という記者からの質問に対して、李大統領は次のように答えた。「四十年という長い間、わが国は異国民の支配下にあった。このことは私の生涯でもっともいみきらったもので、一つの国家が他の異った民族の支配下において統治されることをきらうのはきわめて自然なことである。[※16]」

琉球は韓国と同じく、もともと独立国であったが、異民族である日本民族の国、日本国により併合され植民地になった。李大統領はハワイ、米本土を中心にして長期間にわたり、韓国独立運動を戦い、大韓民国臨時政府の大統領そして、戦後、韓国初代大統領に就任した。[※17]

自らの独立運動を踏まえて、琉球民族も日本民族の支配から脱する運動の形成を期待したと考えられるようなコメントである。当時の「日本復帰」運動は、戦前の日琉同祖論に基づく同化主義の影響を強く受けていた。日帝の植民地支配時代において「日鮮同祖論」という仮説に基づいて朝鮮人の同化教育が実施されていたが、独立によりこの仮説が虚偽であったことが明白になり、打ち捨てられた。しかし、日本の植民地である琉球では未だに「日琉同祖論」が植民地支配のためのツールとして大きな影響力を持ったままである。

戦後、李大統領は琉球独立を積極的に推し進めようとしていた。1954年6月、琉球人の独立運動家、蔡璋（喜友名嗣正）が李大統領と会見した際に、李大統領は琉球独立運動を支援する意志を示した。1956年6月、李大統領が琉球の日本「復帰」に公式に反対したことに関して、翌年1月、蔡は李大統領に感謝の書簡を送付した。1957年1月、韓国政府は米政府に対して琉球の日本「復帰」に反対し、「沖縄返還を求める日本帝国主義を挫折させるために積極的に行動をとれ」と要求する声明文を発表した。そして李大統領は国務会議において、政府の広報室に対し様々な手段を使って琉球独立を宣伝するよう命じた。同年11月の国務会議において李大統領は、琉球独立を米政府に勧告するための研究を開始するよう外務部と国防部に指示した。李大統領は1958年4月、崔徳新・駐南ベトナム韓国大使に対して琉球での現地調査を命じた。そして1959年、琉球を統治する米国民政府を代表するブース高等弁務官に対して李大統領は琉球独立を主張する書簡を送付した。李大統領が琉球独立を支持した理由は、韓国と琉球がともに日本により併合され、植民地になったという歴史上の共通性と、琉球の脱植民地化への期待があったのではないかと考える。※18

琉球と韓国には次のような歴史的、文化的な共通性が見られる。朝鮮王朝と琉球王国はともに、明朝と朝貢冊封関係を結び、同じ「朝貢国」同士で交易を行い、外交関係を結び、互いに漂流者の送致、文化交流などをした。1467年、朝鮮王朝第7代国王・世祖より琉球国王・尚徳王に「高麗版大蔵経」が贈与された。1502年、尚真王は首里城側に円鑑池を掘らせ、中島の上に堂を作り、同経を納めさせた。しかし、1609年の薩摩軍による琉球国侵略の際、堂は破壊され、大蔵経も散逸した。また、1477年に済州島の人々が与那国島に漂着したが、琉球の島々で琉球人と交流しながら故郷に送還されるまでの記録が『朝鮮王朝実録』に記されている。それは当時の琉球国の生活を知る唯一の歴史資料として重視されている。

1592年、豊臣秀吉により琉球国の支配を約束された亀井茲矩が李舜臣将軍の副将・李夢亀と戦い、敗れた。その後、李将軍は、秀吉が亀井に与えた「亀井琉球守殿」と書かれた扇子を手に入れた。李将軍は朝鮮王朝の独立を守ったとともに、秀吉軍による琉球国侵略をも防いでくれたと言える。

1879年、日帝は軍隊や警察を首里城に派遣し、琉球国を併合し、尚泰王を東京に拉致した。日帝の植民地になった琉球民族は「日琉同祖論」、韓国民族は「日鮮同祖論」により同化と差別の対象になった。戦前、関西地域の食堂やアパートには「朝鮮人、琉球人お断り」の看板が掲示された。1903年大阪天王寺で開催された学術人類館において、琉球人や朝鮮人は、アイヌ民族、台湾原住民とともに生きた人間がそのまま見世物にされた。現在、日本国土面積の0・6％の沖縄県に在日米軍専用基地の70％が押しつけられるという、日帝による琉球民族差別は今も続いている。2019年に実施された県民投票で70％以上の住民が辺野古米軍基地建設に反対したが、日本政府は琉球の民意を無視し、現在も建設が強行されている。日本国内において在日韓国人、在日朝鮮人に対するヘイトスピーチは以前から深刻化していたが、今、琉球人に対するヘイトスピーチが増加している。2023年9月22日、大阪高等裁判所において出された琉球民族遺骨返還請求訴訟判決において、日本の国家機関において初めて、琉球民族が先住民族であること、日帝による琉球植民地支配の歴史が事実認定され、先住民族遺骨の故郷への返還を世界的潮流と認めた。

1952年、李大統領は、「隣接海洋に対する主権宣言」を発表して自国周辺に「平和線（李承晩ライン）」と呼ばれる「排他的経済水域」を設定し、密漁船を厳しく取り締まり、自国の経済主権を確立することができた。しかし、植民地・琉球は従属経済構造が米帝、日帝により固定化された。1953年秋ごろから、南九州の漁船7隻が奄美群島の臥蛇島西方や台湾の東方で操業し、10月中旬からは久米島の西方120浬の沖合に移動した。九州その他の漁船が新漁場の発見に血眼となり、南西諸島海域、台湾、更に南方海域において漁業調査を行った。久米島近海の鯖ハネ釣りもその一つであった。『沖縄タイムス』社説に次のような主張が掲載された。「李ラインからの水揚げ年間七十億円の大穴をどこかで埋め合わさなければ九州、四国、静岡などの漁業者は窮境に沈りんする外はない。それで新しい漁場の開拓に躍起となり、そのシワが琉球海域によせてくるのは自然の勢であろう。（略）李承晩を真似て琉球ラインを設けるなど出来る話ではない。[※19]」米国の軍事植民地となった琉球は、自己決定権を行使して「琉球ライン」を引き、沿岸漁民を保護し、海洋資源を保護することができなかった。琉球の施政権を有していた米国民政府は、琉球における基地機能の維持を最優先し、琉球海域における水産資源を厳しく管理せず、琉球人の漁業発展政策を実施しなかった。さらに軍事演習に伴う漁業被害を補償せず、海上における琉球人漁民の安全や生命を守ろうとしなかった。

琉球と韓国の違いは、琉球は今も日帝の植民地支配下にあり、「民族の自己決定権」行使が大きく制限され、再び戦場として利用されようとしていることにある。韓国は「平和線」により国家として漁場を確保できたが、自己決定権を奪われた琉球では漁場を守ることができなかった。韓国は、「平和線」の設定などによる経済主権の行使を通じて戦後、経済発展することができたが、植民地・琉球は米帝、日帝により従属的な経済構造が固定化された。

5 「文化の力」としての「平和線」

1910年、韓国は日帝により強制併合されたが、義兵戦争、国権回復運動、三・一独立万歳運動、義烈団闘争、大韓民国臨時政府や大韓民国臨時議政院の設立と運営、国連を含む世界各地での独立運動、光復軍による日帝への宣戦布告と戦闘等を経て独立を実現することができた。国際法で保障された「民族の自己決定権」は、内的自己決定権と外的自己決定権に分けることができる。前者は「植民地内での自治」、後者は「植民地からの解放＝独立」を意味する。戦前から行われた「外的自己決定権」行使の一環として、戦後、韓国政府により「平和線」が設定され、海洋資源や領土主権を守ることが可能となった。しかし日本政府は韓国の主権に関わる海域内に一方的に日本の漁区を設定し、日本人漁民の出漁を促した。それは日本政府主導の他国への経済的侵略であった。

「平和線」の敷設とその実効支配は、韓国政府の最も強力な領土主権イニシアティブであった。1951年2月中旬にマッカーサーラインの消滅を韓国政府は確認し、自国の海洋資源を守るために日本との漁業交渉の準備を始めた。同年7月、韓国政府は対日平和会議に自国が招かれないことを認識した上で、漁業資源管理のための海洋ラインの必要性、独島に対する領土主権の確立、大陸棚問題、安全保障を含む「海洋主権線」の設定などについて政府内で協議を行なった。1919年に設立された大韓民国臨時政府は独立運動を展開し、日本に対して宣戦布告を行い、その光復軍は抗日戦争にも参戦した。本来、韓国も連合国として対日平和会議に出席する権利があったが、日帝によりそれが不可能になったため、1952年1月に李大統領が「海洋主権宣言」を行い、領土主権イニシアティブとして「平和線」を敷いたのである。

大韓民国臨時政府の大統領であった金九(キム・グ)は次のように述べている。「わたしは、われわれの国家が、世界でもっとも美しい国となることを願っている。もっとも富強な国となることを願うものではない。おのれが他人の侵略に胸を痛めさせられたのだから、おのれの国が他国を侵略することを望まない。われわれの富は、われわれの生活を豊かにするにたりればじゅうぶんであり、われわれの力は、他国の侵略を防ぐにたりればじゅうぶんである。ただ、かぎりなく多く持ちたいものは、高い文化の力である。文化の力は、われわれ自身を幸福にするばかりでなく、さらに進んでは、他国へも幸福を与えるだろうから。(略)人類が現在において不幸であることの根本理由は、仁義が不足し、慈悲の心が不足し、愛が不足していることである。このような心を発達させることさえできれば、現在の物質力をもって、二十億がみな満ち足りた生活をしていくことは可能であろう。人類のこのような精神をつちかうものは、ただ文化あるのみなのだ。※20」

「平和線」の目的は、「他国を侵略する」ためではなく「われわれの富」を守るためであった。それにより

「仁義、慈悲、愛」を実現し、他国にも幸福を与えることができるのである。「平和線」とは、金九が力説する「文化の力」が具体的に発現したものであろう。その後、韓国政府が設定した「平和線」の理念が国際法として確定していくことになった。

戦後、世界平和の実現を目的として設立された国際連合では、植民地の独立が促され、新興国の経済主権を確立するための国際法が構築された。1962年に国連総会で「天然資源に対する恒久主権」決議が採択された。世界で「石油危機」が叫ばれた、1970年代初頭より「資源ナショナリズム」が盛んに主張されるようになった。資源ナショナリズムは、3つの形で現れた。第一は一国レベルでの国有化、経営参加方式、第二は生産国連合方式、第三は国連等の国際機関の場で恒久主権の確立を国際的に認めさせるという方式である。国連の場で資源に対する恒久主権確立の決議として出てきた最初のものが、1962年に国連総会で採択された「天然資源に対する恒久主権」決議である。1974年に国連総会で採択された「諸国家の経済的権利義務に関する憲章」では、資源に対する恒久主権確立は諸国民の権利であり、それを認めることは義務であるという認識が国際的に確立した。[※21] 1970年代初頭、「資源ナショナリズム」に基づく「新国際経済秩序(NIEO)」論が第三世界側から提唱された。韓国は、世界に先駆けて海洋資源に対する恒久主権を「平和線」の敷設を通じて宣言し、行使したのである。

「天然資源に対する恒久主権」決議の中には次のような文言がある。「一　天然の富と資源に対する永久的主権への人民及び民族の権利は、彼らの国家的発展と関係国人民の福祉のために行使されねばならない。(略)七　天然の富と資源に対する主権への人民及び民族の権利の侵害は、国際連合憲章の精神及び原則に違反し、国際協力の発展及び平和の維持を妨げる。[※22]」韓国は、海洋資源に対する恒久主権を「平和線」により自らの国家的発展と民族の福祉のために行使したのである。「平和線」を無視して、自国漁船をライン内に送り込んだ日本政府は、国連憲章の原則に違反し、国際協力や平和を妨害したといえる。

「諸国家の経済的権利義務に関する憲章」には次のような文言がある。「第2条　すべての国家は、そのすべての富、天然資源及び経済活動に対し、それらを所有し、使用し、及び処分することを含む完全な永久的主権を有し、かつこれを自由に行使する。[※23]」「第16条　すべての国家は、発展のための前提条件として、植民地主義、アパルトヘイト、人種差別、新植民地主義、あらゆる形態の外国による侵略、占領、支配、並びにこれらから生ずる経済的及び社会的結果を、個別的及び集団的に撤廃する権利及び義務を有する。このような強制的な政策を遂行する国家は、その影響を受けた諸国、地域及び人民に対して、これら諸国、地域及び人民が有する天然資源及びその他のすべての資源の搾取、涸渇及び損害に対する返還及び完全な補償を行う経済的責任を有する。これら諸国、地域及び人民への援助を行うことはすべての国家の義務である。[※24]」

韓国は、「平和線」内の海洋資源を所有し、使用し、処分する永久的主権を持っていた。日本漁船の「平和線」への侵入は新植民地主義、外国による侵略として位置付けられる。

李承晩政権は、米国が貿易促進等を通じて目指した、日本を中心とする東アジア国際分業体制に韓国を編入させる構想を拒否し、農業、軽工業、重工業といった国家経済に必要なすべての産業を備えた上で国際収支を均衡させるという自立型経済の建設を目指した。[※25]このような「自立型経済」を実現するために「平和線」が引かれ、国民の食糧を確保し、海洋資源を保全しようとした。戦後も続く日本漁船の経済侵略に抗して、「平和線」の実効性を守り抜いたこと、つまり「韓国の自己決定権」を強靭なものにして経済的脱植民地化を実現したことにより、戦後韓国経済の発展が可能になったといっても過言ではない。

6　琉球独立による平和の実現

日本は「カイロ宣言」、「ポツダム宣言」に反して、琉球を独立させず、中国、朝鮮民主主義人民共和国に対する侵略政策を準備している。日本は琉球に対する領土主権を持っていないにもかかわらず、琉球において「敵基地攻撃」のためにミサイル基地を配備するなど軍事機能を強化している。

主権（sovereignty）とは、国としての独立を意味する。「対日平和条約」発効後、日本は琉球に対する「潜在主権」を保持していると主張していた。それが意味することは、琉球が独立できるかどうかは日本政府に決定権があるということである。しかしその「潜在主権」を明記した条約は存在せず、ダレス特使の「口約束」でしかない。琉球民族にこそ主権があり、国連憲章が保障する「民族の自己決定権」に基づいて独立することができる。

近い将来、中国は政治経済的、軍事的に米国を凌ぐ国になると予測されている。米国は、日米同盟、韓米同盟、QUAD（クアッド：日本、米国、豪州、インド間の安全保障、経済等に関する枠組み）、AUKAS（オーカス：米国、豪州、英国の安全保障に関する枠組み）等を利用して「台湾有事」を「日本有事、豪州有事、韓国有事、フィリピン有事、米国有事、インド有事、英国有事」等に連結させ、戦争により中国の国力を衰退させようとする戦略を進めていると考えられる。いわばインド太平洋の「NATO化」であり、中国を囲い込み、「一つの中国」を分断させることで、その国力を押さえ込もうとしている。米国の従属下にある日本は、琉球にミサイル基地を建設するなどして、琉球の島々を再び「捨て石」にして戦場にしようとしている。

琉球の平和を実現するには、その「地位」を再検討し、「独立への道」を確立しなければならないと考える。琉球は、「儒教的な道義（倫理）」に基づく中国型華夷秩序の中で独立国として存在していたのであり、新たな国を創るのではない。日本によって奪われた国家を復活させるだけである。その際の国家体制はかつての王制ではなく、共和制の国になるであろう。

琉球独立は、「日本からの分離独立」を意味しない。なぜなら、琉球は日本とは異なる国家であったのであり、「日本固有の領土」ではないからである。琉球の地位が未確定であることが国連の場で多くの国々によって確認され、国連脱植民地化特別委員会において「非自治地域」として登録されれば、琉球は平和的に、国連の支援を受けて独立することが可能になる。国際法で保障された「自己決定権」は、内的自己決定権（自治）と外的自己決定権（独立）に分けることができる。戦後の米軍統治時代、「復帰」後の日本再併合時代を含めて、日米両国は「琉球の自治」を認めず、琉球人の民意を無視して軍事基地を押しつけた。琉球の自己決定権を行使して平和を実現するには独立して全ての軍事基地を撤廃するしかない。

これまで国連の人種差別撤廃委員会や自由権規約委員会等は、琉球民族が先住民族であることを日本政府が認めるよう勧告してきた。これは、植民地支配下での生活を余儀なくされた、独自な文化や歴史を有する人々が先住民族であることを想起すれば、これらの勧告は、琉球が日本の植民地であり、そこから解放されるべきであると国連が認識していることを明らかにしている。しかし、日本政府は国連勧告を無視して、軍事基地を押し付け、さらに基地機能を増強するなどしてその植民地政策を継続している。日本は国際人権法、人権の国際的な確立機関である国連からの「琉球の平和実現に向けた建設的対話」に背を向けている。日本政府は、他国の人権問題について批判する前に自らが行なっている「琉球差別」問題を直視して、解決しなければならない。

「先住民族の権利に関する国連宣言」（国連宣言）の草案起草の場であった「国連先住民作業部会」に多くの琉球民族が参加し、「先住民族の権利に関する特別報告者」、「先住民族問題に関する常設フォーラム」、「先住民族の権利に関する専門家機構（ＥＭＲＩＰ）」等による先住民族の権利回復のための国連システムが形成された。欧米各国でも「国連宣言」に基づき国内の先住民族に関する法律や政策が実施されてきた。２０２２年７月、国連欧州本部で開催されたＥＭＲＩＰの会議に私が琉球先住民族として参加した際、多くの先住民族は「国連宣言」を「我々の法律」と親しみを込めて呼んでいた。※26「国連宣言」は法的拘束力のある、世界の先住民族共通の国際法である。

「国連宣言」第30条には次のような記載がある。「第三〇条【軍事活動の禁止】１関連する公共の利益により正当化される場合又は関係する先住民族により自由に同意され若しくは要請される場合を除くほか、先住民族の土地又は領域において軍事活動は行われない。２国は、軍事活動のために先住民族の土地又は領域を使用する前に、適当な手続きを通じて、特にその代表機関を通じて、当該先住民族と効果的な協議を行う。※27」

現在、日本政府が琉球民族を先住民族として認めないのは、「国連宣言」第30条（軍事活動の禁止）違反となり、「基地押し付け」という植民地主義政策を実施できないからであると考えられる。しかし日本政府が認知しようがしまいが、ＩＬＯ169号条約に基づき、琉球民族は先住民族になり、「国連宣言」の適用対象となる。

２０２４年４月18日、国連本部で開催された「第23回先住民族問題に関する常設フォーラム」において琉球民族独立総合研究学会のメンバーある、琉球先住民族のアレクシス大城《うふぐしく》さんが次のような声明文を読み上げた。

「声明では、琉球遺骨返還請求訴訟の大阪高裁判決の認定事実で『琉球民族』の言及があったことなどを踏まえ『日本政府は先住民族権利宣言（ＵＮＤＲＩＰ）に含まれる全ての権利を認めるべき』『日米両政府は琉球沖縄での二重の植民地主義を直ちに終わらせるべきだ』と訴えた。また、日本政府は沖縄人の自己決定権を尊重し、沖縄の人々が認めていない名護市辺野古の新基地建設を直ちに中止するよう要求した※28」

今後は、琉球国が外交・交易関係を有したアジア諸国と連携して、国連において「琉球民族は軍事基地を撤去できる法的権限を有する先住民族である」という認識をさらに広め、琉球を国連脱植民地化特別委員会の「非自治地域」に登録させる必要がある。

琉球独立を平和的に実現させるための第二の選択肢は、「対日平和条約」第3条の規定に従って国連総会や安保理においてロビー活動を行い、琉球を国連信託統治領にすることである。多くの密約を含む「琉球に関する日米協定」は無効であり、戦後、世界に対して約束された「琉球の信託統治領化」を実現させる。そして国連信託統治理事会の監視下で新たな法的地位を決める住民投票を行い、琉球民族の自己決定権に基づいて独立を平和的に実現させる。

琉球が戦場にならないための方法が「琉球独立」である。琉球列島において住民の反対を押し切って米軍基地、自衛隊基地を建設し、琉球での地上戦を再び準備しているのは日本政府である。琉球が日本国の一部である限り、日本政府は「アジアNATOのセンター」として琉球に軍事基地を集積することをやめないだろう。多くの日本国民も日米同盟体制を支持し、在琉米軍基地を引き取ろうとせず、かえって「沖縄ヘイト」の度を強めている。

琉球は独立すれば、日本政府からの強制力は及ばず、民意に従って軍事基地を全廃させ、住民の福利、生活のために土地を利用することができる。現在でも基地跡地の方が基地よりも数十倍も経済効果を上げ、雇用や税収を増やしていることが実証されている。そして国連のアジア本部を琉球に設置する。現在、国連本部は米国とスイスにあるが、世界の政治経済、社会において大きな役割を果たしているアジア地域にはまだ国連本部が存在しない。非武装中立となる「琉球共和国」に国連アジア本部を置くことで、東アジアにおける平和を創造することも可能になるであろう。

日本は琉球から駆逐されるべきとする国際法に反して、現在も琉球を植民地支配している。「台湾有事」を「日本有事」に結びつけ、琉球を再び戦場にしようとしている。琉球人と同じく日帝の被害者であるアジアの人々と連携しながら、日本から一刻も早く法制度的に離れ、独立し、琉球弧の島々から軍事基地を一掃することが、琉球の平和、東アジアの平和を実現する道であると考える。

註

（1）U.S.Department of State Office of the Historia https://history. state.gov/countries /lew-chew ２０２４年4月30日接続 以下の引用文は松島訳

（2）「日清講和条約（岩沢雄司他編（2021）『国際条約集２０２１年版』有斐閣、869ページ）

（3）「カイロ宣言」（松井（2010）、１１４９ページ）

（4）「大西洋憲章」（松井芳郎編集代表『ベーシック条約集２０１０』東信堂、２０１０年、１１４９頁）

（5）「対日平和条約」（同上書、１１５２～１１５３頁）

（6）『沖縄タイムス』１９５５年12月26日

（7）台湾国民党による琉球独立運動支援については、松島泰勝『帝国の島――琉球・尖閣に対する植民地主義と闘う』明石書店、２０２０年、152～158ページを参照されたい。

（8）「ポツダム宣言」（同上書、１１５１ページ）

（9）Jung Byung-joon（2022）*Dokdo1947: The Postwar Dokdo Issue and Tripartite Relations between Korea, the US, and Japan*, Dolbegae Publishers, P.297.

（10）琉球独立論に関しては、松島泰勝『琉球独立への道――植民地主義に抗う琉球ナショナリズム』法律文化社、２０１２年を参照されたい。ミクロネシア諸島の独立に関しては、松島泰勝『ミクロネシア――小さな島々の自立への挑戦』早稲田大学出版部、２００７年を参照されたい。

（11）「国連憲章」（松井（2010）前掲書、25ページ）
（12）「国連憲章」（同上書、25ページ）
（13）「琉球諸島及び大東諸島に関する日本国とアメリカ合衆国との間の協定」（同上書、1161ページ）
（14）「琉球諸島及び大東諸島に関する日本国とアメリカ合衆国との間の協定」（同上書、1161ページ）
（15）『沖縄タイムス』1956年7月21日
（16）『沖縄タイムス』1958年11月5日
（17）李大統領の生涯にわたる独立運動については、Young Ick Lew, The Making of the First Korean President-Syngman Rhee's Quest for Independence 1875-1948, University of Hawai'I Press, 2014を参照されたい。
（18）松島泰勝『帝国の島――琉球・尖閣に対する植民地主義を問う』明石書店、2020年、158〜161頁
（19）『沖縄タイムス』1953年11月28日
（20）梶村秀樹訳注『白凡逸志――金九自叙伝』平凡社、1973年、331ページ
（21）西川潤『第三世界の構造と動態』中央公論社、1977年、307〜310頁
（22）松井芳郎編集代表『ベーシック条約集2010』東信堂、2010年、136頁
（23）同上書、137頁
（24）同上書、139頁
（25）高賢来『冷戦と開発――自立経済建設をめぐる1950年代米韓関係』法政大学出版局、2018年、339〜340頁
（26）2022年7月4日、国連欧州本部において開催された「国連先住民族の権利に関する専門家機構」会議において、松島は京大研究者によって奪われた琉球民族遺骨に関する国際法上、研究倫理上の問題性に関して報告を行った。
（27）「先住民族の権利に関する国連宣言」（岩沢雄司他編（2021）前掲書、358ページ）
（28）『琉球新報』2024年4月20日

8章
屋良朝陳の沖縄構想が示す価値の反転と「へこたれなさ」
「琉球人の立場」と『巴旗乃曙』の分析から

上地聡子

1　はじめに

本稿にて私は、屋良朝陳という人物が沖縄の将来について1946年と1947年に発表した空想的、非現実的とも思える2つの文章を分析し、彼の沖縄将来構想を抜き出し、そこに見出した価値の反転ともいうべきアイディアと、「へこたれなさ」ともいうべき姿勢を現在に持ち込んでみたい。価値の反転とは、武力(武)に対する文化芸術(文)の優越、地方と中央の反転した関係性であり、へこたれなさとは、沖縄という小さな島々の未来に想いをやる際の時間軸の長さ、目の前の現状が悲観的であっても、未来のどこかで必ずまた希望は芽吹く、というあり方をここでは意味している。

太平洋戦争の敗戦から2年と経たない時期、東アジアにおいて冷戦対立が未だ顕在化していない時期になされた文章は当然、その時代の制約を受ける。屋良のアイディアや姿勢をそのまま現代へ持ち込むという考えは安易だろう。しかしそれでも、戦争が終わり冷戦構造が未だ固まり切らない流動的な時間のなかで吐き出された夢想は、武力のもたらす破壊への忌避に彩られ、繰り返す歴史への抗いが刻まれている。そのような時代において沖縄の将来がどのように夢想され、語られたのか。奈良県で自身が発行していた小冊子『大琉球』の第2号（1946年7月）に屋良朝陳が発表した「琉球人の立場（一つの希望）」という短い文章と、1946年に出版し、翌1947年に再版した史劇『巴旗乃曙』が本稿で扱う屋良のテクストだが、そこで示された「条件付き日本復帰、あるいは独立」と「永世中立国化」という構想がどのように語られているのか。本稿ではそれを丁寧に分析していきたい。

屋良朝陳は沖縄近現代史でもそこまで知られていない人物である。[※1] 数少ない先行研究の一つに前村(2012)が挙げられる。前村は、古典典籍の写本や出版のされ方からその時代性を探るという問題意識のもと、屋良が戦前に出版した『遺老説伝』というテクストを取り上げ、出版時期、序文など出版側が付した文章や、他の写本と比較した際の独自性などを紹介している。屋良の略歴や屋良自身が寄せた緒言などの分析もなされており、戦前の彼の思想を知る上でも貴重な研究となっている。本稿は屋良の履歴や戦前の活動に関して前村論文から多くを学んでいる。その上で、屋良が敗戦直後に示した2つのテクストの分析に主眼をおき、敗戦を経験し沖縄の日本からの切り離しを目の当たりにしていた彼が沖縄の将来をどのように構想したのかを明らかにした上で、いくつかの魅力的なアイディアを掬い出したい。

学術論文以外では、崎原（1971）および仲程（1982）が『巴旗乃曙』をそれぞれ『青い海』、『新沖縄文学』という地元の一般文芸雑誌で取り上げている。

『青い海』に掲載された崎原の文章は日本「復帰」を翌年に控えた時期のものであり、「琉球ナショナリズム的」なことについて考え、翌年に迫る日本「復帰」の意味を問い直す材料として本作を紹介している。本戯曲の時代設定である１８７０年代の琉球併合、屋良の執筆のタイミングである１９４６年から４７年時点の敗戦直後の沖縄帰属の流動性、さらに崎原が１９７１年時点で翌年に控えていた沖縄の日本「復帰」と、重層的に歴史的イベントを捉える視座が際立っている。

仲程の文章はその日本「復帰」から10年後に組まれた『新沖縄文学』の特集「沖縄にこだわる・独立論の系譜」に収載されている。琉球王国の復古ではなく、それとは異なる形で沖縄独立を構想した組織として「巴旗の党」を位置づけ、その「巴旗の党」をいち早く取り上げた作品として『巴旗乃曙』を紹介している。仲程も、琉球併合という時代設定と、沖縄の帰属が不明確であった時期の執筆という点からその政治的意図を汲み取り、文芸作品としては「陳腐な歴史活劇」と辛口に評しつつも、「巴党」という題材に対して高い関心を寄せている。

屋良のこの戯曲を政治的なテクストとして扱う点は私も崎原や仲程と同じ立場である。ただし、本作を改めて読み返した今、琉球ナショナリズムや独立といった文脈でのみ『巴旗乃曙』を取り上げるのはいかにも勿体無いと感じている。本作の「永世中立国」構想は決して「独立」の希求を直裁的に描いてはいない。本作は、芸術（文化）を護るという至上命題がまずあり、それゆえに「永世中立国」が推される構造になっている。その他の政治的立場の人物たちも微妙なバランスの上に描かれており、決して一つの主張が優位を占めているわけではない。執筆と出版のタイミング、人物描写の傾向、同時代的な文脈などから多面的に検討することにより、より豊かなヒントが得られるテクストであり、それは屋良のもう一つの小文にも同じことが言える。

『巴旗乃曙』や「琉球人の立場」は確かに沖縄の将来に関する幾つかの考えを表明しているテクストだが、「復帰」「独立」「永世中立国」と性急に分類する前に、屋良が言葉にした空想や夢想ともいえる沖縄の将来像に丁寧に付き合い、そこから現代に持ち込みたい幾つかのアイディアを拾い上げてみたい。

以下、まず屋良朝陳という人物と彼の出版活動を概観する。続いて小文「琉球人の立場」を紹介し、「条件付き日本復帰、それが叶わなければ独立」という彼の主張から読み取るべき点を示す。ついで『巴旗乃曙』を分析し、「永世中立国」というアイディアの描かれ方から、同じく重要と思われる点を確認する。最後に、現在の時点でこれら屋良のテクストに光を当てる意義を改めて考えたい。

2　屋良朝陳と2つのテクスト

日清戦争の終結した1895年に沖縄縣那覇市で生まれた屋良朝陳は貧しい家庭に育ち、独学で文部省専検を受け小学校教員免許を取得、那覇市内の泊尋常小学校、那覇尋常高等小学校などに勤務した。その後、奈良県で聾教育教員の養成学校を卒業したあと、那覇市牧志に私立の那覇聾話学校を開設する。一方、「琉球王代文献頒布会」を組織して琉球王国時代の典籍を刊行する活動にも従事した。1944年9月に生徒とともに奈良市南城戸町に疎開し那覇聾話学校屋良学園を設置、そこで敗戦を迎える。敗戦後は学校運営費捻出のために「文化琉球人会」を組織し、本稿で取り上げる「琉球人の立場」を掲載した『大琉球』や書籍『巴旗乃曙』を含めた出版事業に携わる。戦後の一時期、沖縄に戻り首里市役所に勤務するものちに大阪府箕面市へ移り、1957年にそこで死去している（大城 1983）。

1937年から疎開する1944年まで屋良が続けていた「琉球王代文献頒布会」は、在野の漢学者である桑江克英とともに主催した組織だった。琉球国の編年体の歴史書『球陽』の外巻『遺老説伝』に平易な口語訳をつけて『琉球王代文献集』として刊行するなど、奈良へ疎開するまで活発に活動を続けていたらしい

屋良朝陳

（前村 2012 : 92, 93）。

国立国会図書館のオンライン蔵書検索にて「屋良朝陳」の名前を検索すると、先述の『琉球王代文献集』第1輯から第3輯（1937〜38年）の他に、1600年に琉球に渡り尚寧王に仕えた泉州堺出身の茶人・喜安入道蕃元が1609年の薩摩侵攻時を回想した『喜安日記』（1940年）、琉球国の外交文書集である『歴代宝案』（1942年〜43年）、歴代の琉球国王の即位年・事跡等を記した『琉球中山王代記』の各巻（1942年〜44年）、琉球国の正史『球陽』（1943年〜44年）、琉球国の地誌を紹介した『旧記（琉球国旧記）』（1944年）などを編集し、琉球王代文献頒布会の名前で出版していたことがわかる。琉球国時代の重要な典籍を同時代の人々に精力的に紹介する姿勢がこうした出版物リストから伺われる。1944年6月に出版された『琉球夜話　上古の世』が奈良に疎開する前の最後の出版物であったが（前村 2012 : 94）、その表紙裏に記載されている同頒布会の図書目録を見ると、上記の他に『琉球事始旧記』という書籍の出版も確認できる。[※2]

こうした出版物は屋良が経営していた那覇聾話学校内で印刷され、那覇市久米町にある琉球堂書舗が発売元であったが（前村 2012 : 92）、琉球王代文献頒布会の会員になれば価格割引などを受けられる仕組みであった。[※3] またこの出版事業には、琉球国時代の典籍の一般向け普及とは別に、那覇聾話学校の運営資金を確保するという狙いもあった（前村 2012：92）。疎開先である奈良で『大琉球』を出版した背景に屋良学園の経費醸成という一面があったのは、戦前の沖縄でのこうした活動の延長であろう。[※4]

ただし、屋良のこの出版活動は一民間人の個人的な事業に留まらず、当時の沖縄出身知識人や有力者から認知され協力を得られたものであったらしい。『琉球王代文献集』の扉紙や広告には顧問として貴族院議員の伊江朝助の名前があげられ、東恩納寛惇（東京府立高等学校教授）、島袋全発（沖縄県立沖縄図書館館長）、中国福建省からの渡来人が築き琉球国時代に多くの官僚や学者を輩出した伝統を持つ久米村の古老・名嘉山大昌、沖縄初の小説『九年母』（１９１１年）の作者で当代一流の歌人であり書家であった山城正忠、『沖縄県国頭郡志』の編者である島袋源一郎（教育者、郷土研究者）が監修者として挙げられている（前村 2012：92, 93）。[※5]

なお、伊江朝助は、元首里市長である仲吉良光がＧＨＱ占領下日本で結成した沖縄諸島日本復帰期成会の創立に名を連ねる在京沖縄人有力者の一人であり、東恩納寛惇は戦後、拓殖大学教授に就任する在京の著名な歴史家である。１９５１年２月６日に参議院外務委員会にて沖縄を含む領土問題が取り上げられた際、両者は仲吉とともに参考人として呼ばれている（ただし東恩納は当日欠席）。[※6]屋良がこうした「名士」や知識人たちの協力を得ることができた背景には、私財を投げ打って聾学校を経営していた社会事業家としての側面と、それまで特定の階級にしか読まれていなかった琉球国時代の典籍を広く一般に知らしめる彼の出版事業への支持があったのかもしれない。

戦前から各界の有力者の協力を得て数々の琉球国時代の典籍を出版していた屋良が戦後、疎開先の奈良市南城戸町にある屋良学園内に設立したのが「文化琉球人会」であった。[※7]同会の会則に挙げられている目的には、先に述べたように屋良学園の経費捻出という一面もあったが、まずは「文化琉球人の精神面を担って琉球国是『美仁柔』の三徳を目標に教養を培い併せて日本文化に貢献、世界人類の平和招来に資するため琉球文献の保存と顕揚に努め」ることであった。[※8]

同会則はこうした目的を達成するための事業として「琉球王代文献の翻訳、註訳」や「額軸用国是、聖訓の揮毫」、「郷土美に取材する創作劇作等の単行本出版」や月刊雑誌『大琉球』などの発行を挙げている。『大琉球』は第2号が18頁、第6号でも28頁とごく薄い出版物であり、各号の目玉記事は第1号、第3号、第6号が琉球国時代の文学者平敷屋朝敏による組踊「手水の縁」、物語「若草物語」、随筆「貧家記」、第2号が大正期の歌劇「泊阿嘉」、第4号と第5号が組踊「護佐丸」と「国吉の比屋」（「義心物語」）というように、一部をのぞき琉球国時代に関連する作品となっている。[※9]

ただし同雑誌は政治社会に対する意見も僅かながら載せている。本稿で取り上げる『大琉球』第2号（1946年7月発行）に掲載された屋良朝陳「琉球人の立場（一つの希望）」はそのうちの一つである。[※10]

本稿が取り扱うもう一つのテキストは、屋良朝陳作、文化琉球人会発行の『琉球秘史劇 巴旗乃曙／附普天間権現琉球王代記略表』（1947年）である。同書は文化琉球人会が1946年に出版していた『琉球史劇 巴旗乃曙』の改訂版にあたるが、その「緒言」の日付を信じるなら、1945年12月には書き上げられていた作品のようだ（屋良 1947:3）。これ以外に、沖縄の将来に対する屋良の構想を体系的に伝えている書籍は管見の限り見当たらない。戦後に結成された文化琉球人会による出版で現在、筆者が把握しているものは、2冊の『巴旗乃曙』を除くと、1948年発行の『琉球民謡全集』と（仲程 1997:797）、国立国会図書館のオンライン検索に表示された『組踊集：古典劇』（1949年）という26頁の小冊子、沖縄県立図書館のオンライン検索から得られた『琉球夜話 第3篇』（1947年）と『琉球年中儀令 附・花ごよみ』（1947年）である。これらはタイトルから判断していずれも琉球国時代の民俗や芸術、文化を紹介する内容である可能性が高い。

以下、本稿ではまず『大琉球』第2号（1946年7月発行）に掲載された屋良朝陳「琉球人の立場」の内容から、日本「復帰」と「独立」を同時に述べる彼の意見を検討する。続いて1947年に出版された改訂版『琉球秘史劇 巴旗乃曙／附普天間権現琉球王代記略表』をもとに、彼の「永世中立国」という構想を分析していく。

3 「復帰」と「独立」の並立――「琉球人の立場（一つの希望）」

「琉球人の立場」はそれぞれ「アメリカの友へ」「日本の政治家へ」「国際連合会御中」と宛名した3部からなる全2頁の小文である（屋良 1946:3-4）。短い文章ではあるが、それぞれ相手によって自身の名乗り方を変えている点や、口調の変化が顕著に出ている点が興味深い。

まず「アメリカの友」に対して、屋良は独立国時代の名称「琉球」を全面に出して、その芸術的価値が戦争によって失われたことを嘆いてみせる。「琉球には世界無二の独特のもの、ことに貴重な芸術があった」のだが、惜しいことに灰になってしまった。しかし「純粋琉球人」の手でまた生み出すので、どうぞ手は出さず「唯見てゐて下さい」と続ける。文化・芸術のユニークさ、貴重さを琉球の特徴として押し出し、それを自分たち「琉球人」だけで再建をするので手出し無用と断言している。しかしながら、それに続けて「（但し、物質の御援助は仰ぐかも知れません。1853《ママ》年ペルリ提督と琉球国とが結んだ条約の趣旨を今こそ生かして、相見互いにどうぞ深い御友好を希望いたします。ご援助の点どうぞよろしく）」とカッコに入れた援助の無心で締めくくっている。

アメリカの手出しは無用、と言い切りながら援助の無心をしている点は、地上戦の後、沖縄を単独占領しているアメリカに対する警戒感と、地上戦による破壊の結果、占領者の援助なしには復興できないという相反する現実を反映していると考えられる。注目すべきは、援助無心の根拠として、日本に併合される以前に「琉球国」と米国が1854年に結んだ琉米修好条約が引き合いに出されている点である。また、冒頭の「アメリカに心の友があるような気がします」という一文から末尾の「御友好」の希望まで、語りかけるような好意的な口調で文章が綴られている。

これに続く「日本の政治家」宛の文章は様子が変わり、硬く、改まった調子となる。「沖縄縣民の良さがよく分かったことでしょうね」という文章で始まるこの部分は、まず「忠君殉国」という教えを守り「玉砕自決」した沖縄の生徒や学生たちが「好顔・無垢」であったことを相手に強調する。その上で「沖縄縣人を真心から尊敬し愛護するものこそ紳士淑女」であると国民を啓蒙することが、犠牲となった霊への手向けであり、「日本国民のためでもあり、正当な政治の第一歩だとお気付きにならぬか。その点如何に思召す」とやや詰問的な口調が続く。こうした強い調子の最後に、「母国日本」に帰ることは「吾々の理念」なので「感謝・感激・真心からなる尊敬と愛情を以て沖縄縣民を迎える心の準備をしておいて下さい」と、相手の反省を促す形で日本への再帰属の希望を申し渡している。

ここでは相手に対して「沖縄縣民」や「沖縄縣人」と名乗り、日本に「母国」という形容詞をつけている点が先のアメリカに対する「琉球人」という名乗りと対照的である。日本を「母国」と名指しそこへ帰ることを理念と言いつつも、沖縄が今次の大戦で払った犠牲をきちんと認識し、それに見合う感謝や尊敬といった精神面の準備を「母国」側に強く要求する内容になっている。日本国民を「啓蒙」する必要性は、沖縄（人）に対して一部の日本人から戦前より向けられていた差別的、排除的な態度を暗に示唆しているものと思われる。

「国際連合会」（国際連合）に対しては、これまでの二者に対する名乗りが複合して表れている。まず「嘗ては日清及び米・英・仏・蘭・シャム・ビルマ・ジャワ・マラッカ等々と修好条約を結んだ琉球国です」と独立国時代にひきつけて自己紹介するが、続けて「けれども確乎たる日本民族に相違ない」と、日本と同一民族であることも強調する。それどころか「部分的に見て日本民族中尤も《ママ》優位にあるべき日本民俗《ママ》」であり「柔徳・守礼・芸術肌」、「同民族の指導者たるべきもの」であるとして、自分達を日本民族の上位に位置づけるような語りを展開する。このような平和愛好の吾々が日本の指導者であればこのような惨禍は起こらなかった、とまで言い切るが、そのような「母国」日本に帰って文化日本の建設、世界平和に貢献したいので、連合会で条件をつけて帰して欲しい、と訴える。続けて提示したその条件とは、

（一）代議士の五分の一を琉球から出すこと
（二）文化大臣及国務大臣の二、三人は恒久に琉球人たること
（三）外交官及文教官の約半数は琉球人たること

の3点であった。

ただ、この小文は続けて、日本「復帰」に付する条件が認められない場合は「嘗ての如く独立を希望して止まないものです」と今度は独立の希望を表明する。独立への自信を覗かせ、その根拠として「琉球一千年の歴史」を挙げる。その上で、参考までに『巴旗乃曙』をご覧下さい、と屋良自身が同年3月に出版した戯曲に言及して、この小文は締めくくられている。

「国際連合会」に対しては「琉球国」のものであり「日本民族」でもあるという自らの二面的な立場をそのまま表明している。そのうえで日本へ「帰る」ことを条件付きで希望し、それが果されない場合は独立を、という柔軟な姿勢がここから読み取ることができる。琉球国であり日本民族であるという複合的な立場性を

そのまま受け入れ、日本という国家機構の主要なポストを沖縄人で占めること、いうなれば日本の沖縄化を通じて日本の文化国家化を目指すというのがここでいう沖縄の日本「復帰」である。しかもそれは必ず達成されるべき唯一の目標ではない。「日本の沖縄化」に対して国際連合が手を貸さない場合は「独立」という可能性も視野に入れる。この柔軟性は、沖縄の将来を考える時に陥りがちな〈日本「復帰」か独立か〉、という二項対立的な問題の設定自体を相対化する効果があるだろう。

このテクストで注目すべき一つ目の点はここから読みとることのできる、政治的なあり方に拘らない姿勢である。日本「復帰」の希望を言明しつつ、要求が受け入れられない場合は独立をほのめかすという態度から、「復帰」や「独立」といった特定の政治的な様態を、到達すべき目的ではなく、あくまで手段として捉えている認識が垣間見える。

このような考え方は屋良に限ったことではなかった。日本に滞留する沖縄出身者の一部が戦後に結成した「沖縄人連盟」の青年部にいた上地栄もまた、国籍に拘るなという主張を同時期、機関紙『自由沖縄』で展開している。同紙1946年6月15日掲載の「言刺駁談」という囲みコラムにて上地は、沖縄「独立」批判に反論する文脈で、「地理的、歴史的、民族的関係は沖縄人の幸福とは別問題である。日本が民主国になり沖縄人が大手を振って歩ける日本になったならば、その時は縣民の総意によって態度を決すれば良いのであって、要は国籍の問題ではなく、沖縄人全体の幸福の問題である」との考えを披瀝している。彼は同紙1946年12月15日にも同名のコラムの中で、「吾々は如何なる国籍を有する様になろうが、世界の一角に於ける沖縄人の生存権を全世界の人民に向って主張し、人類平和の一切の自由を獲得する様運動せねばならんと思う」という自説を展開している。

本稿で挙げたのは屋良と上地の2例でしかないが、それでも、冷戦構造が東アジアに表出してくる前夜、国籍を相対化する思想が文章として形を残していることは特記してよい。その際、上地にとって国籍如何に関わらず重要なのは「沖縄人の幸福」であった。屋良にとってそれは「世界無二の独特の」琉球の芸術であろう。琉球の芸術や文化に至高の価値をおく屋良の思想は次にみる『巴旗乃曙』でも開陳されるが、政治的なテクストにおけるこの芸術と文化に対する高い評価は、同時に、文化・芸術と政治的主体性の関係について興味深い問いを投げかけている。

本テクストにおいて注目すべき2点目は、屋良の発言が含む一種の「ふてぶてしさ」にある。代議士の5分の1、文化及び国務大臣その他の大臣枠、外交官と文官の半数を琉球人のために確保せよという要求は、かつて併合された周辺地域が再び「復帰」を希望する相手に対してなされたものとは思われない。ここには戦前の中央―周辺の立場性の反転がある。併合され抑圧されていた側が、再統合を希望するにあたり、国際連合の権威を借りてではあるものの、抑圧していた側に向かって「復帰」の条件をつけるという構造である。

ただし、この非現実的ともいえる諸条件を記した「琉球人の立場」は、現実の政治での実現を期した提言ではなかった。『大琉球』第3号「編集後記」をみると、屋良のこのテクストは「相当の反響があり、共鳴者も多」く、翻訳して国際連合に送ってもらいたい、という声も読者からあったことを伝えている。それに対して屋良は、沖縄民政府の「知事志喜屋孝信氏」や「文化部長當山正堅」はじめ故郷にある数名の友におくったから、「彼方で何とかして呉れるだろう」(同「編集後記」)と述べるに留まり、この構想を実現化するために具体的な行動をとる意志は感じられない。

このテクストの魅力はその実現可能性ではなく、既存の構図の反転というダイナミクスにある。反転は先に述べた中央(日本政府)―周辺(沖縄)という構図だけではない。「武」(軍事)に対する「文」(文化芸術)

の優越の強調もまた本テクストが示す反転である。武力で琉球を併合し、第二次世界大戦において軍事的に敗北した日本に対して、「柔徳・守礼・芸術肌」の民族として自らを文化的に優位な位置におき直した沖縄／琉球が、文教官や文化大臣といった「文」の重要ポストを握り、「平和愛好」の民として外交に携わるという「文」を通した政治の掌握は、沖縄による日本統治といった逆転にまで想像をめぐらせてしまう。戦争という「武」力《りょく》と「武」力の衝突が多大な犠牲を出して終結した直後であるという時代状況と、典籍の出版を通じて戦前から琉球国時代の文化に親しんできた屋良の経歴が交錯したところに、このテクストの妙味が生まれているといえよう。

4 「永世中立国」を夢見る戯曲――『巴旗乃曙』

次に、屋良朝陳が「琉球一千年の歴史」の参考に、と「琉球人の立場」で宣伝していた『巴旗乃曙』の内容を検討していく。ただし本稿では「琉球人の立場」の中で紹介していた1946年版ではなく、翌年1947年出版の改訂版をとりあげる。

『巴旗乃曙』の概要をまず確認しよう。時代設定は琉球併合までの4年間である1875年から1879年であり、主な登場人物は日本への帰属を主張する開進派、清国との関係継続を望む守旧派、そのどちらにも与しない有力者・屋良の一派、そして「永世中立国」を夢見る巴党という4つのグループに属する人々である。

琉球国が海上貿易で栄えた時代の那覇港の様子を描写する序幕「その昔」に続く第一幕「大評定」は、琉球国の国王を「藩王」にするという明治政府の勅命を受けてきた日本派の開進党と、清朝派の守旧党が互いの主張をぶつけ合う首里城内が舞台である。全く相入れない両者の口論には参加せず、表立ってはどちらの派閥にも支持を表明しない屋良の意図が第二幕「風雲」にて明かされる。「芸術、文化を全て破壊する戦乱ほど恐ろしいものはない」として、開進派と守旧派のバランスを保ち、戦乱と流血を避ける道を模索する屋良であったが、第三幕「巴旗の人々」にて「巴旗の一派」のリーダーである神田の永世中立国という考えに共感し、巴党への加入を申し出る。神田は、永世中立国は遠い将来の話であり、現下の情勢では不可能であるとして、現実的な行動を起こすことに消極的であったが、周りに説得されて、東京の欧米列強の使節と秘密裏に連絡をとるべく、巴党きっての外国通である仲本、神田自身の息子、そして屋良を東京へと送り出す。

開進派と守旧派の親同士故に引き裂かれた若い男女のエピソードが第四幕「悲恋」に挿入されたのち、最終幕である第五幕「曙光」は首里から少し北に位置する普天間宮での祭の夜に移る。琉球国最後の王が東京に移動させられ日本帰属が決まった直後である。重篤な病状を押して仲本、屋良、息子3名の帰りを待つ神田のもとにまず辿り着いたのが彼の息子であった。息子が、他の列強諸国に無視されたが米国公使のみは琉球の立場に理解と同情を示した旨を伝えると、神田は周りの者と「永世中立琉球巴邦万歳」を三唱して涙をこぼし、屋良と仲本の帰りを待ちつつ絶命する。そこへ東京からの帰路中に刺客に襲われ重傷を負った屋良と、彼を支えて帰省した仲本が到着する。瀕死の屋良が「ともえ…ば…たの…あけぼ…の」とつぶやき、傍の者たちが「巴旗の曙！巴旗の曙！」と復唱、それを聞いて屋良がにっこりと笑い絶命するという筋書きになっている。

この史劇の中で、沖縄の将来に対する意見が読み取れる箇所は以下の2ヵ所である。1つ目はどの党派にも属さない屋良が自身の琉球国イメージと政治的立場を語る第二幕、そして屋良との対話を通じて明らかにされる巴党のリーダー、神田の永世中立国ビジョンが示される第三幕である。次にこの2点を詳細に分析していく。

第二幕、普天間宮の境内で屋良は日本派である開進党の一派に遭遇し、非協力的な態度を非難される。それに対して屋良がまず主張したのは戦争の恐ろしさであった。屋良にとって琉球は開闢以来独立の王国を形成した国であり、「世界無比の独特の芸術」が生きている場所であったが、そのような琉球の建築物や古文書を破壊したのが「薩軍の蹂躙」であった。戦争は最大限の悲劇であり、「戦乱を避け、流血を見ずしてこの難局を解決」することが、日本派と清派どちらの味方にもつかない彼の意図だと明かす。両方の勢力均衡を図りつつ戦争の回避を図る屋良は、郷土文化の守護が自らの使命だと日本派の開進党に語る。

1870年台前半を生きる作中の屋良が指す戦争とは1609年の薩摩による侵攻を指している。しかしながら戦争が人類の文化を破壊する、という主張がこのテクストが世にでる2年前に終結した太平洋戦争と沖縄戦を念頭に置いていることは明らかであろう。。また琉球国の芸術に対する高い評価がここでも強調されている。

第三幕はそのような屋良と巴旗の一派のリーダー神田の対話から明かされる、神田の国際政治認識と「永世中立国」ビジョンが中心となっている。日本派と清派のバランスを取りつつ「平穏裡に国事を処理したい」と消極的な勢力均衡を標榜する屋良に対して神田は、それでは琉球国の恒久策としては足りない、と力説する。神田にとって琉球の理想的な青写真は「永世中立の平和境」の建設であり、それは薩摩征服以前、さらには「大明」の冊封を受ける以前の「純独立の時代即ち天孫氏時代の姿」に還ることによって達成されるものであった。日本と清の両方から影響を受ける前の時代に「純粋」かつ「平和境」な理想郷として琉球国を措定する主張といえる。

しかし屋良は、沖縄が独立国として立ち行く際に想定されうる政治的、経済的な懸念を神田に問い正す。

すなわち、弱小な琉球国にとって清や日本の保護国に置かれることはやむを得ない運命ではないか、日本や清に依存せずして一国としての経済は確保できるのか、また日、清が中立を許すとしても「近来世界の勢力たる英、米、仏、蘭等」が許さないのでは、といった疑問である。

これに対して神田ら巴党は以下のように応答する。まず保護国化の運命如何については、外国の事情に明るい巴党の一員、仲本に話を向け「ヨーロッパに於けるスイス」の事例を屋良に聞かせる。曰く、他国の戦争に関係せず、どこの保護も受けず、同盟関係を結ばず、国際間で争議を起こす恐れのある行いをしないなどの義務を負担する国、関係諸国と条約を交すことによってこうした地位を保つ永世中立国としてスイスが語られ、巴党の理想とするところが「東洋に於ける唯一の永世中立国としての琉球」だという。

こうした構想を理想郷だと評しつつ経済的自立の目途について続けて尋ねる屋良に、神田は観光都市計画と貿易をもって応える。まず語られるのが楽観的ともいえる貿易立国像だ。「天孫氏時代」の琉球人を「海国民」と呼び、近海の一大漁場を頼りに琉球の特殊物産の生産を西洋の機械化技術でもって飛躍させる、という海洋事業に立脚した経済構想が語られる。ただし生産増大の具体的な方策は示されない。代わりに「薩摩の搾取から脱れる」ことによって生まれる余剰や、薩摩に「無理矢理武力で奪い取られた大島」などの南西諸島の島々が琉球に再帰属することを琉球経済自立の前提としている。また「世界の国々へ移住する者もあって結構」と移民も経済自立の方法の一つとして示される。この対話の少しあとで、「萬国の互市」や「遊覧地」という構想、各国から人が避暑避寒で訪れるべき「観光都市」としての琉球像も語られている。

日本と清が仮に許してもイギリス、米国、フランス、オランダなど「世界の勢力」が琉球国の中立を許すか、という疑問に対しては、①他の強国は先進文明国を自認しているので「武器のない唯平和の守礼之邦」を武力占領はしない、むしろ互いに守り育ててくれるだろう、②地理的な条件としても大国が強いて占領すギリスやオランダ、フランス、米国との間に結ばれた条約に言及している。①の列強が琉球の中立を認める根拠として、琉球国末期にイる位置に琉球がない、という2点から応える。

作中人物の屋良からも「理想像」と評されるこの永世中立国構想は、日本に併合される前の琉球国が欧米列強との間に条約を結んだという事実と、その欧米の道義心に対する一方的な期待にのみ支えられている。※12その経済構想も、薩摩の影響力を取り除き奄美大島など往時の領土を再獲得するという過去の再来の上に漠然とした方針を語っていたに過ぎない。

危うい土台の上に琉球の永世中立国化を神田が求める理由はここでもやはり、琉球独自の芸術の保存のためであった。先進国の列強は琉球国の永世中立を喜び守り育ててくれるだろう、という楽観的な希望を神田が口にするのは、「琉球独特の芸術こそ、是々非々独立国でなければ真の保存も顕揚も望まれない」（屋良1947：38）という主張ゆえである。第二幕の屋良と第三幕の神田の違いは、ただ戦禍を避けることでその保護を達成しようとしていた屋良に対し、神田が独立国であることをその保護の必要条件に挙げている点である。裏返せば、両者は、様々な政治形態を模索しながらも琉球の芸術こそ護られるべき、としている点で共通している。先に検討した「琉球人の立場」で明らかにされていた筆者・屋良の琉球芸術に対する高い評価は、本作でも登場人物である屋良と神田の主張に反映されているといえよう。

神田が示すビジョンを作品中の言葉を借りて要約すると、巴党の理想図は「諸国と自由に盛大に貿易往来して、海運国『大琉球』として知られた人民純朴の守礼之邦」という歴史の上に、それに勝る理想郷として「万国の互市として遊覧都市として世界人類の別天地」を再来させ、「四界皆同胞として心からなる歓迎をなし、唯、狭小な琉球に土地の所有を許さず、政治に関与せず、の他は一切無差別、諸国人が亦、巴をなす平和境」を建設するというものであった（屋良1947：42）。

しかし、この理想は近い未来に実現を期することのできるバラ色の将来像ではなかった。理想を語る神田の口調は決して明るいものではない。唯一無二の尊い琉球独自の「国体」は「失われようとして」おり、先の「…巴をなす平和境」というビジョンのあとに続くセリフは「噫呼それが巴の御旗諸共に亡失せられんとしている」(屋良 1947：42)という嘆息であった。

神田の話に「ほがらかな希望」を得た屋良が巴党に加入し理想国建設に参画したいと伝えると、神田は、巴党の理想国の実現は遠い将来のことであり、今は時期を待つしかないと述べる。その時期とは「お互いが生きている中には来ない」、まず一世紀近くもあとのことであろう、と吐露する(屋良 1947：43, 44)。時機が来ないうちは「残念だが手も足も出ない」(屋良 1947：44)。今の時点で自分たちが出来ることは、「唯秘密裏に子々孫々の胸へ強くこの理想を植えつけて置くこと」(屋良 1947：44)であると神田は忍従を説く。そのような神田を屋良は説得し、外国通の仲本や神田の息子とともに上京、列強各国の使節と秘密裏に接触を図る。しかしこの交渉がうまく行かず、神田も屋良も絶命して本作が終るのは先に紹介した通りである。

このテクストから汲み取るべき1つ目は、永世中立国というビジョンを構想する際の時間軸の長さである。永世中立国という考えを事細かに屋良へ示しながらも、神田は「今は隠忍自重の時期だ」、その実現は「お互いが生きている中には来ない」と諭して、「一世紀」という百年近い時間の先にその実現を投げかけている。沖縄の将来を遠い未来に投げかける作者・屋良のこの姿勢に接した時、私が想起したのは沖縄学の泰斗である伊波普猷が1947年に発表した「沖縄歴史物語」の有名な結びの文章であった。沖縄の将来が講和会議で決定されるという見通しのもと、沖縄人は沖縄の将来について希望を述べる自由は有するが、現在の世界情勢からすると、自分の運命を自分で決定することのできない境遇に置かれていることを知らなければならない、と伊波は述べる（伊波 1947 ＝ 1998 : 194）。そこに続くのが「地球上で帝国主義が終わりを告げる時、沖縄人は『にが世』から解放されて『あま世』を楽しみ十分にその個性を生かして、世界の文化に貢献することができる」という一文である。この文章を書いた1947年の時点で、伊波が近い将来に帝国主義の終わりを確信していたとは思えない。伊波のこの文章は、いつ来るか分からないが遠い未来のいつか、必ずくると期待したい「帝国主義が終わりを告げる時」に、沖縄の個性が伸び伸びと生きる「あま世」をみている。「現在」に対する悲観的な捉え方とともに、遠い将来に沖縄の明るい未来を措定する構図が、屋良の戯曲と伊波の文章には通底しているように思われる。[※11] こうした沖縄の現在と未来の捉え方は、1940年代後半に沖縄民政府知事であった志喜屋孝信や沖縄出身者の一部が口にしていた「百年の計は人を樹うるにあり」という表現も想起させる。[※12]

屋良の本作から汲み出すべき2つ目の点は、本作品が暗示する「へこたれないタフさ」のようなものである。「巴党」が東京の欧米列強に送った密使は、米国以外からはかばかしい返事を引き出してくることができず、日本帰属を祝う祭りの夜半に神田は病死し、神田の今際に間に合わなかった屋良も刺客からの致命傷により息を引き取る。ストーリーだけを取り出すと、「巴党」の掲げる永世中立国の前途に対してかなり悲観的なプロットとなっている。

しかしながらこのテクストを注意深く読んでみると、終焉の情景描写にそこはかとない希望を持たせるような表現が散見される。神田が、死を前にして「独立の永世中立琉球巴邦の建設」という長期的なビジョンを改めて側近に言い含め、巴党の解散を言い渡し、巴旗を焼くシーンがある（屋良 1947 : 71, 72）。同志から同志へ秘密裏に譲り渡されてきた巴旗が焼かれる時、「断腸の思い」に神田を囲む一同は慟哭するのだが、筆者・屋良は続けて、「でもほのぼのと白みゆく清浄の天地にくっきりと立つ巴旗は、たしかに将来あるもののようであった」という一文を挟んでいる。また登場人物・屋良の臨終の描写も、自分が絞り出した「巴旗の曙」という一言が周りに通じ、取り巻く人々が復唱するなか、絶命する前に満足して「ニッコリ微笑して見せ」る終え方となっている（屋良 1947：74）。屋良と神田が死ぬ第五幕のタイトルは「曙光」である。絶望に落ち込む瞬間に挟まれるほのかな希望の描写は、筆者・屋良自身の単なる個人的な希望の反映でしかないのかもしれない。しかしながら、悲観的な現実に直面し死に行くなかで、遠い将来に描いた具体的なビジョンが生きている人々に確かに引き継がれ、引き継がれたことに満足して微笑むという幕切れは、繰り返し窮地に置かれても決して途切れることはないという確信、諦めの悪さやへこたれないタフさを感じさせる。このしなやかさは「琉球人の立場」で「アメリカの友」に対して、琉球の貴重な芸術が失われたことに嘆きつつも、「また生み出すので」（黙って）見ていてください、と明言している箇所とも共鳴する。思わず「レジリエンス」という概念と結び付けたくなるような、諦めないしなやかさといったものを、屋良のテクストから救い上げることができるだろう。

3つ目に注目すべきは本テクストが示す「中立」性だと考える。ここで言う「中立」とは国際法で規定されるような制度としてのそれではなく、1つの党派に入れ込まない、常に自己再起的に己の立場を見つめるバランス感覚と言い換えても良いかもしれない。作中人物である屋良が、琉球の芸術を守るためにあえて守旧派にも開進派にも属さない立場を自覚的に取っていることはすでに紹介した。それに加えて、筆者である屋良の両党派の描き方に微妙なバランス感覚が発揮されている点も見逃せない。本作の前半、作中人物の屋良は明らかに日本寄りであり開進派に心を許す人物として描かれる。他方、守旧派は第一幕「大評定」の場面で、日本の先進性や科学の時代を説く開進派を感情的に罵り、嘲笑的な態度に終始する存在として描かれる（屋良 1947：12–16）。第二幕以降も、屋良の命を狙う守旧派は、屋良の人徳の高さや優秀な部下たちを前に、暗殺に二の足を踏む役割を担わされる（屋良 1947：25–33）。

しかし、日本帰属を祝う普天間権現の定例祭を描写する第五幕では、「新らしきもの」に容易になびき古きものに見向きもしない民衆が、守旧派の口を借りて批判的に描写される。そして日本風の新しい踊りばかりを喜ぶ民衆を物陰から嘆く守旧派の口から明かされるのは、第一幕で日本帰属を主張した開進派の面々が病死や足腰の不調でこの祭の場にいないという事実であり、同時に、守旧派メンバーも中国・清に請願に行った先で思うような結果が得られず自刃や重態という結果に陥っているという現状である（屋良 1947：59–64）。祭の主人公として振る舞っているのは、屋良が巴党に合流するにあたって後続を託した腹心と旧家来たちであった。日の丸を「我々の国旗」として仰ぎ見るその姿に、若い、今に裏切られる、と囁く守旧派は、本作の序盤にみられた相手を揶揄するような態度が抑えられ、新しきものに容易になびく若者や民衆の行く末を憂う年長者の色彩を帯びる（屋良 1947：67）。「今に裏切られる」という日本への警戒感は、沖縄戦で友軍からスパイ容疑をかけられ殺された沖縄人の存在を同時代の読者に想起させただろう。新しい支配者に容易に、無批判になびく危険性へ警鐘を鳴らす一場面として読むことができよう。

序盤の日本派、清派はどちらも決定的な勝利を収めず、「永世中立国」構想を掲げた屋良と神田が死亡するというプロットの最後で日本帰属を祝うのは、かつて屋良とともに行動していたグループであり、彼らの振る舞いにも「今に裏切られる」という、１９４７年当時の読者の同時代的な経験に訴える言葉で留保が課せられているのである。登場人物たちに付与されている立場性のこのバランスゆえに、単なる独立や「永世中立国」構想の主張以上のものとして本テクストを読む必要があると私は考える。

最後に指摘しなければならない点は、こうした微妙なバランスが読者に提示された後、別の登場人物の言葉を借りて三度現れる、芸術を護るという筆者・屋良の価値観である。第五幕で屋良の元腹心らは確かに「第日本帝国萬歳！」を叫ぶのだが、その喜びの理由を筆者・屋良は、守旧党と開進党の武力衝突が回避され、「他に比類のないわが郷土の芸術」という「宝」（屋良 1947：68）を失う危機を無事しのぐことができたという点に着地させる（屋良 1947：68, 69）。第二幕の屋良は勢力均衡によって戦禍を避けることで、第三幕の神田は永世中立国という独立国の建設によってそれぞれ琉球の芸術を護ろうとしていた。第五幕で屋良の元腹心らは日章旗を掲げて仰ぎ見ながらも、「琉球王国として独立の姿を形成」してきた「吾々の郷土」にある「宝」を褒め称え、それが破壊される「嵐の惧れは完全に過ぎました」と喜びを述べる（屋良 1947：68）。三者三様の解決を模索しながら、目的は一貫して1つなのである。この描写は筆者・屋良のバランス感覚という読み方も可能であろうし、先にみたテクスト「琉球人の立場」に示されていた、政治的な様態は、琉球人の幸福であれ独特の芸術保護であれ目的を達成するための手段でしかない、という解釈にも通底するだろう。

5　屋良テクストの現在的意義と限界

屋良の2つのテクストが現在において有する意義と限界について最後に述べておきたい。

まず、これらのテクストが東アジアに冷戦構造が確立する前の流動的な時代状況において書かれている点にその重要性があると私は考えている。第二次世界大戦後に顕在化した国際社会の二極構造は1980年代後半の旧ソ連解体をもって一旦崩れるが、2020年代に入り、少数の大国を極とした国際政治状況が再び20世紀の冷戦の記憶を呼び出しているようにも思われる。現在の私たちは（少なくとも私は）、冷戦という過去のイメージに縛られない形で国際社会のあり方を想像することが困難だ。対してこのテクストが書かれた時代は、戦争による既存の秩序が崩壊し、新しい国際秩序が国際連合という形で現れ始めた（ように一般の人々の目には映った）時代であった。短い期間ではあるが二極対立構造を所与とせず「様々な夢をみる」ことの可能性を本テクストは示しており、それゆえ現在の国際政治状況を相対化して未来を考え直す契機をも孕んでいる。

2点目は、本テクストが示唆する文化や芸術と政治との重層的な関係性である。これまで提示してきたように、筆者・屋良は、琉球の文化・芸術を世界で唯一無二のものとして顕揚していた。文化・芸術と政治は一面において密接な関係を持つ。故郷の文化・芸術を護るという主張はとても政治的な行為である。文化や芸術といったものはアイデンティティを構築する際の格好の「核」になり、そうした「核」は政治的主体を構築する際の土台となるからだ。屋良自身は「琉球人の立場」で示したアイディアの実現に積極的に動いたわけではないし、『巴旗乃曙』では「沖縄を如何に処置して欲しいとか、如何に処理すべきであるとかいう希望、意見などの書では勿論ない」（屋良 1947：3）と政治的意図を否定する言葉を連ねる。しかし、文化・芸術を護ると繰り返し表明する行為そのものが優れて政治的であるといえよう。

他方、屋良の構想を別の面からみると、芸術と政治的な様態とをさほど連動させていないようにもみえる。文化・芸術を「目的」とし、それを守り抜く「手段」として日本復帰や永世中立国といった政体を提示していたことは先に確認した。政治的独立が達成されて初めて独自の文化を護ることができるという考えの根底には、いわば政治（ハード）を「主」、文化芸術（ソフト）を「従」とする前提がある。この関係性を解きほぐし、文化芸術を護るという目的を政治的様態にそれほど左右されないものとして捉え直すならば、世界の国境と文化を見る視座がもう少し相対化されるのではないだろうか。また、文化を「文」、政治（権力）を「武」として捉えなおせば、「芸術肌」の沖縄が日本の政治、行政、外交を握るという、屋良のテクストが夢見た反転も、文化と政治の関係性を逆照射する潜在性をもつものとして想像し直せるだろう。屋良における琉球文化・芸術の評価が同時に、彼のテクストの問題点と限界を内包していることも指摘しておく必要がある。

まず、琉球国の文化と芸術を世界的に価値のあるものとして評価する屋良は、「文化程度が低い」というレッテルを他者へ貼ることに躊躇がない。敗戦直後の12月という段階で早急に『巴旗乃曙』を著した動機を、屋良は「文化の程度の低い名もない島々と、嘗ては立派な一独立国として米、英、仏、蘭などと条約を交換し、独特の芸術美に来遊の諸国人を随喜せしめた所謂琉球王国とが、萬一にも同一視されたり、同等の処理を受けたりするような痛ましい運命にでも成り果てたらとの杞憂」（屋良 1947：3）からであると緒言で吐露している。「文化程度が低い名もない島々」が具体的にどこを指すのか文章中に記述はないが、おそらくは沖縄よりも早く太平洋戦争の末期から米軍の占領下におかれていたサイパンやテニアンなどの日本の旧委任統治領を念頭にしていると思われる。戦前のサイパンやテニアンには製糖工場で働く沖縄出身者が多く、沖縄人にとっても馴染みの島々であった。戦前からの馴染みとはいえ日本帝国の委任統治領であった島々と、かつて王国であり一県として近代化した沖縄が戦後、等しく米軍占領下に置かれている状況を踏まえた上での「杞憂」だといえよう。[※13]人の思想が生きている時代の価値観によって拘束されるのはいたしかたないとはいえ、さまざまな尺度の一つでしかない文明でもって他者と自身の間に優劣をつける態度はどうにもいただけない。

故郷の文化と芸術を称揚する姿勢は、称揚する対象へ純粋性を求める志向に繋がるが、純粋性の追求が他者の排除に通じることにも留意すべきだろう。『巴旗乃曙』第三幕で神田は、「永世中立の平和境」とは薩摩や「大明」との関係を持つ以前の「純独立の時代」に還ることだと述べており（屋良 1947：35,36）、「琉球人の立場」も琉球の貴重な芸術を生み出すのは「純粋琉球人」であると述べているが、純粋な琉球、純粋な琉球人とは願望でしかない。純粋性という幻影を求めると、そこに所属するものとしないものの線引きを強化する権力が発動し、所属の資格なしと断定されたものを排除する事態につながるだろう。また、遠い過去に理想の統治を夢見て純粋な琉球を措定するのは単純な琉球ナショナリズムに通じ、さらには日本帝国時代の言論空間も彷彿とさせる。屋良がテクストに施したさまざまな構想に対して批判的検討を加えることなく現在に蘇らせるのは危険である。

敗戦直後と今日とでは、沖縄が占める倫理的な地位も変化した。屋良が本稿でみてきたような想像をめぐらし得た時代の沖縄は、太平洋戦争の最後の地上戦の舞台となり住民の多くが戦火で命を落とした犠牲者であるという自己認識を持ちえた。その自己認識が屋良をして日本に対して注文をつけさせしめる基盤となり、倫理的優越を主張する土台となりえた。しかしながら２０２０年代の今日において、沖縄を一方的な被害者として措定することはできない。犠牲者、抑圧されたもの、被支配者も他方において加害者、抑圧者、支配者たり得る多面的な存在である。そうした見方を踏まえた上で屋良のテクストを読んでいくべきであろう。

こうした限界を踏まえながらも、20世紀から続く国際政治史の枠組みから今一度、思考を解き放つ可能性として本テクストを現在に持ち込みたい。東アジアの片隅にある島嶼の将来について夢想する屋良の思考を導きの一つとすることによって、文化と政治の多様な関係性を想像し、大国と小国、「武」と「文」の関係を切り離し、あるいは自在に反転させる道を拓いていくことができる。時代が下っても、折に触れて屋良の思考が後世に何度でも持ち込まれるのであれば、まさにそれは「へこたれなさ」というしなやかな強さを体現しているとも言えるだろう。沖縄を取り巻く現実が、東アジア情勢が、国際政治が武に傾き、大国中心の色彩を帯び始めるとき、何度でも持ち込まれ、読まれる。そのようなしなやかな強さを、屋良のテクストは、夢想という営為のうちに宿しているのではないだろうか。

註

（1）2018年4月に沖縄の地元紙「沖縄タイムス」へ屋良朝陳の「琉球人の立場（一つの希望）」を紹介する小文を書いた際、担当記者から沖縄タイムスの過去記事データベースで彼の名前を検索してもヒットしなかったと伝えられ、驚いた記憶がある。

（2）『琉球夜話 上古の世』は国立国会図書館のデジタルコレクションにてオンライン閲覧。

（3）『琉球夜話 上古の世』表紙裏の「図書目録」参照。

（4）『大琉球』第2号の1頁「文化琉球人会会則」の「三、目的」に「一面那覇聾話学校疎開屋良学園の経費醸成を目的とす」とある。

（5）『旧記（琉球国旧記）』表紙裏に掲載している『琉球王代文献集』の広告にも同7名の名前が顧問および監修者として記載されている。国立国会図書館デジタルコレクションで公開している『旧記（琉球国旧記）』を参照。

（6）『沖縄新民報』1951年2月15日「軍租借地になっても／沖縄は復帰を希望／参院外務委で仲吉氏等発言」。

（7）屋良学園と文化琉球人会の住所については『大琉球』第2号の奥付を参照。

（8）『大琉球』第2号（1947年7月発行）「文化琉球人会会則」。ただし屋良が1946年に出版した『琉球史劇巴旗乃曙』の「作者曰く」で始まる文章には国是として「美 徳 柔」も挙げられており、「どうも記憶がはっきりしていません」が、「済みませんがそこも聞いたようにしておきます」と本人も確証がないまま記していることを告白している（屋良 1946 : 90）。

（9）各号の掲載内容については『大琉球』第6号後付け上の公告を参照。『大琉球』第2号の編集後記に「本誌は…（中略）…単行本兼用として毎号古文教の一篇を完載して行きます」とあることから、琉球、沖縄縣時代の文芸作品の発表媒体として当初から『大琉球』が想定されていたことが分かる。

（10）『大琉球』には、屋良の他に樋川虔淵（ひがわたかぶち）という人物が「民族の常任化へ」（第2号2頁）、「日本国是として美・仁・柔を掲げよ」（第3号5頁）という、沖縄の現状や日本との関係についての意見を掲載している。なお筆者がこれまで確認しているのは沖縄県立図書館が所蔵している『大琉球』第2号（１９４６年／昭和21年7月）から第6号（１９４７年／昭和22年8月）である。屋良が他の号に寄せた沖縄の将来に関する文章があれば、その分析は別稿に譲りたい。

（11）山城智史は最近出版した研究のなかで、１８５４年に琉球国がペリーと交渉した際、琉球側はむしろ中国との関係を理由に主権国家同士としての条約調印を拒否していたと指摘している（山城 2024：48）。この研究成果に照らし合わせると、欧米諸国との条約を根拠に琉球国が独立国であったと主張する屋良の構想の根拠は弱くなってしまうようにも思える。

しかしながら、ある歴史的な出来事の史実を詳らかにする実証研究と、その歴史的出来事が後世においてどのように想起され利用されているのか、という分析は、どちらも等しく重要な知的営為であろう。彼の生きた時代において、屋良朝陳が沖縄の将来を構想する際に琉球国時代の条約に重きを置いたという事実は変わらず興味深い点であり、屋良の思想活動の価値が損なわれるものではないと考える。

（12）冒頭で紹介した仲程（1982）がすでに、『巴旗乃曙』と筆者である屋良を紹介する文脈で伊波の「沖縄歴史物語」の結びに触れている（仲程 1982：100）。ただし仲程は、屋良が『巴旗乃曙』を執筆した動機に沖縄帰属問題への強い関心を汲み取る際の参照項として同時代の伊波の文章を引用している。もちろん本稿も両者が沖縄帰属への強い関心を共有していることや、敗戦直後の沖縄をめぐる政治状況が「琉球併合」を想起させる類似性を持っていたことに異論はない。そこに重ねて、伊波と屋良が共に沖縄を「自分の運命を自分で決することができない」立場として、敗戦直後を「隠忍自重の時期」と捉え、期待すべき将来像をかなり長い時間軸の先に想定している点を本稿では強調したい。

（13）１９４９年８月８日付で沖縄島在住の端山敏輝という人物からハワイの「沖縄更生会理事長」である湧川清栄へ送られた書簡の中に、「十年の計は木を植えよ、百年のことを計るには人を作れ」という表現が使われている。戦後、ハワイの沖縄救済更生会は沖縄に大学を設立する運動を展開していたが、１９４７年10月に沖縄民政府知事の志喜屋孝信がハワイに宛てて送った書簡の中には「一年の計は食を樹うるにあり、十年の計は木を樹うるにあり、百年の計は人を樹うるにあり」という中国の古典の一節があったという。志喜屋の書簡については、琉球大学創立70周年に寄せられた山里（2020）を参照しているが、１９４９年８月の沖縄救済更生会の湧川清栄宛て書簡は沖縄県立公文書館「湧川清栄文書」の「書簡」シリーズ（資料コード0000049950）にて確認している。

（14）南洋群島はその後、米国の信託統治になるが、１９４７年前半の段階で沖縄もまたその信託統治化がたびたび報道されていた。例えば『沖縄新民報』１９４７年４月15日「沖縄と硫黄島／結局信託統治か／対日講和会議で決定」や、同年６月16日「沖縄の将来は／信託統治か」などを参照。

〈引用文献〉


沖縄県立公文書館「湧川清栄文書」

『沖縄新民報』第２巻、不二出版、２０００年。

『大琉球』沖縄県立図書館比嘉春潮文庫。

赤嶺守、2013「戦後中華民国における対琉球政策——１９４５年～１９７２年の琉球帰属問題を中心に——」琉球大学法文学部『日本東洋文化論集』19号。

伊波普猷、1947=1998『沖縄歴史物語』平凡社。

上地聡子、2008「競われた青写真——１９５１年の帰属議論における「復帰」支持と、論じられなかったもの」『琉球・沖縄研究』２号、早稲田大学琉球・沖縄研究所。

上地聡子、2015「在日沖縄人の『日本主権』希求と朝鮮人：ＧＨＱ占領下の生存権という視座からの一考察」『アジア民衆史研究』第20集、アジア民衆史研究。
大城康洋、1983「屋良朝陳」『沖縄大百科事典』下巻。
鹿野政直、1999『近代日本思想案内』岩波書店。
崎原恒新、1971「琉球の独立をめざした人びと」『青い海』第一巻第八号。
前村佳幸、2012「屋良朝陳の『遺老説伝』翻訳・出版について」琉球大学教育学部紀要（81）：pp.89–100.
仲程昌徳、1982「琉球巴邦――永世中立国構想の挫折――屋良朝陳作『巴旗の曙』をめぐって」『新沖縄文学』53号
仲程昌徳、1997「屋良朝陳」近代日本社会運動史人物大事典編『近代日本社会運動史人物大事典4 ひ～わ』日外アソシエーツ株式会社。
山里勝己、2020「世界文運に伍せしめ」https://www.u-ryukyu.ac.jp/wp-content/uploads/2020/10/96b3b995aa4b41ced31b11ac2befddf5.pdf（２０２４年1月23日確認）
山城智史、2024『琉球をめぐる十九世紀国際関係史 ――ペリー来航・米琉コンパクト、琉球処分・分島改約交渉』インパクト出版会。
屋良朝陳、1946a『琉球史劇 巴旗乃曙』琉球王代文献頒布会。
屋良朝陳、1946b「琉球人の立場（一つの希望）」『大琉球』第二号、文化琉球人会、沖縄県立図書館比嘉春潮文庫、pp.3–4.
屋良朝陳、1947『琉球秘史劇　巴旗乃曙 付普天満権現　琉球王代記略表』文化琉球人会。

9章 東アジア民際交流が切り結ぶ世界

東アジア市民社会の政治・文化的基盤についての考察

野口真広

1　はじめに

本稿は、日本・韓国・台湾・香港のデモとポップカルチャーの状況を考察し、近年の東アジアにおいて、市民の間で社会的・政治的な価値観の共通性が見出されることについて論じる。当事者が意識的か無意識的かは問わず、東アジア域内の市民的交流はすでに実態として深化していると考えられる。なお、本稿で東アジアというとき、政治的な分析枠組みとしては、日本、韓国、台湾、香港に限定している。中国を含めていない理由は、本稿が国政選挙を伴う議会制民主主義と市民社会の関係を主に考察対象に設定しているためである。ただし、国際政治の観点からの分析や経済圏、文化圏として東アジアを語る際には、中国を含める場合もある。

東アジアでは、政治的・文化的な価値観の広がりを支えるものとして、SNSという新しいメディアの広まりや、デモや集会のような政府の統制の及ばない直接的な対話機会の増大、そして国境を越えたポップカルチャーなどがあると考えられる。娯楽の日常的な共有化により、いわば東アジア版のコスモポリタン文化が広まったことで、相互の社会への関心も高まっている。本稿は、それが東アジアにおいて社会的・政治的な価値観の共有を促進する基盤となっている可能性を論じる。なお、考察対象はコロナ禍前の2016年までを対象としている。時期区分として2016年までを一区切りとしたのは、この年に日韓台で国政選挙が行われているからである。この選挙に見られる民意から社会的・政治的な価値観の共有基盤を確認できる。本稿は、その前提となる各国の政治・文化の交流を跡付ける。

そもそも、東アジアにおける双方向的な交流の土台には、政治的な民主化と東アジア経済圏の拡大・深化がある。1980年代から90年代にかけて、韓国（1987年6月の盧泰愚大統領による大統領の直接選挙制の宣言）と台湾（1996年3月から総統直接選挙実施）を中心に東アジアでは急速な民主化が進んだ。更に中国の経済成長を受けて、東アジア地域の経済的相互依存が進むにつれて、様々な相互交流が拡大した。生活者の視点で見ると、多様な交流は相互を対等で親近感のある存在として捉える感覚の広まりにも繋がる土台になっていると考えられる。

その一方で、日中韓の政府レベルでは、領土問題や歴史認識をめぐって時に厳しい対立がみられることも事実である。しかし、久しく停滞していた日中韓首脳会談が2015年11月1日に約3年半ぶりに再開され、[※1]2018年5月には第7回、2019年12月には第8回が開催された。また同年12月28日に慰安婦問題解決に向けての日韓外相による合意が見られた。[※2]2023年11月26日には4年ぶりの日中韓外相会談が開かれ、なるべく早い段階での日中韓首脳会談の実現に合意してるように、[※3]各国政府は対立の中にも対話を模索しようとしている。いわば小康状態にあるといえよう。

コロナ禍は、旅行や留学といった市民交流を停滞させた反面、各国世論の対外認識に落ち着きを与える効果もあったように思われる。この小康状態が持続的な安定につながるか否かを予測するためにも、各国の市民同士の日常感覚にどの程度親近感を見ることができるのかを知る必要がある。隣人として交流するためには、自分と相手の間にどのような共通点と相違点があるのかを知ることは重要である。共通点と相違点についての認識が、互いの親近感や関心にも大きな影響を与えるからである。各国の人々が何に悩み、何を楽しみ、互いのどのような点に興味を持っているのか。消費するポップカルチャーからそれらを推測する。

近年では、国境を越えて様々なポップカルチャーを楽しむ機会が増えている。そこで、本稿では、消費している文化から、ある国の社会的価値観と別の国の社会的価値観の親疎を推測することを試みる。複数の国の市民が、共通のポップカルチャーを共通の文脈で理解しているとき、そこには価値観の共感があると考えられる。本稿では、共通の文脈で消費されているポップカルチャーの存在を検証することで、国境を越えた市民同士が友人となり得る可能性が、すでに東アジアでは広範囲に見られるという仮説の下で分析を進める。

先行研究としては、五野井郁夫が日米のデモの比較から戦後日本の民主主義に音楽やアートが果たした役割を分析した論考[※4]や、上ノ原秀晃が日中韓台での面接による社会調査結果から国内エリート層ほど東アジア人アイデンティティが高い傾向のあることを分析したもの[※5]、そして白石さやが緩やかな東アジア文化共同体をポップカルチャーが促すことを考察したもの[※6]、大野俊の越境する東アジアポップカルチャー分析から若者に流動的アイデンティティが見られることを指摘した論考[※7]などがある。五野井は、米国のオキュパイ・ウォールストリートで見られたTAZ（Temporary autonomous zone）という一時的な自律的空間に着目し、市民が「院外」政治勢力として政治的な直接意思を示しうる状況の存在を指摘した。五野井はグローバル経済と制度的民主主義の疲弊ともいうべき状況が普遍的に見られることを踏まえ、議会内（院内）の政治ではなく議会外（院外）の政治として世界各地のデモを捉える。日本もその一例として、福島原発事故後の反原発デモを中心に分析しているが、その観点はグローバルな院外政治の一環としての評価である。ただし、「60年安保の時に寸断されかかった「院外」の政治の継続」[※8]という視点も持っている。

五野井のグローバルな視点や日本の戦後デモ史の評価に対しては基本的に賛同する。しかし、五野井のデモ評価には、米国のデモをひな型とし、その影響力がハブとなって世界各地のデモをスポークと見なす視点が強いという問題がある。逆に言えば、日本を含むアジア域内の水平的な相互影響関係への視座が弱いといえる。その結果、60年代学生運動を論じる際にレベル・ミュージックを取り上げても、ボブ・ディランから語り始めてザ・フォーク・クルセダーズの『イムジン河』を語るというように[※9]、音楽でもハブ・アンド・スポークの構図が見られる。

しかしながら、五野井は、デモのサウンドトラックとしてプロテストソングに注目するという優れた視点を持っている。市民が政治に関わる意義は、えてして政策代替案の提示などの有無によって評価されやすい傾向があることとは異なる視点である。劉維が、「アドボカシー活動による市民社会組織の参加と制度化――日本、アメリカ、中国を例に――」[※10]で論じているように、政治学からすれば、アドボカシー＝政策提言の程度に着目しがちなのはやむを得ない。政策提言ができるのは、いわゆる知識人層といわれる中産階級以上の人々である。しかし、現在の東アジアの社会問題を考える上で、低中所得層や学生のようなマイノリティ的主体の問題意識をいかに政治に反映させるかは大きな問題である。
福島原発後のプロテストソングとして、斉藤和義が歌った『ずっと好きだった』の替え歌である『ずっとウソだった』に五ノ井が着目したのは、同時代的感覚のある優れた評価である。しかし、斉藤和義という90年代デビューのJ–pop歌手の意義を考えるとき、同世代の日本のポップカルチャーとして浜崎あゆみや宇多田ヒカル、安室奈美恵、B'zなどがアジア各国の若者に消費されてきたという状況は押さえる必要がある。90年代は毎年100万枚を超えるシングルがトップチャートを賑わせていた時代であった。その後、CDの売り上げが落ちていくにしたがって、日本はアジア市場へも進出していった。また、中国や韓国、台湾、香港の各地の音楽業界から見ても、もはやアジアという共通市場は前提となっている。安室奈美恵や浜崎あゆみのような日本では一時の人気のピークを越えたと思われる歌手も、嵐などと並んで2016年頃には東アジアでのセールは好調であった。[※11] 安室奈美恵が台湾の人気歌手であるジョリン・ツァイとコラボした2014年の「I' m Not Yours」が出たのもこのころである。ちなみに2018年に安室奈美恵が引退した時の沖縄ライブにジョリンは出演している。[※12]
そもそも、日本はCDの販売額で言えばアメリカに次ぐ巨大な市場であった。[※13] そのため、K–popに典型的に見られるように東アジアの歌手も数多く日本デビューしている。日米を中心とした議論の構図からは、このような日本と東アジアとのポップカルチャーの関係は見えてこない。日米安保も原発の問題も、そして日本の憲法改正の議論も、東アジアと日本との関係抜きには議論できない。これに対して、上ノ原や白石、大野は若者アイデンティティへの評価はそれぞれ異なるものの、実態として若者文化のボーダーレス化が起こっているということでは一致している。本稿では、ポップカルチャーの共通文脈での消費と社会問題への意識には密接な関連性があると考える。

東アジアで民主化を分析する際に、どうしても政策提言や政府批判などに着目して市民の政治性が評価されがちである。例えば、山田満は[※14]、『市民社会からみたアジア』という特集号を2012年の国際政治学会で企画した際に、「国家主権の強いアジア地域においても濃淡はあるにせよ確実に民主化や人権を求める市民社会の動きが出てきている」[※15]ことに着目した。山田は「民主化の主要な担い手とされる中間層は、経済発展を担保する権威主義体制（開発独裁）の下では経済的な豊かさを享受する保守層に属し、民主化の担い手ではなくむしろ体制維持側にまわるか、政治的問題には無関心層を装うことが指摘されてきた」[※16]と述べている。ここでは「無関心層を装う」という表現から、声を挙げない中間層が批判の対象となっている。しかし、現在のグローバル化の負の影響により、かつての中間層は崩壊し、低所得層へスライドしている。一部の富裕層は残りつつ、中間層から脱落した層が低所得層へ合流し、社会が二極化へ向かっている。このような社会を分析するには、政治的問題に関心を持ちながらも行動する時間も余裕もない人々の民意をくみ上げる方法が必要である。むしろ、彼らの政治的意識を評価する新しい方法こそ求められている。

かつての労働組合や60年代の組織化された学生運動のような、いわば「古い中間層」の運動をモデルにはできない。現代的な政治的運動を評価するためには、かつてのデモよりも負担の少なく、幅広い人々に共感されるような運動スタイルを基準に考えるべきではないだろうか。そのような新しい基準に合致した運動が、台湾や香港、日本、韓国に現れつつあるのではないだろうか。

本稿では、幅広い人々に共感され、時には国境を越えて支援が集まるような運動が起こる社会的な背景と状況を取り上げ、その意義を考察した。その際、まだデモに参加していない「潜在的なデモ参加者」である不満を持つ多くの人々の心情を理解するため、ポップカルチャーの文脈から社会性を読み取り、これまで「無関心」と評価されてきたような未だ組織されてない人々の民意を可視化したい。それが国政選挙にも実際に影響を与えていることを論じる。

まるで連鎖するように東アジアで立て続けに起こった大規模なデモや占拠運動に対して、共通する社会性を読み取ろうという分析は、すでに始まっている。例えば、『季刊変革のアソシエ』19号(2015年1月)では、「躍動するアジアの民衆運動――台湾・タイ・香港・インド・韓国」という特集が組まれているし、これらの事象に関心を持つ論考も増えてきている。台湾、香港、日本のデモについて、コロンビア大学修士の学生でもあり、フリージャーナリスト兼翻訳家のBrian Hioe(丘琦欣)は、2015年11月17日にNew Bloom Magazineへ「韓国の最近のデモとアジアの過去の抗議運動」(Current Demonstrations in South Korea and Asia's Past Year of Protests)[※17]という記事を寄せている。記事の中では、台湾、香港、日本、韓国のデモが同時期に起こったことを分析し、各国の保守政権の権威的な政治運営や愛国主義的教育への抵抗がある一方で中国への危機意識から日韓では保守政権の基盤が強固であることを紹介している。

また、学生自身の体験談や経験談から、近年の東アジアにおける連帯の可能性について考察する論考も数多く見出せる。例えば、早稲田大学に留学し、その後台湾大学大学院に進学した林彦瑜は、早稲田大学アジア研究機構の雑誌『ワセダアジアレビュー』で、「台湾から見る韓国と沖縄」[※18]と題したエッセイを寄せている。その中で、自らの卒業旅行として沖縄の慰霊碑や韓国の史跡を訪問しながら平和記念教育や愛国主義教育によって国家間のナショナリズムに国民が回収される恐れを指摘し、台湾のための平和的なナショナリズムの在り方を模索している。

以上のように、東アジアにおけるデモと社会の関係についての関心は高まっている。そこで、次に台湾のひまわり学生運動や香港の雨傘運動、日本のSEALDsについての各運動の概要を紹介しつつ、関連する論考を整理したい。

2　社会的公正の要求と政府批判——東アジアの市民運動——

2・1　東アジアの市民運動の概要

まず、2014年3月18日から4月10日まで、台湾の立法院を学生たちが占拠した「ひまわり学生運動」については、多くの国々で報道されたこともあり記憶に新しいだろう。2014年5月10日にNHKBS1では『議会占拠24日間の記録〜中台急接近に揺れる台湾〜』が放映された。そのほか、雑誌『社会運動』(インスクリプト社)2014年11月号では「新たな対抗運動の可能性——台湾・ひまわり革命」という特集号が組まれるなど、雑誌や新聞でも数多く取り上げられた。台湾の与党国民党の主席でもある馬英九総統は、国会審議も十分に行わずに中台サービス貿易協定の締結を強引に進めようとした。政府は中国と台湾の間の貿易を活性化させるためと説明したが、大陸から低価なサービス業者が押し寄せれば、大半が第三次産業従事者である台湾の市民にとっては死活問題となる。美容師や屋台の商売人など、庶民の生活に直結する政策であるにもかかわらず、馬政権は国民に十分な説明をせず「密室」の議論で進めようとした。市民は「黒箱服貿」(サービス貿易の議論がブラックボックス状態であること)を拒絶すると言って、政府の政治手続きに抗議した。馬総統が民進党の陳水扁政権から政権を奪い返した8年前、中台関係の改善による経済発展が期待されていた。しかし、中国資本や中国市場への依存は、一部の台湾経済人を中台政府の政商として潤すことには成功したものの、一般の台湾人を取り込むことができなかった。[※19] 経済成長への期待が失われている中で、新たな中国依存の経済政策が批判されたことは当然の結果であった。[※20]

港千尋は『革命のつくり方』[※21]で、ひまわり運動の全体像を描くとともに、世代を超えた台湾の民主運動の流れのなかにひまわり運動があることや、アートや音楽を効果的に利用して、感覚的にも世界へアピールできていたことに注目した。政治の理性だけでなく、日常感覚に基づいた政治への不満を議会選挙という行動へ結び付けたことに運動の成功があった。港は「歌、音楽、ファッション、演劇、文学、テレビ番組など、ある世代が感性的に共有しているものが、運動の記憶に結びつく。群衆の記憶は、歴史書の記述として継がれてゆくものではない。感性的な共通体験がなければ、それは残ってゆかないのである。プロテストソングもそのような集団的な記憶をつくる、重要な要素である」[※22]と、述べる。ひまわり運動では、滅火器というバンドによる「島嶼天光」という歌が運動の中で生まれ、広まった。この歌は、運動の間だけでなく、2016年1月16日の台湾総統選挙でも民進党（台湾独立傾向のある政党。この選挙で与党となる）の集会場でも演奏されていた。[※23] 総統選と立法院（国会）議員選挙は同日に実施され、民進党が過半数を制するだけでなく、若者の支持を受けた新党の時代力量（ひまわり運動を母体とする新しい政党）の議員も5人が当選した（議員総数は113名）。

次に香港での反政府デモである雨傘運動を見てみたい。香港では2014年の9月26日から12月15日まで「雨傘運動」が起こった。香港の中心部を学生や市民が占拠した背景には、一国二制度を保証したはずの中国政府が民主化を抑制するような香港行政長官選出方法を導入しようとしたことがある。[※24] 8月31日に、中国の全国人民代表大会常務委員会は、行政長官の普通選挙に関する決定草案を可決したが、そもそも2人か3人しか立候補できず、しかも1200名の指名委員会の過半数の承認が必要とされた。香港では行政長官は指名委員による間接選挙である。

ちなみに、香港の選挙は日韓台の選挙とはかなり異なっている。行政長官の選挙だけでなく、立法会（国会に相当）の議員の選挙も独特であり、直接選挙のほか、職業団体ごとに委員数・議席数が割り当てられる仕組になっている。[※25] 日本であればすべてが直接選挙であり、職業団体ごとの選挙枠や選挙区は存在しない。戦前の貴族院では、皇族や貴族枠や高額納税者枠などがあったが、戦後には存在しない。しかし、香港では職業によって一票の価値が異なるのである。立法会の議席数についていえば、例えば産業界は会社単位、医師や弁護士など専門業種は個人が有権者、労働界を除くすべての業界は各一議席だが、労働界は香港全体で300万人なのに対して、医師の場合は1万人から１人、金融機関は128社から１人の議員を選ぶことができる。ちなみに議員総数は２０１２年の第五期選挙では70人である。指名委員会の職能別割り当て委員数も同様に一票の格差がある。親中派が多数を占める選挙委員会が、民主派を候補者に選ぶ可能性はほぼないと言っていいだろう。中国大陸との経済的つながりが強く、社会的に恵まれた階層にとって有利な政治制度になっているのである。これは裏を返せば中下層の香港人にとっては社会的な不公平感を蓄積しやすい仕組みでもある。多くの若者が香港中心部の占拠運動に参加したのも頷ける。

9月から10月にかけて、主に九龍半島ショピング街の旺角（モンコック）、香港島の立法・行政機関が集中する金鐘（ガムチョン）、銅鑼湾（コーズウェイ・ベイ）の三か所に占拠が集中した。9月28日には政府ビル広場に突入した学生たちが「愛と平和のオキュパイ・セントラルを正式に開始することを宣言」した。[※26] 雨傘運動の名称は、警察の催涙弾や催涙スプレーから身を守るために雨傘をかざしたことに因む。しばらく警察との対峙が続くが、その後香港政府が占拠を事実上容認したことで、アート作品やモニュメントが立てられ、集会やコンサートが行われるようになった。[※27] 10月21日には学生団体と香港政府との対話も行われた。学生団体は、一部の富裕層の意向に偏った選挙制度を批判し、低所得者層の意見も反映されるような制度への変更を求めた。[※28] これに関して、梁振英行政長官は、欧米メディアとのインタビューで、「普通選挙制度を導入すれば、月収１８００米ドル（約20万円）以下の低中所得者層が選挙を主導することになる」と発言し、物議を醸した。[※29]結局、運動自体は、運動内部の排外主義右翼の反対や、やくざによる襲撃もあって12月15日には占拠は終了させられた。北京政府の非妥協的な態度と、香港財界の指導的立場への固執という二つの敵に挟まれた学生運動は当初から勝ち目のない運動だったのかもしれない。しかし、学生や市民が示した民主主義への民意は重要な旗印として世界に印象付けられた。

日本でも2015年の夏場から安保法制反対のデモをSEALDsが中心となって牽引し、毎週金曜日の国会前デモは社会にも認知された。これをきっかけに、いままでデモに参加したことのない人々が各地でデモを行う機運を盛り上げた。その流れは、2015年8月30日の「戦争させない・9条壊すな！総がかり行動実行委員会」へと繋がった。この日のデモは、主催者側発表では12万人、[※30]警察側発表でも3万3千人[※31]という大規模なものだった。日本に関するデモの意義については、次節で述べる。

デモの連鎖は、この年の暮れには韓国にも及び、11月14日には近年にない10万人規模（主催者側推計、警察側推計は6万4千人）の大きなデモが実施された。このデモでは放水銃で撃たれた農民が意識不明となる事件も起こった。被害農民への抗議も含めた政府批判は高まり、12月5日には5万人規模（警察側推計1万4千人）の「凡国民大会」と称するデモが起こった。政府は二回目の大規模デモを抑えようとした。参加者は、監視されることへの恐れと抗議のため、思い思いのマスクをかぶって参加した。[※32]あるものは化粧パックのマスクを被ってお肌の手入れ中だと皮肉ってみせたり、仮面舞踏会風の目元を隠すマスクをかぶったり、あるいは映画『Vフォー・ヴェンデッタ』（2006年）の仮面を被るものもいた。『Vフォー・ヴェンデッタ』は、『マトリックス』シリーズのウォシャウスキー兄弟が製作・脚本を担当している。物語は、第三次世界大戦後。近未来のイギリスの社会を舞台に、全体主義の政府を破壊するために暗躍する1人のアナーキスト「V」を描いている。当時の朴槿恵政権に対する皮肉がこもっていることは言うまでもない。

デモの背景には、韓国の抱える深刻な社会的格差の問題と経済問題がある。ソウル一極集中による住宅価格の高騰や、長引く不況による若年層の就職難は経済のグローバル化と相まって、よりハイスペックな学歴と資格試験への競争意識を過剰に高めている。韓国の若者には「三放世代」という言葉が登場したが、これは恋愛・結婚・出産の3つをあきらめることを指している。その後、「就職とマイホーム」まで加えて五放世代という言葉が生まれ、さらには「人間関係や夢」まであきらめる七放世代、最近ではすべてをあきらめる「N放世代」まで現れた。※33 いずれも諦める原因は経済的理由が挙げられている。※34 ごく一部の勝ち組がいる一方で、多くの庶民は将来に期待が持てない。ハンギョレ経済社会研究院が全国の19歳から34歳までの1500人を対象に行った「青年意識調査」によると、「韓国社会は努力に応じた公平な対価が支払われる」との回答が13・9%、「公正な対価が支払われていない」という回答が86・1%となった。また、「社会的な成功において親の経済的地位よりも自分の努力の方が重要だ」との回答は27・3%にとどまった一方、「親の経済的地位の方がより重要だ」との回答が72・7%に達している。※35 韓国は、台湾、香港、日本と比べてもいっそう社会的な苦悩が深いように見られる。

2・2 現象としてのデモの連鎖

世界のなかの東アジアのデモ

五野井が指摘しているように、アラブの春から始まった新しいデモは、オキュパイ・ウォールストリートTAZの見本となった。世界経済の中心である米国のウォールストリートを占拠するという象徴性は、立法院を占拠した台湾のひまわり運動や香港の経済・政治の中心地を占拠した雨傘運動、そして日本で国会前デモを行ったSEALDsとも共通する。いずれもグローバル経済が引き起こした格差問題への異議申し立てという共通項を持っている。連鎖という点で見れば、ひまわり運動関係者の学生とSEALDs参加者の学生が早稲田の林彦瑜を通じて勉強会を行っていた。また、台湾の中央研究院の呉叡人副研究員（国民党独裁体制への批判運動である野百合運動の元運動家）が、学生達と一緒に立法院へ入って運動を支援するだけでなく、香港大學學生會學苑『香港民族論』（學苑　2014）の中で、「小人の夢：香港ナショナリズムノートの考察」（原題「The Lilliputian Dream：關於香港民族主義的思考筆記[※36]」）を寄稿して香港の学生を励ましている。

他にも、YouTubeやFacebookで各運動の映像や書き込みを見ると、東アジアの国境を越えて運動へのコメントを書き込む人々がいることが分かる。例えば、台湾のひまわり学生運動のプロテストソングだった滅火器の「島嶼天光」のYouTube映像を例にすれば、日本語訳された歌詞付きの映像には多数の日本語の書き込みがついているものがある。[※37]その中には「デモの参加者は50万人以上だとか。それでゴミもほとんど無かったというのだから、称賛に値する。すでに長期戦の様相を呈しているようで先は未だ不透明だが、日本そして世界があなた方の勇気と覚悟ある行動を支持し、見守っている。台湾、加油！」という書き込みに対して、映像をアップしたユーザーから「見守ってくださってありがとうございます。リーダーの学生さんたちは、とても優秀で勇敢な方々です。長期戦も覚悟していると思います。台湾が真の民主・法治国家になるため、頑張っていきます。これからもどうぞよろしくお願いします。」と

【表1】米国と東アジアのデモ

地域	世界的に連鎖するデモ	前史となる主な大規模デモ・運動
米国	2011.9.17 オキュパイ・ウォールストリート	2010年のアラブの春
台湾	2014.3.18–4.10 ひまわり学生運動	2008年の野イチゴ運動
香港	2014.9.26–12.15 雨傘運動	2014年の天安門事件25年追悼集会
日本	2015.9.17 安保反対デモ（SEALDs）	2011年の反原発デモ
韓国	2015.11.14 民衆総決起 12.5 汎国民大会	2015年セウォル号遺族のデモ

いう返信が付いているものもある（2014年の応答）。このほか、いくつかのビデオクリップ映像を見ていくと、韓国人も台湾を支持しますとか、香港人も台湾を支持しますという書き込みも見つけることができる。[※38] デモ体験がテーマソングとともに国境を越えて共有されているといえるだろう。

3　東アジアの共通性――社会問題への共感の可能性

3・1　置かれている状況の類似性とポップカルチャーの周流

では、なぜ東アジアのデモは国境を越えて共感されるのだろうか。そこには人々を取り囲む社会問題が影響していると考えられる。経済格差、若者の就職難、晩婚化、戦争の記憶の再解釈をめぐる国内論争など、実は東アジアでは共通の社会現象を指摘することができる。

台湾の馬英九総統、韓国の朴槿恵大統領、日本の安倍晋三首相はそろって保守政権であり、歴史認識において保守的であることは共通している。これに対して、各国の若者は自分なりの考えで歴史を解釈しなおそうとしている。それは左右どちらか一方の歴史観に向かっているというよりも、政府からの押し付けに対する反発といった方が良い。日本のSEALDsの中心メンバーである奥田愛基は典型的な例だが、政府の保守的な戦前再評価の傾向に違和感を持ち、元戦犯との対話から戦前の歴史を自分なりに解釈しようとする。奥田は、元BC級戦犯だった飯田進の話を高校2年の時に平和授業で聞いている。「戦争で人命を奪った過去を明かし、『二度と繰り返すな』と訴えた」ことを思い出しながら国会前のデモに参加していると奥田は語る。[※39]

もう一人のSEALDsメンバーである千葉泰真は、新聞投稿に載った元特攻隊の予科練として生き延びた老人の言葉を紹介しながら国会前のデモ演説を行った。千葉は読み上げる。「安保法案が衆院を通過し、耐えられない思いでいる。だが学生さんたちが反対のデモを始めたと知った時、特攻隊を目指す元予科練だった私は、うれしくて涙を流した。（中略）天皇を神とする軍国で、貧しい思考力しかないままに、死ねと命じられて爆弾もろとも敵艦に突っ込んでいった特攻隊員たち。人生には心からの笑いがあり、友情と恋があふれ咲いていることすら知らず、五体爆裂し肉片となって恨み死にした。16歳、18歳、20歳…。若かった我々が、生まれ変わってデモ隊となって並んでいるように感じた。学生さんたちに心から感謝する。今のあなた方のようにこそ、我々は生きていたかったのだ[※40]」。元特攻隊の老人の投書からは、当時の自分たちと同じ年齢の若者がデモに立ち上がっていることに希望を持ち、あったかもしれない自分たちの選択肢を実現させてくれているという感謝の気持ちが伝わってくる。同時に、その気持ちに千葉が共感していることもよく分かる。

彼らの発言を聞くと、お仕着せの歴史認識から自由であるという印象を強く受ける。物心ついた時から、冷戦後であり、台湾や韓国が民主化されているのが当たり前の世代ならではの感覚なのかもしれない。そもそも彼らの世代は、東アジア諸国の若者と同じ目線で会話し、共通の音楽やアニメ、食生活で盛り上がり、クラスメートとして大学生活を過ごし、アルバイト先では同僚となり、中には恋愛対象としても互いを意識することが珍しくもない。当然、まず謝罪ありきでもなく、日本賛美でもなく、自分が納得する形で歴史を考えようとするのが自然な人々なのだろう。そこに、戦前世代は本当の対話ができる世代の登場を見出して歓迎しているように思える。

東アジアのデモをリードする中心人物を比較してみると、その若さと年齢の近さに驚く。日本：奥田愛基　当時21歳、台湾：林飛帆　当時25歳、香港：ジョシュア・ウォン（黄之鋒）当時18歳。彼らは東アジアの社会で互いを対等な視線で見つめ、互いの「生きづらさ」から来る感傷と怒りへの共感ができる世代である。

各国のデモのプロテストソングを以下に比較してみたい。日本は、反原発の歌として、斉藤和義「ずっと好きだった」の替え歌「ずっとウソだった」（２０１１年）のほか、SEALDsが口ずさんでいた「民主主義って何だ?」「これだ」というコールアンドレスポンスも広く知られるようになった。台湾では、すでにYouTubeでの各国の書き込みの例で紹介した滅火器「島嶼天光」（２０１５年）がある。香港では、「撐起雨傘」（雨傘を掲げよう）という曲が作られているが、このほかにデモの定番曲となっているBEYONDの「海闊天空」（日本でもデビューしているため、同曲は日本語訳の「遥かなる夢に～Far Away～」もある）を挙げたい。なぜならば、BEYONDはボーカルが日本デビュー後に事故死しているが、今でも香港では人気のあるバンドであり、台湾の張恵妹（アーメイ）という歌手の香港公演でもカバーされている曲である。いずれの曲も自分の力の弱さと社会的な不公正への怒りをにじませた哀調の曲という点が似ている。韓国については最近のヒット曲のなかではプロテストソングは見当たらないが、民主化後の90年代にはソ・テジという社会的メッセージ性を持った人気歌手もいる。最近でもDJ DOCという政治的なメッセージを送るヒップホップグループはいるが、TwiceやBTSなどのスタイリッシュなダンスグループ系のK–POPが人気があるのに比べると、韓国以外での知名度は低い。

プロテストソングが、流行曲となるのは、各国の中での話としては珍しいことではない。しかし、興味深いのは、プロテストソングの曲の作り手が、60年代の日本のフォークミュージシャンとは違って、様々な流行曲の作り手と自分を差別化することなく、あくまでも音楽としての楽しさを失わないという点である。ファンからしてみれば、運動のための音楽を聴き続けるような堅苦しさもなく、純粋に音楽性に惹かれて聞くものもいれば、政治性に惹かれるものもいるというように、多様な聞き手と同居することができる。昨今の音楽業界では、コラボやフィーチャリングといった異なるレーベルやジャンルのアーティストが組むことは珍しくなく、さらにはフェス形式のライブへの参加を通じて多彩な音楽ジャンルのファンに触れる機会も多い。ましてや国境を越えてのワールドツアーというライブ形式は、東アジアの音楽市場での売り上げを伸ばすためにも必要になっている。それが各国の社会派のバンドや歌手からの触発作用を起こすこともある。

例えば、日本のバンドにアジアンカンフー・ジェネレーションという人気バンドがいる。彼らは国内でも複数のバンドが参加するフェス形式のライブを開催することが多いが、2007年には初の海外公演として韓国の野外フェス「INCHEON PENTAPORT ROCK FESTIVAL」へ参加している。[※41] その後、韓国へは定期的に公演に出かけ、2012年には単独で台湾公演を、2013年には「アジアサーキット」というイベントで台湾、韓国、シンガポールなどで公演をしている。[※42] 日本だけでなく、アジアのファンへも向けて公演を続けるなかで、政治的な関心も深まり、ライブ会場でのMCの時やラジオ放送、雑誌のインタビューなどで政治的な意見を述べることも多い。SEALDsの『SEALDs民主主義ってこれだ！』には、文章を寄せてSEALDsの活動に対して賛同を表明している。[※43]

なお、SEALDsの中心メンバーだった奥田愛基は、ロックイベントであるFUJI ROCK FESTIVALの2016年のステージ（アトミックカフェというトークとライブのステージ）に登場しているし、[※44] 2019年の同フェスのアトミックカフェ（社会テーマを扱うステージ）では、SEALDs RYUKYUのメンバーだった元山仁四郎が、沖縄県知事の玉城デニー、沖縄出身のORANGE RANGEのメンバーであるYOHと一緒に沖縄の基地問題を話している。[※45] フジロックは元々、社会問題や政治に敏感なフェスである。

台湾の音楽と政治を語る際には、メタルバンド「ソニック」（ChthoniC、閃靈）は欠かせない。2016年の立法院選挙に立候補したボーカルのフレディ・リム（林昶佐）は新党の時代力量から出馬して当選した（2019年に離党、現在は無所属の2期目）。ソニックは、霧社事件や第二次世界大戦、二・二八事件などの政治的なテーマを基に曲を作る社会派のバンドであり、二・二八事件で引き裂かれた恋人の悲恋を歌った「暮沉武德殿」(「Defender of Bu-Tik Palace」)や、日本軍人として戦地へ送られた高砂義勇兵(台湾先住民からなる兵士)を歌った「TAKAO」などで知られている。国民党を痛烈に批判する台湾独立派でもある。1998年にデビューした後、2000年にフジロックフェスティバルで来日してから定期的に公演で訪日している。[※46]「暮沉武德殿」(「Defender of Bu-Tik Palace」)のアコースティック版では「ワダツミの木」で有名な元ちとせとコラボレーションしている。「暮沉武德殿」のMVでは、大東亜戦争から夫は生還したものの、帰郷後に起きた二・二八事件という国民党政府による武力弾圧で殺される。しかし、妻は半世紀後にソニックの歌声が響く舞台の中で再び夫の姿を見つけて涙するという映像となっている。[※47]

3・2 共有される文化の特徴

共有される文化の存在

若者が触媒となり東アジア社会での文化や価値観の共有を進めていく上で、もちろん、漢字文化圏、あるいは儒教文化圏など様々な伝統文化の基盤も活用されている。しかし、東アジアでは、元々、米国のポップカルチャーが流通しており、それが共通基盤となって、日本、韓国、台湾、香港のポップカルチャーが流入するような形になっている面も大きい。冷戦時代には、日韓台は米国のハブ・アンド・スポークの一軸となり、経済だけでなく若者文化においても共通の市場であった。その共通の市場が確立した後に、最初は日本のアニメや、音楽、映画が二番手の売り手として進出し、その後、香港のカンフー映画(ジャッキーチェンなど)や韓流ドラマ(冬のソナタなど)やK–POP、台湾の映画やアイドルなどが続々と参入していった。2016年の台湾総統選挙で話題になった韓国のアイドルグループであるTWICEのように、日韓台の出身者からなるアイドルグループも存在する。以下は、日台の歌手・バンドによる合作の一例である。

日本がアジア市場で強みを持っているのは、何といってもアニメとマンガだろう。ドラえもんや、ガンダム、スタジオジブリの作品などはアジアに限らず世界中で愛されている。韓国でも台湾でも日本のアニメは人気があり、鳥山明の『ドラゴンボール』や、尾田栄一郎の『ONE PIECE』などは誰でも知っている。次に注目したいのは、韓国での『進撃の巨人』の社会的なブームである。その過熱ぶりは日本でも報道されている。

生きづらさへの共感

諫山創の『進撃の巨人』(講談社『別冊少年マガジン』2009—2021年連載)は、三重の城壁に囲われた城郭都市に住む人間と、不意に人間を襲撃する人食い巨人との戦いを描いた無国籍的な世界観のアクション漫画である。[※48] この世界では、最も安全な城郭の中心の壁の奥に住む政治家や富裕層と、巨人に襲われやすい外壁のすぐ内側に住む庶民との格差社会が厳然とある。城壁の外は巨人がうろつく危険な世界であり、偵察隊の役目を果たす若い兵士たち(調査兵団と呼ばれる偵察兵)を除いて、誰も外へ出ようとはしない。ガス噴出のできる立体機動装置と呼ばれる装置によって、兵士は宙を舞うように跳躍できる。巨人の首筋にある弱点を剣で切り裂くことで、巨人は仕留めること

【表2】日台の歌手による合作曲

歌手またはグループ名	国境を越えたコラボ曲
flumpool(日)、Mayday(台)	「Belief ～春を待つ君へ～」
GLAY(日)、Mayday(台)	「Dancin' Dancin' feat.TERU(GLAY)」
安室奈美恵(日)と蔡依林(台)	「I'm Not Yours(feat.Namie Amuro)」
ソニック(台)、元ちとせ(日)	「Defender of Bu-Tik Palace」
EXILE の ATSUSHI(日)、周傑倫(台)	「説了再見」(2012 年)

ができる。数メートルから数十メートルに及ぶものまで、巨人は体の大きさだけでなく俊敏さや知能にも差がある。運悪く強力な巨人に出会えば、百戦錬磨の兵士もあっという間に殺され、食われてしまう。誰がいつ食われて死ぬのか分からない恐怖に襲われながら、兵士たちは戦い続ける。救いようのない不条理さが際立つ漫画だが、連載後すぐに爆発的な人気を誇り、『このマンガがすごい！2011』の「オトコ編第1位」となっている。[※49]

2013年6月6日の『日経ビジネスオンライン』では、趙章恩が「『巨人』が住む世界は、『有銭無罪、無銭有罪』の韓国社会を象徴？」という記事を書いている。趙は韓国の評論家の意見をまとめながら以下のようにブームの背景を分析している。

韓国では、ウォンを安くして、輸出をメインの事業とする大手企業の利益を優先する経済政策をとった。大手企業が史上最大の利益を上げても、落水効果（大手企業が利益を上げた時に、下請け企業や社員にもおこぼれで利益が回る効果）はない。ボーナスも増えないし、雇用も拡大しない。食糧や資源を輸入に頼る韓国では、輸入物価が高騰し、庶民の暮らしは厳しくなった。

アニメに登場する王政府と同様に、韓国で社会指導層と呼ばれる人たちやお金持ちの生活も脅かされることはない。これに対して“外側の壁に住む”お金のない庶民はますます貧乏になり、この時代に餓死する人がいるほどである。[※50]

韓国における雇用不安や経済格差の問題は深刻である。また、韓国では社会指導層の問題には世代間格差の問題も含まれている。2012年の大統領選を競った与党セヌリ党の朴槿恵と革新系野党の文在寅の選挙では、焦点の一つとして世代間対立があった。就職難に対して不満を持つ若年層と、老後の不十分な年金政策への不安を感じる中高年層との投票行動には、はっきりとした違いが出た。出口調査[※51]によれば、20代から30代の投票先は朴槿恵に対して30％台前半であり、文在寅には60％台後半だった。40代は44％対55％、50代から60代は60〜70％対40〜30％であったという。投票率は75・8％と過去二回を上回る高さだった。若者は、社会の勝ち組になるために、良い大学に入り、一流企業や高級官僚になることを期待される。しかし、有名塾が集まるソウル市江南地区の子どもたちが有名大学に入るという事実から見ても、努力する前に努力できるだけの経済力が親にあるのかどうかという問題もある。もし経済力があっても、就職に失敗すれば、失望や不満は家族ぐるみで増幅される。正規職に就けず、やむを得ず非正規職に就くか、あるいは大学院進学や留学をして見栄えの良い経歴を増やす若者もいる。このように就職対策として経歴を積み重ねることを「スペック管理」という。所得格差が学力格差を生み、それが新たな所得格差を生むため、若者たちの抱えるストレスは深刻である。[※52]

成功願望への信仰は、逆に言えば不成功者への蔑視も生む。ある団地の警備員をしていた男性が住人から心無い侮蔑の言葉を受けて、ついには焼身自殺するという事件が起こった。記事[※53]によれば、警備員の男性は「ある若い母親が自身が近付けば蔑視するような眼差しで見つめ」、「ああ！うちの子供たち、一生懸命勉強しなければ。そうでないとあのおじさんのようになってしまう」という言葉を投げかけたという。

他にも格差と学歴社会の問題を示す流行語がある。「スプーン階級論」という言葉である。これは「親が持っている富の水準が子供の人生を決定づける」という考え方だ。[※54] Born with a silver spoon in one's mouth. という英語の慣用句をもじった言葉である。日本でも貧困の世代間連鎖が生まれていると指摘されているが、[※55]韓国でも同様のことが起きている。不遇な若者を取り囲む閉塞感があるからこそ、韓国で『進撃の巨人』の社会現象的な人気が起きたのだろう。過剰な競争や格差社会への異議申し立てとして、『進撃の巨人』ブームを読み取ることは可能だ。

このように、各国の市民がどの程度近い価値と規範を共有しているのかを知るために、ポップカルチャーは有益な示唆を与えてくれる。何に悩み、何を楽しみ、他国のどのような点に興味を持っているのかを、消費するポップカルチャーから推測できるからだ。

東アジア社会の現状を映す鏡の一例として、2014年にヒットした韓国ドラマ「ミセン（未生）」を紹介したい。[※56]本作品は、若者の雇用問題を中心にした社会派ドラマである。日本でのリメイク版は題名「HOPE」（放送は2016年7月〜）[※57]、中国でのリメイク版は題名「平凡的栄耀」（放送は2020年9月〜）がある。韓流人気を背景にしているとはいえ、リメイク版が各国で短期間に制作されていることは、若者の就職難という現象が東アジアに共通して観察できることを示している。物語の主人公のチャン・グレは、プロ棋士を目指していた元囲碁の院生である。高卒認定試験が最終学歴であり、父の死後、プロ試験に失敗して夢を諦めた。アルバイトをしながら母親と二人で生活しているが、ある日、棋院の縁で大手総合商社にコネでインターン生として採用される。同期の仲間は数カ国語話せるのは当然で、その他にも様々な高い能力を持っている。まともに社会人経験をしたことのないグレは、配属先で邪険にされながらも次第に努力して認められるようになっていく。どんな状況でも文句を言わず、諦めず、学び続ける姿が、いつしか周りの同僚たちや上司たちの心を動かしていく。過酷すぎる若者の社会経験を赤裸々に描いたことで、韓国で高い評判を得ることになった。

閉塞感の裏返しとして、成功者や上流階級への憧れを描いている作品もある。代表的なのは、台日韓中でそれぞれ制作された『花より男子』がある。同作は、神尾葉子による日本の少女漫画であり、『マーガレット』（集英社）で1992年から2004年まで連載された。映画版こそ1995年に日本で公開されたが、ドラマ版は台湾が日本よりも早い2001年、日本版は2005年に放送されている。[※58] 直近では2018年に中国版、2021年にタイ版も放映されている。物語は、裕福な生徒の多い学園に入学した貧乏少女「牧野つくし」が前向きに学園生活を送り、大金持ちの男子グループ「F4」と呼ばれる花の4人組（F4はフラワー4の略）からのいじめにもめげずに次第にF4の価値観さえも庶民的な公正さへと導いてしまうというものである。経済的な差別によるいじめにヒロインが敢然と立ち向かう爽快さもあり、高すぎる経済力やつくしの貧乏暮らしさえもギャグとして笑い飛ばしている。

ちなみに日本版の『花より男子』で花沢類役を演じた小栗旬は、のちに実写版『ルパン三世』（2014年）でルパンを演じた。同作には、台湾版『花より男子』である『流星花園』で道明寺司を演じたジェリーのほか、韓国版の『花より男子』である『Boys Over Flowers』で美作あきらを演じたキム・ジュンも出演しており、アジア各国の『花より男子』役者が集っている。[※59] アジアでの興行を意識した結果の配役だと思われるが、『花より男子』の出演者が揃ったことは、同作品がアジアで愛されていることを証明している。

『進撃の巨人』と『花より男子』は、作風自体は全く異なるが、若者が理不尽な世界に突然投げ込まれ、そこで懸命に生きていくことを強いられているという点では実は共通の構造を持っている。そして、日本だけでなくアジア各国で受け入れられているという点でも同じである。東アジアの読者は、それが日本発であるか否かを問わず、共感するストーリーと世界観であるからこそ、上記の作品に惹かれていると考えられる。

4　おわりに

Facebook のようなＳＮＳは、公開範囲の限定や偽名などの方法で匿名性を高めることが可能なので、限定されたコミュニティ向けに使うこともできる。しかし、それでは社会への異議申し立ては広がりづらい。そこに、デモへの参加という機会が加わると、現実の場でのコミュニケーションが起こる。閉じたコミュニティ・ネットワークから、開かれたネットワークを創り出すツールとしてＳＮＳが機能し始める。デモなどでわずかな接点を持つだけで互いに親近感を持ち得るようになったのは、背景に自分たちの置かれた状況に対する不満や不公正に対する反感への共感が広がっていたからである。東アジアに広がっている社会問題への意識という文脈がポップカルチャーの共有化と化合して、ひまわり学生運動や香港の雨傘運動などへの東アジア大の関心の深まりを招くことができた。

たしかに、東アジアは国家の枠で区切られた地域の集まりである。ＥＵのような地域機構を持っていない。しかし、経済的にも文化的にも共同体としての基盤を持ちつつある。ソウル大の国際政治学者である張寅性は「公正さ」が東アジアの国際社会では「もっとも有力な準拠」であり、東アジア共同体は「東アジアの人々の地域生活で実感をもって抱かれるとき、共同善への意思を強める規制的理念として働くはず[※60]」であると述べている。ポップカルチャーの文脈を社会的な視点から解釈してみると、不公正への反感は少なくとも存在している。

政治的な傾向を比較する際に、参考になるのは２０１６年に実施された日韓台での国政選挙である。この選挙結果からも、東アジアに共通の社会的な傾向を見て取ることが可能である。各国の選挙を見ていて興味深いのは、従来型の与野党に飽き足らない世論の受け皿として、第三の小党が健闘したことである。日本の第24回参議院議員通常選挙ではおおさか維新の会（現在は日本維新の会）、韓国の第20代総選挙では正義党、台湾の第9回中華民国立法委員選挙では時代力量である。各党は2016年の議席数では一ケタしか獲得していない小政党である。しかし注目すべきは各党の重点政策である。各党は、若者の経済格差と公平性に力を入れている。政策の特徴としては、単純な経済資源分配の平等性よりも資源獲得のためのアクセス権を重視していることが分かる。つまり、公平な制度と社会参加のための行政的支援を各党は求めているのである。これは社会的な正義を求めていることと言い換えることができるだろう。

2016年までの政治と文化の関係を振り返ってみると、東アジアには社会的公正を求める機運が高まっていたことが確認できる。しかし、コロナウイルスの蔓延により、人々が集会に参加する機会が制限され、SNSと政治、文化の連携は停滞してしまった。ウイルス対策のために、SNSによる人々の繋がりはネット空間に長く限定されてしまった。Zoom やNetflix などに代表される、オンラインでの繋がりや文化共有の手段は発達した面もあったものの、ネット空間での繋がりは現実空間での可視化には転換しにくい。やはりひまわり学生運動やキャンドルデモ、国会前デモのようなSNSと集会が連動することは重要である。ただし、コロナ後の変化については、また次の機会に検討したい。

註

（1）「日中韓首脳会談、再び定例化へ　FTA加速を確認」『朝日新聞』（2015年11月2日）。
（2）「日韓外相の共同発表　慰安婦問題合意」『朝日新聞』（2015年12月29日）。
（3）「日中韓外相会議：首脳会議 適切な時期開催へ：作業加速で一致」NHK WEB（2023年11月30日閲覧）

https://www3.nhk.or.jp/news/html/20231126/k10014269161000.html。

（４）五野井郁夫『「デモ」とは何か 変貌する直接民主主義』（ＮＨＫ出版 2012）。

（５）上ノ原秀晃「東アジアにおけるトランスナショナル・アイデンティティ――EASS 2008 データを用いた国際比較――」『日本版総合的社会調査共同研究拠点 研究論文集』13号（大阪商業大学ＪＧＳＳ研究センター ２０１３年３月）。

（６）白石さや「ポピュラーカルチャーと東アジア」西川潤・平野健一郎編『国際移動と社会変容』（東アジア共同体の構築3）（岩波書店 2007）pp.203–226。

（７）大野俊「越境するポップカルチャーと「東アジア人」アイデンティティ」『九州大学アジア総合政策センター紀要』2、（九州大学アジア総合政策センター 2007）pp.93–101。

（８）五野井 前掲書、p.209。

（９）五野井 前掲書、pp.91–92。

（10）劉維が、「アドボカシー活動による市民社会組織の参加と制度化――日本、アメリカ、中国を例に――」『国際日本研究』vol. 7（筑波大学人文社会科学研究科国際日本研究専攻 2015）。

（11）「安室奈美恵、アジア５ヶ国・地域でアルバムNo.1 日本人女性アーティスト初の快挙」ORICON MUSIC ２０１０年１月27日（2024年6月30日閲覧）http://www.oricon.co.jp/news/72798/full/。「アルバム売り上げ不振の浜崎あゆみ、アジア諸国ではまだまだ人気！」MEN'S CYZO、２０１５年５月１日（2024年6月30日閲覧）http://www.menscyzo.com/2015/05/post_9745.html。

（12）「ジョリン・ツァイ：台湾の歌姫が安室奈美恵ラストライブに コラボ曲を日本で初披露」MANTAN WEB ２０１８年９月17日（２０２３年11月27日閲覧）。https://mantan-web.jp/article/20180917dog00m200012000c.html

（13）Richard Smirke"IFPI Music Report 2014: Global Recorded Music Revenues Fall 4%, Streaming and Subs Hit $1

Billion", (2024年6月30日閲覧) http://www.billboard.com/biz/articles/news/global/5937645/ifpi-music-report-2014-global-recorded-music-revenues-fall-4.

(14) 山田満「序論　市民社会からみたアジア」『市民社会からみたアジア』(国際政治学会　２０１２年)。

(15) 同右論文、p3。

(16) 同右。

(17) Brian Hioe" CURRENT DEMONSTRATIONS IN SOUTH KOREA AND ASIA'S PAST YEAR OF PROTESTS", (2024年6月30日閲覧) https://newbloommag.net/2015/11/17/south-korea-protests-november/

(18) 林彦瑜『ワセダアジアレビュー』17、(めこん社 ２０１５年)。

(19) 松本充豊「台湾の民意をめぐる「両岸三党」政治」『東亜』(２０１５年) pp25–26。

(20) 池上寛「馬英九政権下の台湾経済」『東亜』571 (霞山会　２０１５年1月) p.43。

(21) 港千尋『革命のつくり方　台湾ひまわり運動━対抗運動の創造性』(インスクリプト２０１４年)。

(22) 同上書、pp75–77。

(23) 著者は２０１６年1月15日の民進党候補者の蔡英文の総統府前集会で聞いている。

(24) 早野一「解説：雨傘運動の底流━近年における香港の民主化運動」區龍宇『香港雨傘運動』(柘植書房新社 ２０１５年)。以下の香港の選挙の仕組は、pp.335–338。

(25)「中国全人代が香港の選挙制度変更案を決定　親中派枠を新設、民主派を徹底排除」東京新聞　２０２１年３月30日(２０２３年11月30日閲覧) https://www.tokyo-np.co.jp/article/94781。

(26)「佔領中環 正式啟動」『和平佔中新聞稿』、２０１４年９月28日、(２０１６年２月25日閲覧) http://oclp.hk/index.php?route=occupy/activity_detail&activity_id=96。

(27) 早野前掲論文、p.343。

(28) 中園和仁「視点・論点「香港　民主化運動の背景とその意味」」NHK、２０１４年11月11日(２０１６年２

月25日閲覧）、http://www.nhk.or.jp/kaisetsu-blog/400/203232.html。

（29）“Hong Kong Leader Warns Poor Would Sway Vote”, ２０１４年10月21日（２０２４年６月30日閲覧）, http://www.wsj.com/articles/hong-kong-leader-sticks-to-election-position-ahead-of-talks-1413817975

（30）「社会は変わる、信じた１年　SEALDs など今年最後のデモ」『朝日新聞』（２０１５年12月７日）。

（31）「安保法案反対デモ、本当の参加者数を本社が試算」『産経新聞』（２０１５年８月31日）。

（32）「ソウルの第２次総決起大会、警察〝車壁〟がなくなり平和が戻る」『ハンギョレ新聞』、２０１５年12月５日（２０２４年６月30日閲覧）、http://japan.hani.co.kr/arti/politics/22702.html。「[社説] 韓国の民主主義をまっとうした平和デモ」『ハンギョレ新聞』、２０１５年12月７日（２０２４年６月30日閲覧）、http://japan.hani.co.kr/arti/opinion/22717.html。

（33）金明中「ＩＭＦ世代、88万ウォン世代、Ｎ放世代、そしてコロナ世代――韓国の新たな「失われた世代」は救われるか――」ニッセイ基礎研究所　２０２０年10月20日（２０２３年11月30日閲覧）https://www.nli-research.co.jp/report/detail/id=65860?site=nli。

（34）「韓国20代から30代の58％が「私も５放棄世代！」」『ハンギョレ新聞』、２０１５年３月３日（２０２４年６月30日閲覧）、http://japan.hani.co.kr/arti/politics/19839.html。

（35）「韓国の若者10人のうち７人「一度失敗したら立ち上がれない」」『ハンギョレ新聞』、２０１５年８月19日（２０２４年６月30日閲覧）、http://japan.hani.co.kr/arti/politics/21661.html。

（36）呉叡人「The Lilliputian Dream：關於香港民族主義的思考筆記」『香港民族論』（香港大學學生會２０１４年８月）pp.65–88。http://whogovernstw.org/2014/08/08/rweirenwu1/ に転載。

（37）lingoken「[島嶼天光]（この島の夜明け）日本語字幕版～台湾ヒマワリ学生運動主題歌～」２０１６年２月14日確認。youtube.com。

（38）Wu Darkuen「〈島嶼天光〉（Island’s Sunrise）藝術公民計劃 太陽花運動歌曲」２０１６年２月14日確認。

youtube.com。

（39）「原点は元戦犯との出会い　安保法制反対、声上げる大学生」『朝日新聞』２０１５年7月13日。

（40）千葉泰真「2015.07.31」『SEALDs　民主主義ってこれだ！』（大月書店　2015）pp.14–15。

（41）ASIAN KUNG-FU GENERATION の公式ＨＰ。http://www.asiankung-fu.com/history/。

（42）「後藤正文（ASIAN KUNG-FU GENERATION）×ホリエアツシ（ストレイテナー）スペシャル対談」（２０１６年2月25日閲覧）、http://www.m-on-music.jp/0000090132/。

（43）SEALDs『SEALDs　民主主義ってこれだ！』（大月書店　2015）p.28。

（44）「フジロック SEALDs 奥田出演に「音楽に政治を持ち込むな」と炎上させたバカどもは音楽とフェスの歴史を学び直せ」LITERA　２０１６年6月21日、https://lite-ra.com/2016/06/post-2357.html（２０２３年11月26日閲覧）。

（45）「フジロックに玉城デニー沖縄県知事が出演　ギターでボブ・ディラン演奏も「沖縄」をテーマにトーク」https://ryukyushimpo.jp/movie/entry-962125.html、琉球新報　２０１９年7月28日（２０２３年11月26日閲覧）。

（46）ソニック公式ＨＰ。http://www.chthonic.tw/2009/ch/index2015.php。

（47）Defenders of Bu-Tik Palace のＭＶ、http://chthonictw.tumblr.com/post/106606940713/。

（48）『進撃の巨人』公式ＨＰ、http://shingeki.net/。

（49）『このマンガがすごい！２０１１』（講談社２０１０年）。

（50）趙章恩「日本のアニメ『進撃の巨人』を巡って韓国で話題沸騰」『日経ビジネス ONLINE』、2013年6月6日（2016年2月25日閲覧）、http://business.nikkeibp.co.jp/article/world/20130604/249112/。

（51）内山清行『韓国葛藤の先進国』（日本経済新聞出版社　２０１３年）p.18。

（52）同右書、pp.20–24。

（53）「団地警備員に「ご苦労さま」と声をかけてもらえませんか」『ハンギョレ新聞』、2014年11月9日（2024年6月30日閲覧）、http://japan.hani.co.kr/arti/politics/18747.html。

（54）「富の相続による不平等が韓国で拡大」『ハンギョレ新聞』（２０１５年10月30日）http://japan.hani.co.kr/arti/economy/22366.html。

（55）土堤内 昭雄「「子供の貧困対策に関する大綱」を読んで－〝少子化社会のユニバーサルデザイン〟として」『ニッセイ基礎研究コラム』（２０２４年６月30日閲覧）、http://www.nli-research.co.jp/report/detail/id=41871。

（56）『ミセン』公式ページ、http://www.cinemart.co.jp/misen/（２０１６年９月10日閲覧）。

（57）『ＨＯＰＥ』公式ページ、http://www.fujitv.co.jp/hope/index.html（２０１６年９月10日閲覧）。

（58）Tajimax「誕生30周年「花より男子」国を超え愛される凄さ　アジア諸国では数々のリメイク作品が放送」『東洋経済ON LINE』（２０２３年５月４日）、（２０２３年11月26日閲覧）。

（59）「実写版『ルパン三世』に「花より男子」各国のキャスト集結！ジェリー・イェンら新ビジュアル公開」『シネマトゥデイ』、２０１４年７月25日（２０２４年６月30日閲覧）、http://www.cinematoday.jp/page/N0064879。

（60）張寅性「東アジア共同体の社会的構成と国際文化」『INTERCULTURAL』10（日本国際文化学会　２０１２年）p.32。

10章

沖縄県のアジアにおける地域外交戦略と平和

小松寛

はじめに：なぜ沖縄県は地域外交を行うのか

(1) 国際政治の変動と台湾有事

2022年2月のロシアによるウクライナ侵攻は東アジア地域の安全保障への危惧、とりわけ中国による台湾侵攻の懸念を喧伝させることとなった。2022年6月、日米首脳会談でジョー・バイデン大統領は中国が台湾へ侵攻した場合に軍事的に関与する意思があることを明言した。これに対し岸田文雄首相は防衛費の相当な増額を表明し、「反撃能力（敵基地攻撃能力）」の保有にも言及した（『朝日新聞』2022年5月24日）。ここからは中国の「覇権主義」を日米同盟の強化による抑止力で封じようとする意図が見て取れる。この背景には、21世紀初頭から継続してきた「対テロ戦争」の泥沼化などに伴う世界における米国のプレゼンスの相対的な低下があり、他方で経済力と軍事力で世界第2位となった中国の台頭という、国際構造の変化がある。

また、従来米国は中国による台湾への武力行使についてその対応を明言しない「曖昧戦略」を採ってきた。しかしその転換に至った要因としては、台湾側の不安を軽減させる必要があったと考えられる。「台湾民意基金」が2022年3月に実施した世論調査によれば、米軍の参戦を信じると答えた割合は35・5%となり、2021年10月の65・0%と比較して大きく減少した。「自衛隊が参戦する」と回答した人は43・1%であり、これも2021年10月の58・0%から下落している(『朝日新聞』2022年3月23日)。さらに2022年4月には米上院軍事委員会公聴会にてマーク・ミリー統合参謀本部長はロシア・ウクライナ戦争の教訓として「最善の台湾防衛は台湾人自身が行うことである。我々は台湾を支援することができる」と発言していた(Committee on Armed Services, United States 2022、岡田 2022)。

米国にとって、同盟国からの信頼低下は最も憂慮すべき事態のひとつである。米国と台湾(中華民国)は1954年に米華相互防衛条約を結んだが、1979年の米中国交正常化によって破棄された。そこで米国は台湾関係法を制定し、台湾の将来を非平和的手段によって決定しようとする試みは米国の重大関心事と位置付け、国内法ではあるが台湾への影響力の維持を図った。しかし、ウクライナ侵攻に対しては武器供与のみで派兵に至らなかったことは、台湾側にとって米国はいざという時には助けに来ないのではないかという不安を掻き立てることになった。

同盟関係は必ずしも当事国へ安心をもたらすとは限らない。国際政治学には「同盟のディレンマ」という概念がある。一方では同盟国の戦争に巻き込まれるのではないかという「巻き込まれの不安」があり、他方では自国が侵略を受けても同盟国が助けに来ないのではないかという「見捨てられの不安」がある(土山 2014:295—300)。

この同盟のディレンマが台湾、米国そして日本の間に発生しているといえよう。台湾と日本は直接的な同盟関係にはないが、米国という軍事同盟のハブ（中心）を介して、台湾―米国―日本という事実上の同盟関係に結び付けられている。「台湾有事は日本有事」と言われるゆえんである。台湾側としては見捨てられの不安を解消すべく、米国からのコミットを得られるように働きかける。日本政府としては台湾有事に巻き込まれないために中国を抑止する必要がある、という名目で軍事費の増大が実施されている。

(2) 沖縄の「地域外交」の理念

この台湾有事の危険性に際して、巻き込まれの不安を最も切実に抱いている地域の一つが沖縄である。米軍基地が集中し、自衛隊の配備が進んでいる沖縄は、台湾有事の際に攻撃目標となる可能性が否定できない。この状況に際して、玉城デニー沖縄県知事は、日本政府の方針とは異なり、軍事力強化による「抑止力」の拡大ではなく平和外交による有事の回避を訴えている。

２０２２年3月の県議会で玉城知事はウクライナ侵攻や台湾有事に際して「沖縄が有事の的になるのは絶対に認められない」とし、「政府の努力で日米安保を確保しつつ、日本の立ち位置として、韓国、中国、東アジアの国々とどのような外交努力をしていくかが肝要だ」と述べた（『沖縄タイムス』２０２２年3月2日）。

さらに沖縄県は、自ら地域交流の実践者となるべく、２０２３年度より体制を整えた。「地域外交室」の設置である。玉城知事は今年2月の所信表明演説にて、「アジア・太平洋地域における、関係国等による平和的な外交・対話による緊張緩和と信頼醸成、そしてそれを支える県民・国民の理解と行動が、これまで以上に必要」「沖縄県が有するソフトパワーを生かし、（中略）多分野にわたる国際交流を通じて築いてきたネットワークを最大限に活用し、同地域における平和構築に貢献する独自の地域外交を展開するため」と地域外交室を設置する理由を説明した（『沖縄タイムス』２０２３年2月15日）。ここには軍事力の増強が「抑止力」とはならず、むしろ中国を刺激し、東アジアにおける軍拡競争に拍車をかけてしまうという認識があり、その代替案として平和的経済的交流の重要性が強調されている。地域外交は玉城が２０１８年の知事選に出馬した時点で掲げた公約「3つのD」（ディプロマシー：外交、ダイバーシティ：多様性、デモクラシー：民主主義）のひとつであった。地域外交室の設置は玉城県政2期目にしてその具体化を図ったと言える。

そもそも県による地域外交（自治体外交）[※1]の推進は、玉城県政に限った話ではない。仲井眞弘多県政で策定された「沖縄21世紀ビジョン」（２０１０年）ではすでに「アジア・太平洋地域の持続的安定と平和に資する「新たな外交地域」として独自の貢献を果たす」ことが謳われ、仲井眞知事自身も中国や台湾などへ「トップセールス」を行なっていた。翁長雄志県政は２０１５年、ワシントンに海外事務所を設置し、基地問題に関する情報収集と発信を行なった。さらに翁長知事は国連人権理事会に出席し、辺野古新基地建設の反対を訴えた。その意味において玉城県政の取り組みは特別なことでは全くなく、これまで培ってきた沖縄の地域外交のさらなる発展を目指しているに過ぎない。

沖縄の地域外交への期待については、専門家の間でも評価は分かれる。豊下楢彦（元関西学院大教授）は「政府が沖縄県民の生命と安全を保障できないのであれば、沖縄県が「台湾有事」狂想曲を乗り越え、戦争回避を求める東アジアの国々や自治体、市民との連携を深めるために独自の自治体外交を展開することは、全くもって県の「専管事項」である」と、沖縄の地域外交を好意的に評する（『琉球新報』２０２３年2月23日）。他方で松田康博（東京大教授）は「効果には懐疑的だ。沖縄県の見識が不足していると中国側に利用されて、抑止力構築の足を引っ張る可能性がある。これは中国が一番やってほしいことで、県は注意をしてほしい」と警鐘を鳴らしている（『琉球新報』２０２３年3月27日）。

２０２３年６月、玉城県政は地域外交の「キックオフ」として照屋義実副知事が韓国・済州島を、７月には玉城デニー知事が中国・北京および福建省を訪問した。しかし、今回の玉城知事の中国訪問は筆者の想定以上に耳目を集め、様々な反応を引き起こした。まず中国では習近平国家主席が自ら沖縄との歴史的な交流について言及した。また同時期に台湾の立法院議長が与那国島を訪問し、他方では首里城再建のための紅ヒノキの引き渡し式が急遽中止になったことも憶測を呼んだ。この沖縄県知事の訪中に対して、日本国内では「外交は国家の専管事項」「尖閣諸島の領有権を主張すべき」「中国に利する可能性がある」などの批判が上がった。中国側の言動についても沖縄を「厚遇」していると評され、その政治的な意図は「中国が沖縄の独立をけしかけている」という主張がＳＮＳのみならず新聞など各種メディアで見られた。

このように現代の沖縄県の地域外交は思いのほか多方面に影響を与え、多様な論点が浮上した。そこで本章では、沖縄県によるアジアでの地域外交戦略を検討する。そのためにまず前半では日本復帰後から今日までの沖縄県のアジアにおける地域外交の変遷を概観する。後半では県による地域外交の「キックオフ」と位置付けられた県知事による中国訪問が引き起こした波紋に対する筆者なりの考察をまとめる。そして最後に沖縄県が目指すべき地域外交戦略について述べたい。

１　中国・台湾に対する沖縄の地域外交の変遷

沖縄は太平洋戦争後、米軍統治下に置かれたため、社会主義陣営の中華人民共和国との関係は途絶えていた。それとは対照的に自由主義陣営の一角であった中華民国（台湾）との交流は活発であった。しかし、

1972年の沖縄返還によって米軍統治から解放された結果、沖縄は県として中国との交流関係を持つことが可能になった。そして同年になされた日中国交正常化に伴う中華民国との国交断絶は、沖縄県と台湾との公的な関係が弱体化することを意味していた。以下、1970年代から2010年代にかけて中国と台湾に対する沖縄の地域外交を県政ごとに区切りながら概観する。[※2]

(1) 屋良朝苗（革新）による中国訪問

沖縄返還を4か月後に控えた1972年1月、第1回沖縄県中国友好訪問団が結成された。そのメンバーは労働組合や沖縄県祖国復帰協議会といった当時の屋良朝苗琉球政府主席（現在の県知事に相当）を支える革新陣営の中核であった。この訪中団は1月14日に香港から中国入りし、広州を経由して21日には北京に到着した。そこで日本本土から参加していた社会党および総評・中立労連の訪中団らと合同で周恩来首相との会談に臨んだ。ここで周首相は前年に締結、批准された日米による沖縄返還協定を「ペテン」としながらも、沖縄が日本へ返還されること自体は「百万県民の奮闘の結果」と評価した。またアメリカ帝国主義、日本帝国主義との戦いの第一線に立つ沖縄県民は英雄であり、中国人民とは兄弟にあると例えた。周は続けて台湾について言及し、沖縄の次には台湾の返還、そして北方領土がそれに続くだろうとした（『沖縄タイムス』1972年1月16、22日)。

第1回からおよそ2年後の1974年4月、第2回中国友好訪問団が結成された。団長は屋良朝苗沖縄県知事が務め、革新市町村長ら24名で構成された。訪問団は香港経由で21日に北京へと入り、学校や工場、工芸展などを見学する日程をこなした。沖縄からの訪問団はいたるところで「反米闘争の前線から来た英雄的な沖縄人民の代表」として迎えられた。訪問団は乗用車十数台に分乗し、交通は警官が配置されノンストップ、沿道では一般市民が拍手、人民公社や工場では幹部職員が総出で出迎えるという準国賓級の扱いであった（『沖縄タイムス』1974年4月20日、5月7日）。

26日、訪中団は鄧小平副総理と面会した。歓迎の挨拶後、まずは祖国復帰闘争を反帝国主義の闘いと高く評価し、同じ闘争をしている中国人民に大きな励ましとなったと述べた。次に当時懸案となっていた日中航空協定について言及し、自民党内がもたついていることに不満を示した。そして鄧は台湾問題に触れ、「台湾は出来得れば平和裡に解放したい。どうしても出来なければ非平和的にも解決する」と強硬な態度を示した。そして「沖縄が日本に帰るのは当然でみな支持したはず。日本の北方領土も戻るべきと思う。それと同じく中国の領土である台湾が中国に戻るのも日本人として異議があるはずはない」と語った（屋良 1974）。

(2) 西銘順治（保守）による台湾事務所設置

1990年1月1日、西銘知事は新聞紙上の「新春インタビュー」にて台湾に沖縄県事務所を設置する構想を明らかにした。実現すれば沖縄県にとって初めての海外事務所となる。その背景には1997年の香港返還があった。これまで香港が担ってきた自由貿易拠点の役割を台湾がとって代わるのではないかという展望に基づいていた（『琉球新報』1990年1月1日）。しかし日本外務省は国交のない台湾に沖縄県事務所を設置することに難色を示した（『琉球新報』1990年3月1日）。

この台湾事務所の設置については沖縄県議会でも議論された(沖縄県議会 1990)。3月1日、西田健次郎(自民党）は、米軍占領下の沖縄が蒋介石率いる中華民国からの恩義を受けたことを強調し、「中華民国（台湾）とはお互いは兄弟同士としての心の込もった交流を進める」「琉球と台湾の歴史、そして本当に隣同士、兄弟同士だということでやるなら、外務省が何をがたがた言おうが、沖縄は沖縄としての何らかの形で作業ができるはず」と強調した。

これに対して西銘知事は「我が国と台湾とは国交がないこと等諸般の情勢から県の機関として設置することは困難である」が「本県と台湾とは地理的、歴史的に深いかかわりがあり、またこれまでの民間における貿易、経済、技術交流等の実態等にかんがみましてこれらをさらに発展させるため、民間レベルによる連絡事務所の設置を検討している」と答えた。

以上の経緯を経て、5月21日に台北事務所を開設することが決定した。設置者は沖縄県ではなく県物産振興会となり、事務所の駐在員は県職員が休職した上で出向するという形式になった。これは中国に配慮した外務省が「正式な国交がないのに行政が設置するのはおかしい」と要望し、あくまで民間組織による事務所開設という形態をとったためであった（『沖縄タイムス』1990年5月2日、『琉球新報』1990年5月10日）。開所式のために台湾を訪問した西銘知事は、その前日に開催された李登輝総統就任式典に出席した。日本本土からは金丸信元副総理らが参加していた（『琉球新報』1990年5月21日）。

(3) 大田昌秀（革新）による福建省との友好県省提携

1990年11月の県知事選では四選を目指した西銘に対して、革新陣営の支援を受けた大田昌秀が勝利を収めた。大田は選挙戦で「反戦平和」と「公正公平」を掲げ、冷戦終結による「平和の配当」を沖縄へも与えられることを求めた（櫻澤 2015：233－234）。国際活動については、台湾との関係を重視した西銘に対し、大田県政は中国との友好関係構築を図った。具体的には福建省との交流である。福建省福州市は琉球王国時代、冊封使が朝貢のために入港し拠点としていた都市であり、沖縄にとって中国との交流を象徴する地域であった。そこで沖縄県は福建省と94年から「沖縄県・福建省サミット」を開催し、1997

年には友好県省が締結された（沖縄県2021）。

他方で、福建省との友好県省締結には大きな懸案が存在した。台湾との関係である。それは行政文書「第四回沖縄県・福建省サミットの開催要領」から確認できる（沖縄県1977）。この文書には「福建省政府側からは、友好県省締結の条件として「知事、副知事等が公務で台湾を訪問することは認められず、また県行政レベルでの台湾との交流はできない」ものと心得てもらいたい、旨の申し入れがある。（1995年8月初旬福建省外事弁公室との会議）ただし、民間レベルでの交流は一向にかまわない」とある。つまり、友好県省締結にあたって、福建省は沖縄県に台湾との公的関係の断絶、具体的には知事・副知事の交流の禁止が要請された。これを受け、大田県政は台湾との公的対応を政策調整監以下の関係部局職員レベルで行なうことを方針とした。

このように沖縄県と福建省の関係強化が進められた1996年、突如として台湾の国民党から沖縄投資構想が持ち上がる。香港返還後の対応の一環として、李登輝総統は10億ドル（当時のレートで約1000億円）の投資計画があることを明らかにした（『琉球新報』1996年12月10日）。台湾側は沖縄へ調査団を送り視察を実施したが、台湾側が求めた規制緩和について日本政府が認めなかったために、結局投資構想は頓挫した（『沖縄タイムス』1997年7月15日）。

(4) 稲嶺惠一（保守）による中国および台湾訪問

大田県政は台湾への知事・副知事の訪問禁止を決定したが、この影響を受けたのが、1998年の県知事選で保守陣営から出馬し当選した稲嶺惠一である。稲嶺は1999年3月台湾を訪れ、李登輝総統に沖縄開発特別措置法の改正など沖縄の現状を報告し、台湾企業誘致のための「トップセールス」を行った。その他、物産商談会も盛況だったとして、稲嶺は「大成功」と自己評価した（『沖縄タイムス』1999年3月20、21日）。

次に稲嶺は1999年7月、上海との定期便を要請するため北京を訪れた。しかし稲嶺が面会した中国外交部や政府関係者は李登輝総統の「中国と台湾の関係は国と国の関係」発言を問題視し、「李発言は台湾の独立を狙うもので、中国は絶対許さない」を県側へ語った（『沖縄タイムス』1999年7月31日）。

このことについて稲嶺は回顧録にて、同年3月に台湾にて李登輝と面会していたこと、その時点では大田県政が県三役は台湾へ訪問しないことを知事名で中国側に一筆入れていたことを知らず、それゆえに中国側の強硬な態度を引き起こしたのではないかと推測している（稲嶺 2011：160－162）。筆者が行ったインタビューでは「最初に李登輝とこへ行ったから、もう全然相手にしてくれない」「知事になってすぐ李登輝に会いに行って、それから中国に行ってさんざんいじめられた」と語った。以降、稲嶺は訪台を控えたため、2000年の訪中では友好的対応に変わり、最終的には外相に面会することができた。しかし稲嶺は台湾との関係を完全に断ち切ったわけではない。公式訪問は行わなかったが、例えば中華民国の国慶節（建国記念日）には私的に訪問し挨拶だけを行うという形で継続していた（琉球政府研究会 2018：194－196）。

(5) 仲井眞弘多（保守）による外国人観光客の誘致政策と尖閣問題

稲嶺から県政を引き継いだ仲井真弘多も中国との経済関係強化に取り組んだ。2010年7月、中国人個人観光ビザの発給要件が緩和されたことを受け、8月にトップセールスとして中国を訪問、中国政府機関や航空会社へ北京—那覇直航便就航を要請した。これに対し中国側は前向きな姿勢を示し、さらに沖縄にビザなしで渡航できるモデル地区を設置するよう提案した。仲井眞はこの案に賛同し、政府と協議すると語った（『沖縄タイムス』2010年8月20日）。しかしここに影を落としたのが尖閣問題である。翌月、尖閣諸島沖で中国漁船が日本海上保安庁巡視船に衝突する事件が発生した。海上保安庁は船長を逮捕したがこれに中国側は反発し、在中日本人の拘束やレアアースの輸出停止など報復措置をとった（結果、当時の民主党・菅直人政権は船長を釈放することとなる）。沖縄も中国による報復措置の影響を受け、北京発のチャーター便などを含む計6便がキャンセルされる事態となった（『沖縄タイムス』2010年9月29日）。また、海南航空は年内の北京―那覇の定期航空路線の開設を予定していたが延期、のちの東日本大震災による渡航自粛もあり、就航は翌年7月まで待たねばならなかった（『沖縄タイムス』2011年6月3日）。

仲井眞は2011年にも訪中、トップセールスを継続する。この時には中国最大手の中国国際航空が北京―那覇の定期航路開設を表明した。訪中前に明らかになっていた海南航空の北京―那覇便就航に続く成果であり、中国からの誘客拡大を目指す沖縄県に取って追い風となった（『沖縄タイムス』2011年7月16日）。また、菅直人政権は沖縄振興の一環として、沖縄で1泊することを条件に以後3年間は何度でも日本への入国が可能となる「沖縄数次ビザ」を創設した。これは沖縄側からのビザ発給条件の緩和要求に応えるものであった（『沖縄タイムス』2011年5月28日）。

しかし、再び尖閣問題が沖縄観光への障害となる。2012年、石原慎太郎東京都知事は民主党政権が尖閣問題について及び腰だったことから尖閣諸島の購入を試みた。これに対し野田佳彦政権は政府として尖閣諸島を購入し、その国有化を行なった。しかしこの対応が中国側の激しい招き、反日デモの一部が暴徒化、日系のスーパーや工場が襲撃された。結果として、日中対立は深まり、経済的にも大きな損失となった（岡田 2012：11-70）。

この影響により中国観光客の訪日キャンセルが全国的に相次いだ。日本への中国人観光客数は前年比で10月は34・3％減、11月は43・6％減、12月は34・3％減となった（日本政府観光局 2023）。沖縄も例外ではなく、中国東方航空の那覇—上海線が週12往復を週7往復に減便、海南航空の那覇—北京線が運休、吉祥航空の那覇—上海便の定期就航が延期された（『沖縄タイムス』２０１２年9月21日）。沖縄への中国人観光客は前年と比べて10月は59・2%減、11月は75・9%減、12月は74・2%減となり（沖縄県 2017）、航路再開は翌年の夏まで待たねばならなかった（『沖縄タイムス』２０１３年3月13日）。

なお、報道を確認する限り、仲井眞県政から台湾への公式訪問が再開できているようである。２００７年12月には仲井眞弘多知事が沖縄観光をPRするため台湾を公式に訪問している（『沖縄タイムス』２００７年12月15日）。以後、安里カツ子副知事も２００９年11月に台湾出張を行い台湾外交部と航空会社を（『沖縄タイムス』２００９年11月23日）、２０１０年1月にも航空会社を訪れている（『沖縄タイムス』２０１０年1月14日）。２０１２年2月に仲井眞知事はやはりトップセールスとして台湾にて政府関係機関と航空会社4社を訪問している（『沖縄タイムス』２０１２年2月7日）。

(6) 翁長雄志（オール沖縄）による中国および台湾との関係強化政策

２０１４年12月、翁長雄志が沖縄県知事となる。翁長は自民党沖縄県連幹事長および那覇市長を務めた沖縄保守政治家の代表格でありながら、日米両政府が進める辺野古新基地建設反対を訴えた。県知事選では革新勢力の支持を受け、自民党政権の支援を受ける現職の仲井眞を破り当選した。その翁長県政においても、中国との経済関係強化路線に変更はない。

２０１５年4月14日、翁長は河野洋平元衆議院議長が会長を務める日本国際貿易促進協会（国貿促）による中国代表団の顧問となり、李克強首相との会談に河野とともに同席した。ここで翁長はまず琉球王国と中国との歴史的関係に言及した。中国と冊封制度の下で交易してきたこと、福建から約600名が琉球に渡り中国の技術や文化を伝えたこと、福建の琉球墓が今日まで管理されていること、琉球人が北京にあった最高教育機関「国子監」に学び、琉球王国の高官となったこと、琉球王国は小国だがアジアとの交流で栄え、懸け橋になったと述べた。そして現代のアジア経済の興隆が日本そしてアジアの辺境であった沖縄にもおよび、大きな活力となっていると説明した（日本国際貿易促進協会 2015：10）。

李首相はこれに対し、沖縄を訪問したことはないが、日中間には2000年に及ぶ交流の歴史があり、そのような歴史も覚えておかなくてならないとし、日中関係が面しているさまざまな困難を克服しなくてはならないと応じた。最後に翁長は福建省の自由貿易区と沖縄の特区の交流促進と、那覇と福建省福州市との航路就航を要請した（日本国際貿易促進協会2015：10）。約1時間の会談で日本側の発言者は河野と翁長のみであった（『沖縄タイムス』2015年4月25日）。ここで翁長が要請した福州―那覇の定期便は、同年7月に実現している（『沖縄タイムス』2015年5月16日）。

2016年4月にも翁長は国貿促の訪問団に同行し、汪洋副首相（商務担当）と会談した。ここでは沖縄がアジアにおける国際物流拠点、国際情報通信拠点、世界水準の観光リゾート地として発展していると し、沖縄県産・日本産食品について福建省自由貿易試験区での通関・検疫の簡素化・迅速化、そして中国企業の誘致を要請した。ついで中国人観光客が前年比で3倍増となっていることへの感謝を述べ、県および市町村長の友好都市関係に言及し、地方自治による日中友好の推進に支援を求めた（日本国際貿易促進協会2016：10）。

これに対し汪副首相は日中の地方間交流は大変重要だとし、特に沖縄は地理的に近く、往来の歴史も長いため、比較優位性があると応えた。また、知事の提案については真剣に検討し適切な形でフィードバックすること、中国国民が日本を観光することは良い選択肢の一つであり、海外旅行を奨励する政府にとっても原動力になっていると述べた（日本国際貿易促進協会２０１６：11）。そして12月、沖縄県と福建省は「沖縄県商工労働部と福建省商務庁の経済交流促進に係る覚書」（Memorandum of Understanding：ＭＯＵ）を締結した。福建省自由貿易試験区での優遇措置や通関の簡素化により、沖縄と福建をパイプとしての日中輸出入の拡大が図られた（『沖縄タイムス』２０１６年12月29日）。

他方で、翁長は台湾とも関係強化を図った。２０１５年、那覇港管理組合と台湾港務株式会社がパートナーシップ港としてＭＯＵに署名した。那覇港管理組合は、沖縄県、那覇市および浦添市によって構成されており、管理者を沖縄県知事が務める。台湾港務株式会社は政府が全額出資する港湾管理会社である（那覇港管理組合２０１７）。本ＭＯＵによって、那覇港と台湾最大かつ世界13位の国際物流ハブ港である高雄港は物流サービスの促進やクルーズ船の展開などでの連携強化を打ち出した（『沖縄タイムス』２０１５年４月23日）。

ここまでが１９７０年代から２０１０年代にかけての沖縄県による中国と台湾との地域外交の一端である。沖縄返還、日中国交正常化、冷戦終結そして領土問題など国際政治の変動とその影響に合わせながら、沖縄県は地域外交を行ってきた。冷戦の影響が強かった１９９０年代までは、革新である屋良県政および大田県政は中国との関係強化を、保守の西銘県政は台湾との関係強化を重視したと言える。しかし２０００年代以降の沖縄県の地域外交は中国と台湾、両者との関係構築に尽力してきたと言えよう。稲嶺県政は台湾への公式訪問は取りやめたものの、非公式な関係の継続を図った。仲井眞県政、翁長県政ともに中国および台湾との経済関係の強化を進めた。具体的な政策としては、政府へのビザ発給用件の緩和要請、県知事のトップセールスによる直行便就航要請、中国および台湾とのＭＯＵ締結である。

これに対し、中国側にとって一義的に重要であったのは台湾の帰属問題であった。１９７０年代の訪中団との会談および１９９０年代の台湾との断交要請や稲嶺知事への対応などからは、地方政府間の交流であっても「台湾は中国の一部」という原則を貫徹するものであった。加えて、尖閣問題をきっかけに日中関係が悪化した際には、その悪影響を沖縄も被ることも確認できた。

台湾側においては、米軍占領期から続く非公式ながらも実態の伴う沖縄との関係を継続することが肝要であった。民間団体による台北事務所の設置、県知事の私的訪問、そして県ではなく那覇港管理組合としてのMOU締結など、国交がなく中国との関係に配慮するため公的にはなりえない場合においても、実質的な関係の継続が図られた。

このような沖縄と中国および台湾との関係に関する実証的研究を積み重ねていくことは、「中国が沖縄を狙っている」という過剰な中国脅威論とも、「アジアとの交流がそのまま平和の実現へ繋がる」という楽観的な展望にも与することなく、今日の東アジアと沖縄の在り方について現実的かつ地に足の着いた議論に資すことができよう。

2　玉城デニー知事による中国訪問とその反響

2023年7月、玉城知事は地域外交の「キックオフ」の一環として中国を訪問した。国貿促による中国訪問団の一員として玉城は李強首相との会談に臨み、コロナ対策の影響で煩雑になっている中国へのビザ取得の簡素化や、運休状態の航空便の再開を要請した。その上で、安定かつ建設的な対話による地域平和の維持を求めた。李首相は地方間交流の重要性に理解を示した上で、ビザ取得の簡素化を検討すると応えた。

加えて、玉城知事訪中に合わせて人民日報系の環球時報（7月3日）に知事へのインタビューが掲載された。そこで玉城は日米安保体制への支持と専守防衛の原則の維持を求めつつ、米軍基地の7割が沖縄に集中している状況を説明した。その上で、軍事力の増強は不測の事態を招きかねないこと、平和的な外交による信頼醸成が重要であることを述べた。

このように、玉城知事は今回の訪中で李首相との会談や中国メディアのインタビューで「対話による平和が重要」であることを強調した。東アジアのあるべき国際秩序について、地方政府の長として明確なメッセージを発信した点に意義を見出せる。

この知事訪中の波紋は多方面に広がった。そこで浮かび上がったそれぞれの論点について、筆者なりに検討してみたい。

(1) 「外交は国家の専管事項」について

産経新聞2023年5月10日付の「主張」では、「外交と安保は国の専管事項だ」「地方自治体が勝手に「外交」をするのは疑問だ。政府方針と相反するメッセージを海外に発信すれば混乱を招き、国益を損なう恐れがあろう」と沖縄県の地域外交を批判的に捉えている。このような「外交は国家の専管事項」とする主張の妥当性については、大津浩の議論が参考になる。

外交を国家の専管事項とする根拠は、1999年に改正された地方自治法第一条の二に「国においては国際社会における国家としての存立にかかわる事務」を担うことが明記されている点にある。しかし、これは外交・防衛の全てを国が直接行うことを意味しない。すなわち、国と地方の外交方針が一致している場合、企画立案から執行までのある部分を自治体に委ねる「補完的自治体外交」を妨げるものではない。これに対し、自治体の国際活動が国の外交方針と対立する「対抗的自治体外交」のケースについては解釈が別れる。「対抗的自治体外交」を違法とする説もあるが、国交と条約締結権限に関わらない限り、自治体はあらゆる国際活動を行えるとする立場もある。その上で大津は自治体の「補完外交」を認める以上、間接的付随的影響にとどまる「対抗外交」も認められると主張する（大津 2005）。

今回の玉城知事と李首相との会談について、松野博一官房長官は7月6日の記者会見で「歓迎する」と述べている。これは県の国際活動が国の外交方針と一致している「補完的自治体外交」を意味し、違法とはなり得ない。仮に今後、沖縄県の国際活動に対して国が否定的な見解を示したとしても、国交と条約締結に関わらない限りは、県は独自の地域外交の正統性を主張することができよう。

(2) 台湾側の動向について

7月4日、台湾（中華民国）の游錫堃立法院長が与那国島を訪問した。同日には台湾で開催される予定であった首里城再建のための紅ヒノキの引き渡し式の中止が日本側に通知された。いずれも玉城知事の訪中に合わせたタイミングから、台湾側の政治的意図があったものとされている。ここで台湾側の意図について明確にすることはできないが、これまでにも沖縄と中国の関係に動きがあった際に、台湾側も何らかのアクションを起こしてきたことは確認しておきたい。

例えば1981年、沖縄県那覇市と福建省福州市は沖縄と中国の間で初となる友好都市を締結した。これに対しその翌年、沖縄の与那国町と台湾の花蓮市が姉妹都市となっている。これも沖縄と台湾間で初めてであり、かつ日本と台湾の姉妹都市としては二例目であった（初の提携は1979年の青森県大間町と雲林県虎尾鎮）（日本台湾交流協会 2023）。また前述した通り、1997年には沖縄県と福建省が友好県省となったが、同時期に台湾の国民党は沖縄への1000億円投資構想を掲げ、沖縄に調査団を送るなどをしていた。

これらの事例からは、歴史的に中国と台湾は沖縄をめぐって対抗してきた側面があると考えられる。言い換えれば、沖縄に対する影響力を中国と台湾、どちらも維持しようとしてきた。他方で中国も台湾も、沖縄の歴史的地理的な要因から、両者との交流が必要であることは理解するであろう。この文脈から沖縄の地域外交は良くも悪くも、中国と台湾、両者間のバランスを考慮せざるを得ない状況にある。

(3) 尖閣諸島領有権問題について

玉城知事の訪中に際して、尖閣諸島の領有権を沖縄県として主張すべきとの意見も見られた。6月26日、県議会で中国側から尖閣問題を持ち出された場合の対応を問われ、玉城知事は「発言しないことも一つの対応。即答しないことも検討したい」と答弁した。このような知事の姿勢に対して批判的な報道もあったが(『産経新聞』2023年6月30日)、前述したように、東京都による尖閣諸島購入構想を発端に日中関係が悪化したケースもある。

他の事例として、島根県による竹島問題への対応がある。島根県は2005年に竹島の領土権の確立を目指す「竹島の日」条例を制定した。「竹島の日」条例制定の背景には、韓国による排他的経済水域の設定が漁業への打撃となっていたこと、それにも関わらず日本政府の領土問題に対する姿勢が消極的だったことなどがあった。しかし条例制定は韓国側の激しい反発を引き起こし、姉妹提携を結んでいた韓国・慶尚北道との交流は中断された。さらに韓国では日本政府が島根県の動きを傍観している、さらには裏で日本政府が仕向けているという陰謀論まで報じられた。結果として「竹島の日」条例は日韓関係に影を落とすこととなった(永井 2014)。

さらに時代を遡れば、米軍統治下の琉球政府では1968年より屋良朝苗が行政主席に就いていたが、沖縄返還直前に尖閣諸島の「絶対的領有」を主張する声明を発表し、尖閣諸島の管理を強化した。しかし、台湾漁民の取り締まりを行なった結果、台湾の反発を引き起こし、中華民国外交部は米国へ琉球政府に自制を促すよう要請していた（小松 2015）。

このように、地方自治体の動向によって、中央政府間レベルでの関係までが悪化することは十分にあり得る。その意味で「地域外交は国益を損なう」という危惧は妥当である。しかし、これまでの例を見る限り、国益を損なうのは領土問題について相手側の意向を考慮せず、一方的に主張した場合である。したがって領土問題について地方自治体が安易に発言せず、慎重な姿勢をとることは重要である。さらに言えば領土問題のみならず歴史認識問題といった相手国のナショナリズムを刺激するセンシティブな問題については、自国のナショナリズムに煽られず慎重な対応を取ることが、国家外交だけではなく地域外交にも求められるのである。

(4) 中国による沖縄独立の「扇動」について

2023年6月22日付の毎日新聞に「[沖縄独立]中国の統一戦線工作に注意」（益尾知佐子九州大教授）との論稿が掲載された。その書き出しは「中国が沖縄の独立運動を仕掛けてきている」とし、その論拠として今年の春から中国要人が沖縄に言及し、中国の元軍人が自民党との会合で沖縄独立の可能性にふれたこと、沖縄の潜在主権を日本が有するとされたサンフランシスコ講和条約の見直しを中国の研究者が主張していること、そして習近平国家主席による琉球と中国の古来の特殊な関係についての発言を、人民日報（6月4日）が一面にて報じたことが挙げられている。また、中国系メディアはインターネットに沖縄住民の大半が独立を希望しているというフェイクニュースを流し、沖縄の中国「復国」を主張する報道が強化されたと指摘している。そしてこの中国側の画策の最大のターゲットは、訪中する玉城デニー知事であるとする。その目的は日本国内での反政府運動を盛り上げ、日本政府を撹乱することで機能不全にし、防衛力強化が図られている沖縄県を中国側に切り崩そうとしている、というものである。益尾は沖縄県の地域外交の理想は尊いとしながらも、沖縄を厚遇する中国政府の政治的意図を分析する必要性を強調している。

２０２３年7月12日付の日本経済新聞「「習近平・李強」最強組で沖縄知事厚遇、台湾絡む歴史戦」（中沢克二）もほぼ同様の論旨である。中国による沖縄への対応は「中国トップとナンバー2が組んだ最強コンビによる最大級の厚遇、接待だ」との識者の言を引きながら、「日本の県知事が中国首相に会えるのはまれ」とする。そして会談では玉城の席次が河野の隣であったこと、集合写真の際には玉城知事が李首相の左手側に立ったことなどを証左として、玉城を河野とほぼ同等に厚遇したと分析している。その背景には沖縄を対日外交のカードとする中国の思惑があり、「台湾問題を巡って米日韓などが、もう一歩踏み込んでくれば、反撃の手段として「琉球独立」を使うことさえありうる、というファイティングポーズである」と述べている。

果たして２０２３年の玉城知事訪中に際し、中国側は本当に知事を厚遇したのであろうか。翁長雄志知事が同行した２０１５年と17年の訪中では李克強首相が応じた（日本国際貿易促進協会 ２０１５、２０１７）。玉城知事は２０１９年にも国貿促に同行しており、その際には胡春華副首相が対応した。慣例として国貿促側は面会相手に首相を希望するが、尖閣国有化で日中関係が悪化して以降、中国側は最高指導部レベルが会談に応じることに慎重になった。その結果、２０１３年と14年は汪洋副首相が対応している（『朝日新聞』２０１５年4月14日）。このように中国側は国貿促への応対者を日中関係の状況に応じて使い分けており、２０２３年はポストコロナにおける経済回復への期待から首相が応じたと報じられた（『朝日新聞』２０２３年7月6日）。すなわち首相が対応することは前例の範囲内と言える。

また、席次について、翁長が訪中した際はいずれも日本側で三番目だったが、２０１９年に玉城が同行した際には二番目となった（『沖縄タイムス』２０１９年4月19日）。集合写真についても２０１９年は２０２３年と同様に右手側に河野、左手側に玉城である（日本国際貿易促進協会 2019）。この点に関しても２０２３年の訪中に際して中国側による特別な厚遇があったとは言えない。正確に言えば中国側の対応が変わったのは２０２３年ではなく２０１９年からということになる。しかし２０１９年の訪中に関して、玉城知事の席次や集合写真の位置に言及した報道は確認できなかった。これは結局のところ、ロシア・ウクライナ戦争の影響を受けて中国による台湾侵攻の危惧が喧伝されたことにより、この時期に実施された玉城知事の訪中が注目され、その席次にまで話題が及んだというところであろう。

他方で２０２３年の知事訪中の前に習主席が琉球との関係について言及したり、環球時報が玉城知事のインタビューを掲載したりするなど、確かに中国側の関心も高まっていた。そして中国側は沖縄の帰属についても陰に陽に触れている。これは台湾をあくまで内政問題とする中国にとって「台湾の帰属に日本が口出し（内政干渉）するのであれば、こちらも沖縄について言いますよ」、という牽制の意味合いが強いであろう。もちろん日本本土と沖縄の分断を図るという狙いもあり得る。もしくは沖縄内での反基地運動が高まることによって、米軍基地が撤退したり自衛隊基地の配備が阻害されたりすれば、中国の軍事的拡張および海洋進出にとって好都合という計略もあるのかもしれない。

なお、歴史的には沖縄の独立を画策していたのは中国共産党ではなく、台湾の国民党である。１９５０年代中頃、沖縄では島ぐるみ闘争と呼ばれた大規模な反米軍基地運動が高まり、１９５６年には米軍支配への抵抗を訴えた瀬長亀次郎（沖縄人民党）が那覇市長選挙で当選した。沖縄での米軍統治への反発とそれに伴う共産主義勢力の伸長に危機感を覚えた国民党政府は１９５８年、反共を旗印に琉球の独立を目指す「琉球国民党」を結成させた（成田２０２０：82―86）。

さらに革新勢力が中心となって日本復帰運動が高まり、沖縄返還が現実味を帯びていた１９６９年にも国民党政府は沖縄の財界人や保守派に働きかけ、「琉球議会」や「沖縄人の沖縄を作る会」を結成させ、日本復帰に反対する声明を新聞広告に掲載させるなどしていた（成田２０２０：279―281）。これは沖縄返還によって米軍の基地機能が維持されない場合、台湾にとって安全保障上の支障となるという懸念を国民党政府が有していたためである。なお、沖縄返還を決定した日米共同声明に対し国民党政府は、「琉球の地位に対する問題が「適当な手続きなし」に決定されたことは遺憾」との声明を出している（成田２０２０：289）。

このように歴史を紐解いてみると、沖縄独立を画策し、沖縄返還の正統性に疑義を示していたのは中国ではなく台湾の方であった。しかしこの歴史的経緯は現在の中国が沖縄独立工作を行っている可能性を否定するものではない。ここで筆者が強調したい点は、台湾側によって扇動された沖縄独立運動は当時の沖縄社会においてほとんど影響力を持たなかったことである。これに対して米軍統治下で展開された日本復帰運動は大規模な民衆運動となり、日米両政府に沖縄返還を決定させる推進力となった。

すなわち、現代の沖縄独立工作についても沖縄県民の意向が重要となる。２０２３年7月12日付の毎日新聞「中国の「沖縄独立工作」を問う」（鈴木英生）が指摘する通り、今日の沖縄の世論調査で「中国船の領海侵犯に脅威を感じる」は9割以上、「米国に親しみを感じる」は7割以上にのぼる。基地問題に対する県民感情も在日米軍基地の7割が沖縄に集中する不平等性に対する憤りであって、日米安全保障体制自体に対する批判ではない。同記事で我部政明琉球大名誉教授は「本土は、中国の工作対象が沖縄よりも自分たちだと気づいていないのでは?」と述べているが、筆者も同感である。

日米両政府が「台湾カード」を持ち出して中国の政治体制を批判するのであれば、中国は「沖縄カード」を切って日本本土と沖縄側の溝を深めようとする。しかし率直に言って、ここまで中国の「沖縄カード」に本土側が狼狽しているように見えるのは意外であった。そこまで沖縄が日本の一部であることに、本土側では自信が持てないのであろうか。

そもそも沖縄県が地域外交を行う根本的な要因は、戦後約80年をかけて集積した在日米軍基地の偏在という過重な負担にある。県知事選挙や県民投票などで幾度となく新基地建設への「NO」が示されたが、日本政府は一顧だにせず建設を強行している。沖縄県は国内で施せる対抗活動のみでは埒が明かないため、地域外交という国際活動に活路を見出さざるを得なかった。この地域外交を発端とする中国の「沖縄カード」という揺さぶりに対して、自信を持って「沖縄は日本だ」と言えない状況が日本本土に生じているとすれば、その根底には沖縄の民意を拒絶し、軍事基地を押し付けてきた日本政府の差別的な対応があることを踏まえなければならない。このことを考慮に入れずに中国による沖縄独立工作を論じるのはアンフェアではないだろうか。

おわりに:目指すべき沖縄の地域外交とは

それでは、今後の沖縄県の地域外交で目指すべきはどのような方針であろうか。その際に重要となるのは、東アジアの平和と安定を維持するため軍事的な緊張を緩和させ、軍拡競争ではなく軍備管理・軍縮こそが重要だとする国際規範の形成であると筆者は考える。

そもそも地方自治体による地域外交は安全保障を対象とすることができるのか。これまで安全保障は他国の軍事的脅威から自国の安全を軍事力によって守るものとされてきた。しかし、1990年代以降、守るべき対象を国家ではなく人間とする「人間の安全保障」や、一国のみならず他国の安全も守るべきとする「共通の安全保障」という概念が登場した。また、脅威が感染症や気候変動など多様化し、それに従い安全保障の手段も非軍事分野へ広がっていく。さらに、その主体も国家のみならず企業や市民社会などを考慮しなくては、現実社会を適切に捉えることはできない。そしてこの多様な安全保障は、常に国家安全保障に再回収されかねないという緊張関係にある（遠藤 2023）。このような文脈からは、地方自治体による地域外交も安全保障の多様化の一環であり、国家による安全保障との緊張関係にあると位置づけられる。

翁長雄志・玉城デニー県政の支持母体である「オール沖縄」は、普天間基地移設に伴う辺野古新基地建設の阻止を掲げることで大半の沖縄県民の支持を得てきた。そしてこの民意を背景に、日米両政府へ辺野古新基地の建設を断念するように対峙してきた。しかし、東アジアで展開する地域外交においては、当然ながら相手国は新基地建設の当事者ではないため、辺野古への新基地建設反対の要請はさほど意味を成さないであろう。それよりも、軍拡競争を回避し、軍事的緊張の緩和が東アジアにおける安定と平和をもたらすという認識を共有することに重点を置くべきと思われる。

その際に参考になるのが、核兵器の廃絶を目的に広島市と長崎市によって国際的に組織、展開された平和首長会議である。1982年に第2回国連軍縮特別総会において荒木武広島市長が提唱したことを発端に、現在では166カ国8247都市が加盟している（2023年4月1日現在）。平和首長会議は2003年、核廃絶を2020年までに目指す「2020ビジョン」を発表し、核兵器禁止条約の実現を訴えていた（平和首長会議 2021)。2007年、核兵器廃絶国際キャンペーン(ICAN)が発足した際に平和首長会議はオリジナルメンバーとして参加した(『朝日新聞』2017年10月6日)。そして2017年、核兵器禁止条約は国連加盟国の6割以上から賛同を得て採択され、同年にICANはノーベル平和賞を受賞した。ターゲットとされた2020年には批准国が50を超え、2021年に条約発効へと至っている。

ICANによる核兵器禁止条約が成立した要因の一つには、広島・長崎の被爆者による証言がある。証言会が海外で開催されることにより、国際的には十分に認知されていなかった核兵器の非人道的性が広く知られるようになった。条約前文に「ヒバクシャ」の文言が入ったのはその証左である。ICANの国際運営グループの一員であるNGOピースボートが世界各地で被爆者の証言会を開催する際には、平和首長会議の会員都市がそのサポートを行なっていた(PEACE BOAT 2019)。核兵器禁止条約の成立に唯一の戦争被爆国である日本の関与は必要不可欠であり、その一端を担ったのが平和首長会議であったと言える。

このように平和首長会議は各国地方政府および国際NGOとの連携によって、核兵器の禁止という国際的な規範形成に貢献した。それは日本の歴史ある反核運動を国際的現代的な潮流に接合したということでもある。この文脈において、被爆都市である広島市・長崎市のリーダーシップが何ものにも代えがたいことは言うまでもない。核兵器による人類初の犠牲となりながら、その荒廃から復興を遂げた両都市による運動だからこそ、核兵器廃絶の訴えは説得力を持つ。地方(ローカル)の戦争経験を原点とし、戦後の日本(ナショナル)が培ってきた平和主義を構成し、世界(グローバル)における平和の実現へと繋がっている。核保有国ロシアによるウクライナ侵攻、核保有が公然の秘密となっているイスラエルによるガザ侵攻という事態を迎えてしまった今日こそ、核兵器の使用は許されないという国際的な規範の重要性が際立つ。

平和首長会議の成果は沖縄県にとっても、参考にすべき点は多い。多くの住民・非戦闘員が犠牲になった沖縄戦という歴史的経験と現在の基地問題を背景に、「沖縄21世紀ビジョン」にて「アジア・太平洋「平和協力外交地域」の形成」を目指すことを沖縄県はすでに表明している。東アジアの軍事的緊張を緩和させ、各国が軍拡競争に陥らず、軍備管理そして軍縮へ向けた国際規範の形成を各国の地方政府と市民社会と共同で目指すこと、そのイニシアティブを取ることが沖縄県の地域外交に求められているのではないだろうか。

地域外交は国家による外交とは異なり、軍事力を背景とするパワーポリティックスを用いることはできない。その代わりに、平和維持や信頼醸成といった言説を用いながら交流を深めることにより、国際的な規範の形成を目指すこととなる。しかし、このような地域外交に対する批判や懐疑的な言説は今後も多様な形で出されて来るであろう。その対策としては、歴史的客観的事実に基づきながら地域外交が目指す方針を明確にし、地域外交の可能性と限界を示し続けることが重要である。それが日米中のパワーポリティックスの中で帰属先が度々変更されてきた沖縄という地域が、その駆け引きのカードとして用いられるのではなく、沖縄外交を通して沖縄県民約140万人の民意に基づく東アジア国際関係のプレイヤーとなる道ではないだろうか。

＊本稿は主に拙稿「沖縄県による「地域外交」の意義と可能性」『日本の進路』２０２３年5月号および「沖縄県による地域外交の始動とその波紋――玉城デニー知事訪中の意義と課題――」『沖縄対話プロジェクト』（２０２３年8月掲載）をもとに再構成、加筆したものである。

註

（1）日本において地方自治体による国際活動は「自治体外交」と呼ばれてきた。新聞社のデータベースによれば、1977年の時点で「自治体外交」という文言の使用が確認できる（『読売新聞』1977年6月9日）。1980年代に自治体の国際活動が活発化し、旧自治省や外務省も支援を行うようになるに従って（ジェイン2009：79、大西2018：30—31）、「自治体外交」という文言も敷衍していったと考えられる。これに対し「地域外交」は従来、アジア地域や中東地域といった複数の国家から構成される「地域」に対する国家による外交、という意味で用いられていた。しかし、2011年度に川勝平太静岡県知事が「地域外交局」を設置し、2012年度に「地域外交基本方針」を策定（『静岡新聞』2022年4月19日）したことにより、地方自治体による国際活動の意味でも用いられるようになったようである。なお、現時点で「地域外交」と冠する部局を有している県は静岡県、群馬県そして沖縄県である。

（2）本節の詳細について、(1)〜(4)は小松（2022）を、(5)〜(6)は小松（2020）を参照されたい。

〈参考文献〉

稲嶺惠一2011年『我以外皆我が師――稲嶺惠一回顧録』琉球新報社
遠藤誠治編2023年『国家安全保障の脱構築』法律文化社
大津浩2005年「自治体の補完外交と対抗外交」『都市問題』東京市政調査会、8月号
大西楠・テア2018年「グローバル化における地方自治体の役割」『社会科学研究』69号
岡田充2012年『尖閣諸島問題――領土ナショナリズムの魔力』蒼蒼社
――2022年「自分たちで守れ？ 台湾有事でも派兵しない米国」『東洋経済 Online』https://toyokeizai.net/

articles/-/590552
沖縄県１９９７年「第四回沖縄県・福建省サミットの開催要領」沖縄県公文書館所蔵、資料コード136074
――２０１７年「平成27年度版　観光要覧」(http://www.pref.okinawa.jp/site/bunka-sports/kankoseisaku/kikaku/report/youran/h27kankoyouran.html)。
――２０２１年「姉妹・友好都市提携（海外・国内）」(https://www.pref.okinawa.jp/site/bunka-sports/koryu/honka/shimaitoshi.html)
沖縄県議会１９９０年「沖縄県議会定例会」第1回第2号(http://www2.pref.okinawa.jp/oki/Gikairep1.nsf/)
小松寛２０１５年『日本復帰と反復帰――戦後沖縄ナショナリズムの展開』早稲田大学出版部
――２０２０年「沖縄県の自治体外交によるサブリージョン形成と安全保障の可能性」多賀秀敏・五十嵐誠一編『東アジアの重層的サブリージョンと新たな地域アーキテクチャ』勁草書房
――２０２２年「沖縄県による自治体外交と中台問題」平良好利・高江洲昌哉編『戦後沖縄の政治と社会――「保守」と「革新」の歴史的位相』吉田書店
櫻澤誠２０１５年『沖縄現代史』中央公論新社
ジェイン、プルネンドラ２００９年『日本の自治体外交』敬文堂
土山實男２０１４年『安全保障の国際政治学――焦りと傲り』有斐閣
永井義人２０１４年『国家間対立に直面する地方自治体の国際政策――山陰地方における地方間国際交流を事例として』国際書院
那覇港管理組合２０１７年「那覇港管理組合の取り組み」(https://nahaport.jp/sp/userfiles/files/info/2017/0914/document_07.pdf)。
成田千尋２０２０年『沖縄返還と東アジア冷戦体制――琉球／沖縄の帰属・基地問題の変容』人文書院
日本国際貿易促進協会２０１５年『第41回訪中代表団報告書』
――２０１６年『第42回訪中代表団報告書』

――――２０１７年『第43回訪中代表団報告書』
――――２０１９年『第45回訪中代表団報告書』
日本政府観光局２０２３年「国籍／月別 訪日外客数（２００３年〜２０１９年）」（https://www.jnto.go.jp/jpn/statistics/visitor_trends/index.htm）
日本台湾交流協会２０２３年「日本の自治体と台湾の姉妹（友好）都市交流等一覧」（https://www.koryu.or.jp/Portals/0/taipei/2023/1108/%E6%97%A5%E6%9C%AC%E3%81%AE%E8%87%AA%E6%B2%BB%E4%BD%93%E3%81%A8%E5%8F%B0%E6%B9%BE%E3%81%AE%E5%A7%89%E5%A6%B9%EF%BC%88%E5%8F%8B%E5%A5%BD%EF%BC%89%E9%83%BD%E5%B8%82%E4%BA%A4%E6%B5%81%E7%AD%89%E4%B8%80%E8%A6%A7_20230920.pdf）
平和首長会議２０２１年「２０２０ビジョン総括」https://www.mayorsforpeace.org/ja/vision/2020vision/report-2020vision/
琉球政府研究会２０１８年『戦後沖縄の証言』科学研究費助成事業「琉球政府を中心とした戦後沖縄政治の再構築」報告書、課題番号：15K03283、研究代表：平良好利
屋良朝苗１９７４年『屋良朝苗日誌104』沖縄県公文書館所蔵
Committee on Armed Services, United States Senate 2022 *Hearing to Receive Testimony on the Department of Defense Budget Posture in Review of The Defense Authorization Request for Fiscal Year 2023 and the Future Years Defense Program*, April 7. (https://www.armed-services.senate.gov/imo/media/doc/22-26_04-07-2022.pdf)
PEACEBOAT ２０１９年「ＩＣＡＮ（核兵器廃絶国際キャンペーン）とは？ ノーベル平和賞受賞の背景を解説します」（https://peaceboat.org/21213.html）

11章 東アジアにおける平和連帯と地域協力の模索

済州と沖縄を中心に

石珠熙

1 はじめに

不安定な東アジアの国際情勢において、安定的な「平和」とは可能なのか。もし可能であれば、具体的に何が必要なのか。本稿の目的は、地域の観点から済州と沖縄の平和主義を考察し、平和連帯の可能性を模索することである。事例として、脱冷戦の前後に現れた済州と沖縄の平和政策と平和教育など関連する活動を検討する。

本稿では、ヨハン・ガルトゥング（Galtung,Johan）の平和概念に従って論じることにする。彼によれと、平和は受動的なことと積極的なことに区分することができる。受動的な平和は対立や戦争、紛争を解決し排除することによって実現される。その一方で積極的な平和は、社会的・経済的な側面から構造的な暴力を排除することによって保障される。※1 ガルトゥングが提唱する積極的な平和を実現するためには、国家間

315

の条約だけではなく地域レベルでの市民の意識向上、平和教育、地域間の交流と連帯が必要である。とくに国家の暴力や戦争を経験した地域ならば平和の価値を生み出し、広く拡散するのに重要な役割を果たすことができる。これまで国際社会の協力、道徳的責務、国家の法と制度などは戦争を防ぐ上で重要な条件であった。しかし、国家の取り組みだけでは、持続的な平和の維持には限界があったのである。

既存の研究では、主に東アジアの平和に関する研究は主に安全保障や外交政策を中心に研究を行われた。[※2] 2000年代に入り、朝鮮半島の平和と東アジアの安全保障を目指して、米韓日協力の制度化に焦点を当てた研究が行われてきた。[※3] 近年では、最近韓国では東アジアの平和に向けて、米韓日三国の安全保障協力体制などに関しての研究も成されている。[※4]

以下では、韓国と日本の平和主義を比較的な視点から分析し、地域における平和連帯の新たな可能性を模索する。次の第二章では東アジアの民主平和主義を基盤に韓国の平和体制と日本の制度的平和主義を明らかにする。第三章では済州と沖縄の平和政策と教育、地域外交などを中心に地域主導の平和主義を分析する。第四章では済州と沖縄の平和協力と連帯の現況を検討し、主な内容を明らかにする。最後に地域の観点から平和民主主義の構築とその可能性を提示する。

2 東アジアの平和と限界

東アジアにおいて平和というのは民主主義に基づいて朝鮮半島の平和と日本の平和憲法の二つの軸で維持されていたと言っても過言ではない。韓国は過去70年間、北朝鮮との休戦状態で平和を維持して来たのである。日本では再軍備の禁止、戦争の放棄、国家交戦権の否認を明記した憲法9条によって平和を維

316

持している。したがって、韓国と日本が民主主義をる追求する中、地域内の平和と安定を追求することは、東アジアの地域安全保障にも重要である。一方、民主主義を形成する中国家による暴力の犠牲になったり、自己決定権〟を持てなかったりした地域があって、それが済州と沖縄である。このような背景をおいで、韓国と日本がなぜ長期間にわたって安定的に平和を維持できたのかを検討し、その要因と限界について考察するということである。

韓国と日本での平和主義は異なる政治的歴史的社会的文脈から形成された。韓国は植民地解放後、朝鮮半島戦争と冷戦構図の中で、平和は統一されなければならないとの認識を持っていたのである。朝鮮半島の平和統一を通じて、韓国が東アジアの平和と安定に貢献できる。ところで、韓国と日本はそれぞれ異なる平和主義を想定していると言える。韓国では最終的には北朝鮮との統一を目指しているが、日本では平和憲法を前提とし、平和は制度的に固定化されているが、１９５０年代以後憲法改正を巡って政治的な論争が続いている。

(1) 韓国の韓半島平和と平和運動

韓国において平和主義というのは韓半島の平和統一を目指している。その意味で韓半島の平和体制は、平和を確立するための一連の合意、原則、規範、制度である。[※5] 韓半島の平和体制は、国家間の戦争の危険を除去し、相互不信と軍備競争によって引き起こされる敵対関係を解消することを目的としている。この体制は、平和に関する規範、規則、機関、制度的な仕組みを包括する動的な有機的メカニズムである。韓半島の体制を支持する立場では、持続可能な平和構築のためには制度的な手段を強化する必要があると主張している。[※6] とくに、軍事安保の視点からはアメリカの対外政策と米韓同盟との関連が重要である。[※7] そのため、韓国の平和主義は制度的な限界を含まれている。

1990年代韓国での平和運動は国際的な連帯をもつ普遍的な市民運動と韓半島の特殊性を反映した平和統一運動に区分される。[※8] 普遍的な価値の平和運動は、反戦・反核運動、生命運動、女性、文化、地域の平和を追求するのである。韓半島の特殊性を反映した運動は北朝鮮人権運動や反米統一運動などである。[※9] 市民団体やNGOも深く関与して韓半島の統一と関連して重要な役割を果たしている。これらは1990年代朝鮮半島だけでなく東北アジア地域の平和秩序構築にも重要な影響を与えたと評価された。[※10]

韓国の平和運動はかならず韓半島統一問題を含んでいまる。韓国では平和運動や平和地帯の構築などの国家と市民社会の努力にもかかわらず、北朝鮮の核脅威や平和協定の撤回など予測困難な状況が続いている。[※11] これは韓国において平和主義は国防や安保、外交分野だけではなく市民社会レベルでの努力と認識が必要であることを示唆する。

要すると、韓半島で安定的に平和を実現するためには、軍事安保だけではなく、文化、教育、経済、市民社会を総合的に連携する新しいアプローチが必要である。韓半島の平和は南北関係のみならず、国内外の民族的また歴史的な葛藤が解消されるのが重要である。その意味では、韓国での平和は市民社会の認識と制度を合わせて実現していくことが必要だと思われる。

(2) 日本の平和憲法と「積極的平和主義」

日本の平和主義は、憲法第9条を通じて制度主義的な性格を有している。戦後、日本では平和憲法と呼ばれる日本国憲法を制定した。この憲法には、軍事力の使用に対する制約を規定した特徴的な第9条が含まれている。その後70年間日本は「平和国家日本」のアイデンティティを持ちながら、東アジアの平和維持に貢献してきたのである。

平和憲法の第９条には日本が「武力の行使を禁じ、戦争を放棄し、国家の交戦権を認めない」と明記されている。これに基づいて日本は民主主義国家であるながら自国の軍隊を持たないし、軍事的な介入を制限されていた。一方で、平和憲法第９条は制定直後から憲法改正という政治的な論争に直面した。１９９０年代以降、日本は戦後体制からの脱却と「積極的平和主義」への移行を掲げてきた。「積極的平和主義」に対して、日本政府では〝国民の生命を守りつつ、世界の平和と安定のために積極的に取り組んでいくことであり、私たちの身の安全と財産が脅かされないようにすることが安全保障の役割です〟と述べていた。同時に日本では日本の安全保障の基本方針として「国家安全保障戦略」を策定した。これには、〝国を守るということだけではなく、世界の安定・安全のための取組〟を明記した。

自民党は２０１２年４月に憲法改正推進本部を設立し、集団的自衛権を全面的に容認する「日本国憲法改正草案」を発表した。２０１３年12月17日には「国家安全保障戦略」を公表し、国際安全保障活動に積極的に参加する方針を示した。安倍政権で秘密保護法や集団的自衛権の行使、安全保障法制の制定など、関連法案を段階的に制定し、「安全保障の法的基盤の再構築に関する懇談会」を設立して集団的自衛権の行使の法制化を推進した。２０１４年５月15日には、集団的自衛権容認に関する報告書を公表した。安倍政権ではは公明党との協議を経て、２０１４年７月１日に集団的自衛権の行使を正式に承認した。このように安倍政権での「積極的平和主義」は東アジア地域での紛争の解決に主導的な役割を果たすことを目指していた。しかし、安倍政権の「積極的平和主義」に関しての動きに関して、韓国では日本で再軍備と軍備拡張の恐れが現れた。[※12]

日本での平和主義に関する議論は、イデオロギー的には一層複雑な様相を呈していた。１９４８年12月に知識人たちによって組織された「平和問題談話会」から提起され、その結果として「戦争と平和に関する日本の科学者の声明」『世界』(1994年3月号)を発表した。その中で日本では新たな国家アイデンティティとして「平和の国」「文化の国」「尊厳の国」などといった概念が現れた。

戦後、日本では反体制デモや民主主義の擁護を掲げた平和運動が現れた。これらは日本の再軍備に反対し、軍備縮小を主張した。この平和運動は社会党、共産党、労働組合、知識人などの革新勢力を中心に行われたのだが、一般の市民も参加した。社会党は「全面講和、非同盟中立、軍事基地化反対」という平和3原則を掲げました。労働組合も社会党と連携して平和原則を運動の方針とし、平和運動を展開した。藤原修によると、戦後日本の平和運動の一つである、原水爆禁止運動は非政治で超党派の国民運動としてひろがった…省略…原水爆禁止署名運動は婦人団体のみならず、労組や学生たちも積極的に参加している」と述べた。このように市民主導の平和運動は、日本の軍備化を阻止する上で重要な役割を果たし、短期間で日本の民主主義が確立する契機となったとされていた。また、彼によると「1980年代以降の日本の平和運動は市民運動の活発化とともに、運動のローカル化と国際化」が現れた。また韓国に関しては「韓国など近隣アジア諸国との交流を通じて日本の戦争責任問題を正面から取り上げ、日本とアジアとの和解を目指す運動が台頭した」と説明した。[※14] また、小熊英二(2006)は市民主導の平和運動に関して、日本の軍備化を阻止する上で重要な役割を果たし、短期間で日本の民主主義が確立する契機となったと論じた。[※15]

1950年代からは日米安保条約に反対する運動、憲法第9条改憲反対、原水爆禁止運動、ベトナム反戦デモなどが様々な形で平和運動が立ち上がった。1970年代以降には、武器輸出禁止3原則、非核3原則、防衛費上限導入、専守防衛原則など、関連する政策が次々と制定された。[※16] ナム・ギジョン(2014)によると日本の平和主義は、植民地被害に対する「加害者」意識の不在であるということで批判されてきた。[※17]

1990年代に入ると、河野談話や村山談話など、慰安婦問題、植民地支配、戦争被害に関連して謝罪が現れたにもかかわらず、日本と韓国の間では歴史認識と植民地支配を巡っての葛藤は続いたのである。1997年に「新しい歴史教科書をつくる会」が結成されるなど、新たな動きが現れた。日本で謝罪の後右翼からの反発が続いている中、日本と韓国での歴史を巡る葛藤は一層悪化された。他方、戦後に結成した「平和問題談話会」の平和談論は、現実的な議論を提示できなかったという側面でユートピア的平和主義だと批判もあった。※18

以上のように韓半島の平和体制と日本の制度的平和主義は、東アジアの地域安定化に非常に重要な役割を果たしてきたのが限りがあり、新しいアプローチが必要であると思われる。1965年の日韓国交正常化以来、日韓間の経済協力を優先した日韓関係は、80年の韓国の民主化運動や1990年代の歴史認識をめぐる対立といった新しい局面に直面した。

3　地域の平和主義と自治体の役割

(1)　済州の平和主義と政策

「世界平和の島」として済州の登場

「世界平和の島」という概念は1990年代後半、地方自治体、学界、市民社会を中心に提唱された。「世界平和の島」での平和というのは「受動的平和と積極的平和に分かれ、受動的な立場からの平和は戦争がない状態を指す。一方、積極的平和は戦争がない状態に止まらず、人間の基本的欲求が満たされ、正義が存在する状態を志向する」と述べる。「世界平和の島」の役割に関しては「積極的平和を実現するために社会構成員間の知的、人的、物的ネットワークを形成し、平和を創出し、拡散し、構築する」と述べられていた。[※19]

済州が世界平和の島に指名されたその背景は次のようである。1999年、済州特別自治道特別法の改正に伴って、国が済州を世界平和の島として指定できる法的根拠を設けた。2000年1月、済州特別自治道法に「世界平和の島」の指定に関する条項を新設した。2001年6月、南北首脳会談1周年をきっかけに「済州平和フォーラム」が開催され、これを通じて済州を「世界平和の島」に指定するための手続きを進めた。その結果、2002年1月27日、韓国政府は済州を東北アジア平和と韓半島交流の拠点にするための「世界平和の島」指定署名式を開催した。

その後、済州は韓半島の統一と韓国と北朝鮮との交流の場として、重要な役割を担うようになった。2002年5月、11月また2003年8月には「道民団体訪問招待」を実施した。これに伴い、済州特別自治道を中心に「済州平和の島推進委員会」を結成し、多様な平和関連プロジェクトを構想した。[※20] 2003年10月には『民族平和秩序』ということで、南北の市民団体が主催し、韓国で初めて南北交流イベントが開催された。2005年には、盧武鉉元大統領が「世界平和の島」指定宣言文を発表した。[※21] その後、済州には国際交流と平和に関する研究所、国家機関が設立され、国際会議が開催されれなど、韓国で済州は「平和の島」として位置付た。

済州の平和教育と4・3事件

済州の平和教育というのはと4・3事件を記憶し、継承するのを目標としている。済州では、4・3事件における遺族の生活や平和、人権教育を組み合わせた独自の平和教育が行われた。これによって2013

年3月19日、済州特別自治道議会の臨時会で、済州4・3事件に基づく平和教育の促進に関する条例案が可決された。この条例の目的と定義は以下のようである。

第1条（目的）この条例は、済州4・3事件に対する学生の歴史認識を向上させ、地域社会で平和と人権の価値観を確立するために、4・3平和教育の活性化と支援に必要な事項を規定することである。

第2条（定義）1・〝4・3平和教育〟とは『済州4・3事件 真相究明および犠牲者名誉回復に関する特別法』に規定された済州4・3事件に関する理解のための教育活動や教材開発などの全ての活動を指す。

済州の平和教育は、地域の独自性と歴史的要素を強調する。一般的な平和教育が人権、環境、国際理解といった範疇に焦点を当てる中で、済州はその起源を4・3事件に求めている。済州は「済州独自性と特殊性を反映した統一、平和教育が実施されなければならない」とするし、「中央政府主導のトップダウンのアプローチから離れ、地域ベースのガバナンス体制に転換しなければならない」との認識を示している。[※22] また、教育関係者は「済州4・3は分断と冷戦の過程で発生した現代史である。したがって、済州4・3に関連して地域と国家の相互連携を持つ教育を行い、自身の思考と判断に対する省察と実践を含めるべきだ」と強調している。[※23]

済州における平和教育は、教育コンテンツ、政策、ネットワークの観点から、地域に基づいた平和教育を模索している。平和教育は単なる済州内の取り組みにとどまらず、全国的にも拡大・再生産が進んでいる。毎年、済州では全国の教師向け平和教育研修プログラムが実施されている。[※24] また、済州以外でも済州4・3平和財団などを通じて民間と協力し、他の地域と連携して平和教育関連の事業を展開したのである。例えば、

2023年11月26日、仁川市教育庁と済州特別自治道教育庁は歴史平和教育を活性化する業務協定を締結した。※25 仁川市は5・3民主抗議に関連して、2023年8月に民主化運動記念事業法を改正し、37年ぶりに国家が認める民主化運動を教育できる法的根拠を整備した地域である。つまり、済州と仁川市の教育交流の背景には、両方ともに国家の暴力の犠牲者であったという共通の認識があったのである。

「済州4・3平和財団」と平和ネットワーク

済州4・3平和財団は国内外の平和ネットワークの中心的な機関としての役割を果たしており、2008年10月16日に行政安全省の設立許可を受け、同年11月10日に設立されました。その目的は、2007年1月24日に制定された「済州4・3特別法」の改正法（第8条 2項）において、「平和の増進と人権の伸張のために済州4・3史料館（記念館）および平和公園が運営管理と追加真相調査などその他必要な事業を遂行する目的で設立される財団に基金を出捐することができる」と述べている。この法律に基づき、4・3平和公園および記念館の管理運営、真相調査、犠牲者の追悼・遺族の福祉事業、

【表1】済州4.3平和財団と東アジア民主平和人権ネットワーク

機関	設立年	所在地	区分
済州4.3平和財団	2008.10	済州市	国内
民主化運動記念事業会	2001.7	ソウル市	
5.18記念財団	1994.12	広州市	
釜山民主抗争記念事業会	1989.7	釜山市	
老斤里平和財団	2010.6	忠清北道	国外
2.28財団	1995	台湾	
国家人権博物館	2012.10	台湾	
沖縄平和記念資料館	1975.6	沖縄県	
広島平和記念資料館	1955（1994.6）	広島県	

（出典：済州4.3平和財団）

文化学術事業、国内外の平和交流事業を推進するようにしている。２０１８年に入ってから調査研究室の新設、学術総説および資料総説の発行、アーカイブの構築、国内外の研究団体との協力事業、４・３歪曲に対応するなど、様々な活動を行った。また、文化教育事業として全国の青少年、大学生、市民を向けてのアカデミーを運営した。

済州４・３平和財団は、ネットワークを通じて地域的な制約を克服し、国内外で共感を広がって行こうとする。東アジア民主平和人権ネットワークとのＭＯＵを締結し、国内外の歴史機関および団体が連携し、情報や出版物を交換し、人的資源を育成した。済州４・３平和財団および東アジア民主平和人権ネットワークに参加している機関および所在地は［表１］のようである。

(2)　沖縄の平和行政と交流

沖縄における平和教育は、沖縄戦を基づいて行われた。沖縄教育委員会は平和教育の目的に関して「戦争の真実と悲劇を伝え、子供たちが平和の尊厳を理解し、『戦争』に否定的な意識を自らで形成することが重要である」と述べた。沖縄での平和教育は、ただ戦争に反対するだけでなく、主権は国民にあるという重要な概念で主権者教育とも言える。また、沖縄平和教育は民主主義イデオロギーとも関連がある。[※26]

記事によると「日本全体から見れば、新型コロナだけでなく、日本の高齢化とともに平和教育に変遷が生じています。戦後に生まれた人口が総人口の80％以上を占め、戦争の実体験者が高齢とされている。コロナ禍によって地域間の連携が断たれ、対面での集会が制約されたこともあり、沖縄は平和教育の対象として地域協力を拡充し、オンラインおよびオフラインの教育を柔軟に活用する」としている。[※27]この変化は、将来の世代への平和教育の継承と他地域との連帯交流の必要性を示唆する。

沖縄の平和教育は、沖縄戦の記憶と継承にかかわるものである。平和教育の内容は、戦争の体験とその記憶を保存し、平和の意識を培い、結局は地域社会における永続的な平和構築を目指す教育につながる。沖縄県内の学校では、このような平和教育が実践の場として活用されている。例えば、毎年6月23日になると慰霊の日を前にした全校集会や特別な授業が実施され、戦争体験者を招いての講演や平和記念資料館の訪問などが行われる。[※28]

沖縄の「平和行政」と「地域外交」

沖縄において、平和主義は地域中心の行政と外交政策を通じて具体化された。特に、大田昌秀元知事の「平和行政」と玉城デニー知事の「地域外交」はその事例である。1990年代、大田昌秀元知事は「平和行政」を進めることで沖縄戦の教訓を受け継ぎ、平和を実現した。1993年4月、大田昌秀は知事として「平和推進課」を設置し、戦後処理の問題において、沖縄戦での八重山のマラリア犠牲者に対して補償を行った。[※29] 大田元知事は1995年には沖縄戦終結50周年を記念して「国際平和の記念碑」の一環として「平和の礎」を築き上げた。その後も毎年6月23日には慰霊の日を迎え、多くの遺族が「平和の礎」を訪れる。沖縄は他にも国際都市形成、経済の自立を目指す投資区域指定、米軍基地の返還などを推進し、「自立」、「平和」、「共生」といった理念を掲げた政策を積極的に展開した。[※30] 大田元知事は沖縄人を〝平和愛好の民〟＝沖縄人は単なる理念ではなく政治の実践の中に存在として「平和」を動き掛ける文化的パワーでもあるのだ。このパワーは基地の暴力性が認知されればされるほど、歴史的影響力を帯びた「抵抗する主体」として機能するのだ〟と述べた。[※31]

玉城デニー知事は「地域外交」を強調してきた。『沖縄タイムス』によると、「地域外交」は東アジアが連帯を深めることで争いに発展しづらい関係性を築き、抑止力に頼らずに地域の安定を目指しているのが特徴」である。[※32] また「国と国との「架け橋」となった琉球王国の役割を沖縄が受け続ぐことを強く認識している」と述べた。[※33] 2023年4月には「地域外交室」を新設した。それは、「2021年3月に万国津梁会議が、沖縄の中長期的な課題として提言した「アジア太平洋地域の緊張緩和と信頼醸成」が活動の柱で、軍事力に頼らない安全保障の実現を目指す」と言う。[※34] 2024年3月26日、沖縄県庁で「令和5年度第3回沖縄県地域外交推進本部」が開催され、玉城知事は「令和6年度から、本日策定された地域外交基本方針に沿って、新たに設置される平和・地域外交推進課を中心に、海外自治体との交流を積極的に展開するとともに、平和を希求する〝沖縄のこころ〟の国内外への発信を強化していきます」と述べた。「地域外交」に関して、韓国の地域研究者であるキム・ミヨンは「東アジアにおいて重要な取り組みだ」と評価し、交流と連帯の重要性を強調した。[※35]

沖縄と済州の連帯に関しては照屋義美副知事は「済州とは歴史的な特異性や島しょ県としての位置付けを含めて、東アジアの平和に寄与するだけの共通点がある」と応じた。[※36]『沖縄タイムズ』では「済州と沖縄は戦争の経験を共有する類似の歴史を持つ」と述べ、「沖縄も済州も道民の血と汗を絞り出す歴史が繰り返されてはならない」という記事を掲載した。[※37] また、「済州虐殺と南北分断の源流には日帝占領があった。第二次戦争の時、本土を守るために済州は巨大な要塞と見なされた」と述べた。[※38] 済州は沖縄が日本の本土を守るために犠牲になったことと同じ認識を持っていると言える。

玉城デニー知事は2023年6月5日、済州平和フォーラムに参加し、「済州と沖縄は歴史が重なり、島嶼地域の面でも国際交流で独自のチャンネルを作ることができるのではないか」と述べ、今後の交流を促進するようにした。照屋義美副知事は今年6月2日に済州を訪れ、「グローバル平和都市連帯」への参加意思を表明した。[※39] 照屋義実副知事は「済州と沖縄は自然、歴史、政治環境で互いに類似性が高いのである。

世界平和を希求する理念からも同じ視点で歩けることを確信した」と評価した。[※40]

この背景には、これまでの沖縄県知事による訪米活動がある。「初めて公式に訪米したのは1985年で、西銘順治元沖縄県知事であり、その後の30年間で歴代知事が15回の訪米だった」のである。[※41] 沖縄県知事の訪米には重要な目的があって、「第一は、日本の地方行政の代表として沖縄基地問題について米政府や議会に説明し、正確な認識を促進することで、第二は、県知事の活動を県民に広く広報する」ことであった。[※42] しかしながら、日米関係を超えて沖縄と米国の間で新たな議論を進めることはできない、構造的な制約があったのである。

4　済州と沖縄の平和連帯とその可能性

本章では、済州と沖縄の平和の連帯を考察し、その可能性を検討する。とくに2000年代の自治体を中心にする交流に注目する。歴史的な視点から見ても深い関係を持ってきたのである。済州と沖縄は東アジアの海洋を巡って、島から島へと自由に移動していた。この視点から見ると、済州と沖縄は事実上、過去の海域ネットワークが現代の平和ネットワークとして新たに蘇るものだと言うことができる。また、韓国の李承晩大統領は琉球独立運動に支援した。松島は「1954年6月、蔡璋が李承晩と会見した際に、李は琉球特立運動を支援する意思を示した。1956年12月、李が琉球の日本「復帰」に公式に反対したことに関して、翌年1月、蔡は李に感謝の書簡を送付した」と論じた。[※43] そういう意味では済州のみならず、韓国と沖縄の関係からみることも重要である。本章では、その歴史な流れを基にして2000年代に注目して平和の連帯の意味とその可能性を模索する。まず、済州と沖縄の交流の特徴は次のようである。

第一は、済州と沖縄は「平和の島」と「戦略的価値」の観点から東アジア地域で注目を浴びた。知識人たちの間では、済州と沖縄の交流は「東アジアの変革、軍備拡張と平和」の視点を共有してきた。[※44]また、軍事基地の問題と観光地としての類似点も指摘された。済州と沖縄は地政学的な観点から密接な関係を持ち、東アジアの平和と安全保障戦略の枠組みで済州と沖縄の問題を考えるようになった。[※45]沖縄戦と済州4・3事件では、戦争の犠牲者としての共感が可能だった。真の平和の「島」として戻すためには、より多くの交流と強力な連帯が必要だという議論が続いた。[※46]済州と沖縄は地政学的な観点からも密接に関連しており、東アジアの平和と安全保障戦略の枠組みの中で、済州と沖縄の問題を見つめるようになった。

第二は、済州と沖縄は平和運動と教育分野で進展を見せている。韓日共同教育研究会の教育関係者は、「アジアの変革、沖縄と済州を結ぶ―国際外交において武力排除を志向する仙林友好の基盤」という第16回交流大会報告書で、「琉球人の思想は武力を排除した絶対的な平和主義を基盤にし、信頼と友情、真摯で誠実な態度で対応する『同胞』、『兄弟』の姿勢」と述べ、済州と沖縄の交流を引き続くという旨を述べた。[※47]2013年、済州の地方新聞においては「済州と沖縄の子供たち、そして平和」というタイトルで、沖縄の教育関係者たちによる平和教育が詳細に紹介された。[※48]この記事によって済州では沖縄戦で犠牲になった学生やひめゆり学徒隊について深く関心をもつようになった。2018年4月2日、全国教職員組合済州支部が沖縄の平和教育に携わる関係者と歴史教育に関する研究会を開催し、済州の4・3事件の記憶、共生、平和の価値について論じた。[※49]

第三に自治体を中心にした交流である。沖縄と済州は1996年、当時の両知事が姉妹都市交流を促進し、定期便や相互事務所の設置などについて話し合った。2023年6月2日、第18回済州平和フォーラムが開催され、オ・ヨンフン済州道知事、中国バイタル（巴特尔）ハイナン省委書記、そして日本の照屋義美沖縄県副知事が参加し地域交流について協議した。照屋沖縄県副知事は済州の訪問について「沖縄と済州は自然、歴史、政治環境などにおいて相似性が高い」と強調し「今後のアジアとの共生、世界平和を希求する理念においても同じ目線に立って共に歩めることを確信した」と述べたという。[※50]済州と沖縄の相互交流を強調し、「沖縄県は平和と繁栄のために済州が構築した国際平和都市協会に加入したい」との意向を示した。[※51]オ・ヨンフン、済州道知事は沖縄と済州道のアイデンティティに関して「連帯を通じて東アジアの世界平和に貢献する機会が多いだろう」と述べた。[※52]具体的な手段として、平和都市のメンバー間での連帯と協議体の構築、連帯の活性化を目指す定期会議の開催と協力、済州フォーラムに連動したセッションの開催と都市間ネットワークの強化、新たな平和都市の発掘、共同事業の推進などの活動を進めることが決定された。済州大学で新設された4・3・教育課程に日本の学生が参加する方法や奨学金交流プログラムに関しても議論した。[※53]

5　おわりに

現在、韓国と日本は厳格な国際情勢と安保環境に直面している。2022年2月、ロシアによるウクライナ侵攻とそれに続くウクライナ戦争は、いわゆる「新冷戦」への転換を加速させた。また、「インド・太平洋」と呼ばれる地域秩序の中で米中の戦略競争が先鋭化している。東アジアでは東シナ海、北朝鮮の核問題、ロシア・ウクライナ戦争など、解決すべき課題が山積している。

本稿では、安定的な平和を構築するためには地域と市民社会を中心にした交流と連帯が重要であると主張する。事例として韓国と日本、済州と沖縄に注目して国家と地域のレベルで平和に関しての政策、活動、ネットワークを考察した。これまでの内容をまとめると次のようである。

第一に、既存の国家中心的平和主義には限界がある。韓国で平和というのは韓半島平和統一を意味し、それを実現するためには平和運動を追求してきた。日本では平和という概念は戦後の民主主義の中で「平和憲法」と呼ばれる日本国憲法を通じて現れた。しかし、両国とも国内外の政治的、社会的な限界を示した。

第二に、東アジアでヨハン・ガルトゥング（Galtung,Johan）の積極的な平和を構築するためには地域のイニシアチブが重要である。例えば、済州は教育庁と政府の支持により、また市民と政府、自治体が連携して平和教育を行った。沖縄では、固有の文化と歴史と基づいて自主的な平和教育が可能だった。済州と沖縄でそれぞれ地域中心に国内・国外との平和連帯を追求してきた。済州は「平和の島」を掲げ、国内外の都市との平和ネットワークを構築してきた。沖縄は「地域外交」を通じて東アジアの平和連帯を模索している。

第三に、済州と沖縄の平和連帯の可能性である。地域では教育機関と自治体、市民社会との連携が平和政策と密接に関連していた。済州で平和政策を推進したことには、教育庁と自治体、知識人間での協力、民主化運動の経験が作用していた。沖縄では自治体と市民団体を中心に国際的な連帯を求めてきた。

戦争が起こったら、最初に、あるいは最後に犠牲となるのは辺境の小さな島であった。そういう意味で済州と沖縄の平和連帯は必要である。済州と沖縄はそれぞれの歴史や伝統をもちながら共通の認識、平和の価値を共有している。済州と沖縄の平和交流には、植民地支配の記憶、差別、国家暴力、和解など含まれている。これらはまだ充分に取り組まれなかった、解決されない課題でもある。済州と沖縄の平和の連帯を通じて、韓国と日本が真に東アジアの平和に近づくと思われる。

註

(1) Johan Galtung "Violence, Peace, and Peace Research" Journal of Peace Research, No. 6. 1969, p.167-168.

(2) 이기태 , 2024. " 데탕트기 미국의 동아시아 정책과 일본의 대한 안보정책 : 미국의 철수 , 균형 , 연합전 략과 한일 안보협력 , "『국제정치논총』, 제 54 집 2 호 ; 조양현 , 2011. " 데탕트 체제 전환기의 한일 관계 : 오키나와 반환 및 주한미군 철수 문제를 사례로 , "『국제지역연구』제 20 권 1 호 ; 빅터 D, 차 , 2004,『적대적 제휴 : 한국 , 미국 , 일본의 삼각안보체제』(서울 : 문학과 지성사) ; 신욱희 , 2020.

『한미일 삼각안보체제』(서울 : 사회평론아카데미) .

(3) 최희식 , 2011. " 한미일 협력체제 제도화과정 연구 : 1969 년 한미일 역할분담의 명확화를 중심으로 ,"『한국정치학회보』, 45 집 1 호 ; 신각수 , " 미중 전략적 경쟁 시대의 한일 및 한미일 안보협력 방 안 , " 『한일군사문화연구』, 제 33 집 .

(4) 박영준 , 2021. " 한미일 3 각 안보협력체제 형성의 기원 : 냉전기 북한의 무력도발과 한국 안보외교를 중심으로 , 1967-68, "『한국정치외교사논총』, 제 42 집 2 호 .

(5) 전재성 . 2006. " 한반도 평화체제 : 남북한의 구상과 정책비교검토 "『한국과 국제정치』22 권 1 호 .

(6) 제성호 . 2005. " 평화체제 논의의 내용과 과정 - 제도적 평화보다 실질적 평화가 핵심이다 "『통일 한국』263 권 p.13-16.

(7) 이혜정 . 2003. " 패권의 굴레 : 북미갈등과 한반도의 평화 "『현대북한연구』6 권 1 호 p.247-302. 김경 호 . 2003. " 한반도 긴장관계의 평화적 해결방안 ."『국제정치논총』43 (3) p.211-234.

(8) 조대엽 . 2010. " 한반도 평화통일운동과 시민적 정체성 ."『사회과학연구』49 (1) p.169.

(9) 구갑우 . 2006. " 한국의 평화운동 , 평화 NGO: 발전을 위한 성찰 " 2006 년도 우리민족서로돕기운동 평화나눔센터 제 22 회 정책포럼 자료집 ; 조대엽 . 2010. " 한반도 평화통일운동과 시민적 정체성 "『사회과학연구』49 (1) p.169-170.

(10) 김기정 . 2004. " 국민 안보의식 변화와 한반도 평화 ."『통일연구원 학술회의 총서』p.35-36.

(11) 정욱식 . 2003.『한반도의 전쟁과 평화』(서울 : 이후) .

(12) 서승 . 2004. " 현대 동아시아의 국가폭력과 일본평화주의의 회귀 "『한국사회학회 심포지움 논문 집』, p.55-56; 김지연 . 2007 " 새로운 평화주의의 모색 - 헌법조사회 최종보고서와 자민당 헌법 개정 안을 중심으로 ."『일본연구』제 31 호 . p.9.

(13) 藤原修「戦後日本平和運動の意義と課題」『平和研究』45号、２０１５年。

(14) 藤原修「戦後日本平和運動の意義と課題」『平和研究』45号、２０１５年。

(15) 小熊英二 2002.『〈民主〉と〈愛国〉——戦後日本のナショナリズムと公共性』(東京 : 新曜社) ; 정현숙 . 2009. " 여론조사 분석을 통해 본 일본인의 평화의식 - 헌법 9 조 , 자위대 , 안보체제에 관한 의식을 중심으로 ."『일본연구』42 권 p.79.

(16) 김지연 . 2004. " 전후 일본 국가이념의 변용 : 국시논쟁과 평화주의를 중심으로 ."『동양정치사상 사』제 3 권 제 2 호 , p.69.

(17) 남기정 . 2014. " 일본 전후 평화주의 - 원류와 전개 , 그리고 현재 ."『역사비평』p.127.

(18) 남기정 . 2014. " 일본 전후 평화주의 - 원류와 전개 , 그리고 현재 ."『역사비평』p. 116

(19) 済州4・3平和財団 (제주도 4.3 평화재단) (https://jeju43peace.or.kr/)

(20) 고성준 · 김부찬 . 2005. " 제주〈세계평화의 섬〉지정의 배경과 전개과정 그리고 향후 과제 . "『동 아시아연구논총』제 16 권 제 1 호 , p.19.

(21)「세계평화의 섬 지정 선언문」2005.1.27.

(22)『한라일보』. " 고유성 반영한 제주형 통일 평화교육 이뤄져야 ." (２０２２年５月２日).

(23) 한상희 . 2020. "4.3 과 평화교육 - 후세대에겐 첫 배움인 제주 4.3."『역사와 교육』제 19 호 , p.130.

(24)『제주의 소리』" 전국교사들 , 제주서 4.3 평화교육 직무연수 받는다 " (２０２２年９月20日) .

(25)『경기신문』" 인천시교육청 - 제주도교육청 , 역사평화교육 활성화 업무협약 " (２０２３年11月26日) ;『뉴스라인제주』" 제주 4.3 과 인천 5.3 민주항쟁 역사평화 교육 교류 본격화 " (２０２３月11月24日) .

(26) 沖教組那覇支部．2022.「平和教育」(https://otunaha.org/)。
(27)『産経新聞』〝新たな平和学習を模索横浜と沖縄オンラインで連帯〟(２０２２年８月９日)。
(28) 村上登司文・井上力省・長岡文音・増田友紀 2016〝沖縄の平和教育――平和教育の現代化への課題〟『京都教育大学教育実践研究紀要』第16号。
(29) 野添文彬 ２０２２年８月14日 知事たちの沖縄冨復帰50年 (17)〝大田昌秀：戦後50年の平和行政〟新潮社 Foresight (https://www.fsight.jp/articles/-/49044)。
(30) 新垣毅 2017『沖縄のアイデンティティー「うちなーんちゅ」とは何者か』(東京：高文研)、200頁を参照。
(31) 新垣毅 2017『沖縄のアイデンティティー「うちなーんちゅ」とは何者か』(東京：高文研)、200頁を参照。
(32)『沖縄タイムス』「東アジアの「架け橋」意識」(２０２３年６月３日)。
(33)『沖縄タイムス』「東アジアの「架け橋」意識」(２０２３年６月３日)。
(34)『沖縄タイムス』「平和機運醸成なるか」(２０２３年６月２日)。
(35)『沖縄タイムス』「共感呼ぶ取り組みを――韓国研究者の視点」(２０２３年６月７日)。
(36)『沖縄タイムス』「沖縄と済州連帯促進へ」(２０２３年６月３日)。
(37)『沖縄タイムス』「日本守るために要塞化済州と沖縄重なる歴史」(２０２２年12月19日)。
(38)『沖縄タイムス』「日本守るために要塞化済州と沖縄重なる歴史」(２０２２年12月19日)。
(39)『琉球新報』「沖縄県「平和都市連帯」参加 地域外交で副知事、韓国済州訪問」(２０２３年６月２日)。
(40)『沖縄タイムス』「〝非常に大きな成果〟玉城知事地域外交の有効性強調韓国・済州の平和フォーラムに副知事参加で」(２０２３年６月５日)。
(41) 高良倉吉編著 2017『沖縄問題~リアリズムの視点から』(東京：中公新書) 219―220頁。
(42) 高良倉吉編著 2017『沖縄問題~リアリズムの視点から』(東京：中公新書) 219―220頁。
(43) 松島泰勝 2020『帝国の島――琉球・尖閣に対する植民地主義と闘う』(東京：明石書店) 158頁。

(44) 정영신 , 2014. " 동아시아 변경의 군사화와 평화의 새로운 모색 ",「2014 년 제주와 오키나와 공동 국제 학술세미나」. (2014.9.19. 개최)

(45)『헤드라인제주』, " 제주와 오키나와의 평화 연대를 위하여 ", 윤용택 , (2014年9月25日)

(46)『헤드라인제주』, " 제주와 오키나와의 평화 연대를 위하여 ", 윤용택 , (2014年9月25日)

(47) 마타요시 세이키요 . 2011. " 아시아 창조의 전환 , 오키나와와 제주도를 잇다 - 만국진량의 세계 . " 제 16 회 보고서『한일교육연구』p.143.

(48)『제민일보』. " 제주와 오키나와의 아이들 , 그리고 평화 . " (2013年5月6日) .

(49)『뉴제주일보』. " 전교조 제주지부 , 오키나와와 교육 사례 교류 . " (2018年4月2日) .

(50)『沖縄タイムズ』「共生へ「済州と歩める」照屋副知事　訪韓終え成果強調」(2023年6月5日)。

(51)『컬처제주』. " 제주 · 하이난 · 오키나와 , 동아시아 평화 위한 연대 협력 . " (2023年6月2日) .

(52)『제주의 소리』. " 동아시아 평화와 번영을 위한 ' 섬 ' 들의 연대 협력 . " (2023年6月2日) .

(53)『제주의 소리』. " 동아시아 평화와 번영을 위한 ' 섬 ' 들의 연대 협력 . " (2023年6月2日) .

〈参考文献〉

고성준 · 김부찬 . 2005. " 제주 < 세계평화의 섬 > 지정의 배경과 전개과정 그리고 향후 과제 "『동아시아연구논총』제 16 권 제 1 호 , p.19-48.

구갑우 . 2006. " 한국의 평화운동 , 평화 NGO: 발전을 위한 성찰 " 2006 년도 우리민족 서로돕기운동 평화나눔센터 제 22 회 정책 포럼 자료집 .

김경호 . 2003. " 한반도 긴장관계의 평화적 해결방안 . "『국제정치논총』43 (3) p.211-234.

김기정 . 2004. " 국민 안보의식 변화와 한반도 평화 "『통일연구원 학술회의 총서』p.43-88.

김인춘 · 석주희 . 2017. " 민주평화주의와 지역평화의 역사적 지정학적 형성 : 노르딕 지역과 동북아 지역의 비교 ,"『문화와 정치』

p.69-109.

김지연 . 2007 " 새로운 평화주의의 모색 - 헌법조사회 최종보고서와 자민당 헌법 개정　안을 중심으로 ," 『일본연구』 제 31 호 . p. 7-25.

남기정 . 2014. " 일본 전후 평화주의 - 원류와 전개 , 그리고 현재 " , 『역사비평』 , vol.106 p.94-134.

마타요시 세이키요 . 2011. " 아시아 창조의 전환 , 오키나와와 제주도를 잇다 - 만국진 량의 세계 ." 제 16 회 보고서『한일교육연구』

박영준 . 2021. " 한미일 3 각 안보협력체제 형성의 기원 : 냉전기 북한의 무력도발과 한국 안보외교를 중심으로 , 1967-68." 『한국정치외교사논총』 , 제 42 집 2 호 .

빅터 D, 차 , 2004, 『적대적 제휴 : 한국 , 미국 , 일본의 삼각안보체제』（서울 : 문학과 지성사 , 2004）

서승 . 2004. " 현대 동아시아의 국가폭력과 일본평화주의의 회귀 " 『한국사회학회 심 포지움 논문집』 , p. 47-58.

신각수 , " 미중 전략적 경쟁 시대의 한일 및 한미일 안보협력 방안 ," 『한일군사문화 연구』 , 제 33 집 （2021） .

신욱희 , 『한미일 삼각안보체제』（서울 : 사회평론아카데미 , 2020） .

이기태 , " 데탕트기 미국의 동아시아 정책과 일본의 대한 안보정책 : 미국의 철수 , 균형 , 연합전략과 한일 안보협력 ," 『국제정치논총』 , 제 54 집 2 호 （2014） .

이혜정 . 2003. " 패권의 굴레 : 북미갈등과 한반도의 평화 " 『현대북한연구』 6 권 1 호 p.247-302.

전재성 . 2006. " 한반도 평화체제 : 남북한의 구상과 정책비교검토 ." 『한국과 국제정 치』 22 권 1 호 p.33-66.

정영신 , 2014. " 동아시아 변경의 군사화와 평화의 새로운 모색 " , 「2014 년 제주와 오키나와 공동 국제 학술세미나」 .

정영신 . 2017. " 차별과 전쟁 , 군사기지에 맞선 오키나와의 현대사 ." 『내일을 여는 역 사』 통권 69 호 . 202-217.

정욱식 . 2003. 『한반도의 전쟁과 평화』（서울 : 이후） .

정현숙 . 2009. " 여론조사 분석을 통해 본 일본인의 평화의식 - 헌법 9 조 , 자위대 , 안　보체제에 관한 의식을 중심으로 ". 『일본연구』 42 권 p.77-99.

제성호 . 2005. " 평화체제 논의의 내용과 과정 - 제도적 평화보다 실질적 평화가 핵심 이다 " 『통일한국』 263 권 p.13-16.

조대엽 . 2010. “ 한반도 평화통일운동과 시민적 정체성 ”『사회과학연구』49 （1）p.159-184.
조양현 . 2011. “ 데탕트 체제 전환기의 한일관계 : 오키나와 반환 및 주한미군 철수 문제를 사례로 ,” 『국제지역연구』제 20 권 1 호
최희식 . 2011. “ 한미일 협력체제 제도화과정 연구 : 1969 년 한미일 역할분담의 명확 화를 중심으로 ,”『한국정치학회보』, 45 집 1 호 .
한상희 . 2020. “4.3 과 평화교육 - 후세대에겐 첫 배움인 제주 4.3.”『역사와 교육』제 19 호 .
『경기신문』.“ 인천시교육청 - 제주도교육청 , 역사 평화교육 활성화 업무협약 .” ２０２３年11月26日 .
『뉴스라인제주』. “ 제주 4.3 과 인천 5.3 민주항쟁 역사 평화 교육 교류 본격화 .” ２０２３年11月24日
『뉴제주일보』.“ 전교조 제주지부 , 오키나와와 교육 사례 교류 .” ２０１８年４月２日 .
「세계평화의 섬 지정 선언문」2005. 1. 27.
『제민일보』. “ 제주와 오키나와의 아이들 , 그리고 평화 .” ２０１３年５月６日）
『제주의 소리』. “ 동아시아 평화와 번영을 위한 ‘ 섬 ’ 들의 연대 협력 .”（２０２３年６月２日）.
『제주의 소리』. ２０２２年９月20日 . “ 전국교사들 , 제주서 4.3 평화교육 직무연수 받는 다 ”.
『컬처제주』. “ 제주 · 하이난 · 오키나와 , 동아시아 평화 위한 연대 협력 .”（２０２３年６月２日）.
『한라일보』.“ 고유성 반영한 제주형 통일 평화교육 이뤄져야 .”（２０２２年５月２日）
『헤드라인제주』, “ 제주와 오키나와의 평화 연대를 위하여 ”, 윤용택 ,（２０１４年９月25日）.
Johan Galtung, “Violence, Peace, and Peace Research, ” J ournal of Peace Research, No. 6. 1969, p.167~168
沖教組那覇支部 2022「平和教育」（https://otunaha.org/)。
『産経新聞』“新たな平和学習を模索横浜と沖縄オンラインで連帯”（２０２２年８月９日)。村上登司文・井上力省・長岡文音・増田友紀 2016“沖縄の平和教育――平和教育の現代化への課題”『京都教育大学教育実践研究紀要』第16号。

野添文彬　2022「知事たちの沖縄冨復帰50年（17）〝大田昌秀：戦後50年の平和行政〟」新潮社 Foresight.（https://www.fsight.jp/articles/-/49044）。

新垣毅 2017『沖縄のアイデンティティー「うちなーんちゅ」とは何者か』（東京：高文研）。

松島泰勝　2020『帝国の島——琉球・尖閣に対する植民地主義と闘う』（東京：明石書店）。

『琉球新報』〝沖縄県「平和都市連帯」参加　地域外交で副知事、韓国済州島訪問〟２０２３年６月２日。

『沖縄タイムス』〝「非常に大きな成果」玉城知事地域外交の有効性強調韓国・済州島の平和フォーラムに副知事参加で〟２０２３年６月５日。

『沖縄タイムズ』〝日本守るために要塞化済州と沖縄重なる歴史〟２０２２年12月19日。

『沖縄タイムス』「東アジアの「架け橋」意識」２０２３年６月３日。

『沖縄タイムス』「平和機運醸成なるか」２０２３年６月２日。

『沖縄タイムズ』「共生へ「済州と歩める」照屋副知事訪韓終え成果強調」（２０２３年６月５日）。

『沖縄タイムス』「共感呼ぶ取り組みを——韓国研究者の視点」（２０２３年６月７日）。

『沖縄タイムス』「沖縄と済州連帯促進へ」（２０２３年６月３日）。

高良倉吉編著　2017『沖縄問題～リアリズムの視点から』（東京：中公新書）。

あとがきにかえて

安全保障の脱植民地化をめざして

佐藤　幸男

「空爆のたびに、瓦礫や残骸、砲弾片とともに記憶が飛び散り、歴史が消されていく。救急車のサイレンが鳴り響くたびに、誰かの希望が消えていく」

（アーティフ・アブー・サイフ（2024）『ガザ日記』（中野真紀子訳）地平社より）

ロシアによるウクライナ侵攻から2年半がすぎ、いまだに戦争終結の予兆すらみいだせない。第二次世界大戦を終結させ、国際秩序を再建する一翼を担ったロシア（ソヴィエト）が自ら拒否権という特権を手にしながらも、戦争を引き起こすことで「戦後」国際秩序を崩壊させた。「戦後」「冷戦体制」「国際秩序」とはいったいなにかをあらためて根本に立ち返って考えることが不可避となった。くわえて、パレスチナではイスラエル軍によるガザ攻撃では凄まじい破壊と殺戮が繰り広げられ、その惨状たるや地獄絵に等しい情景が繰り広げられているのである。イスラエルによるパレスチナ占領、占領地攻撃、パレスチナ人の抹消までをも視界にした植民地暴力が猛威をふるっている。

戦後史という領域の再検討と第二次世界大戦を「過去として葬る」この蛮行の背景を探るには、西欧主権国家の起源を「植民地世界」にみることが重要である。２０２３年11月、日本で開催されたＧ７プラス外相会議でガザとパレスチナの戦後体制について合意したと報じられたが、ローデシアのジャーナリスト Tafi Mhaka は、アルジャジーラのサイトで次のように呼びかけた。「アフリカはパレスチナについての西側の植民地ゲームプランに反対しなければならない」。これはパレスチナ人の自決権などを西側は認めず、かつてのベルリン会議と同じように、当事者不在の統治形態を論議し、米国と同盟諸国はハマスを排除し、占領されたパレスチナの地をイスラエルに友好な傀儡政権のもとにおこうとするものだと非難している。(https://www.aljazeera.com/opinios/2023/12/15/africa-must-challenge-the-wests -colonial-game-plan-for)。[※2]

かつて、日本はアジアで西欧列強と利害が競合していたことから日露戦争に特化するために日英同盟を結ぶことで、朝鮮半島に単独で植民地支配を実現した。第一次世界大戦とともに、英仏独露などの列強がヨーロッパに関心を集中させたことから、東アジアの植民地権力空間に一種の空白が生じたからである。そして、第一次大戦後にはオスマントルコ帝国が解体されてイギリスが委任統治という名目で手にいれたとき、日本はドイツ帝国の植民地であった南洋群島の委任統治を国際連盟に承認させている。これはいわば、イギリスのパレスチナ委任統治策と日本の南洋群島委任統治とは相互に承認しあって、パレスチナ問題に日本が加担したことを早尾貴紀[※3]は「イスラエルはどうしてあんなにひどいことができるの？」のなかで言及している。ここに現代世界が織りなす国際連環の力学を見ることができる。戦争と植民地主義、差別／抑圧は均衡論によって封じられ、長く苦しめられ、周辺に置かれ、切り落とされてきた。沖縄、香港、ウクライナ、パレスチナ、台湾などの弱小共同体、周縁に生きる民が放置されてきた歴史を再考する基点となったという歴史感覚が問われよう。

板垣雄三[※4]［2024］「絶望の底を探れ、「土着」の意味／平和を創り支える「近代性」」は、世界の絶望的な破綻状態のなか、陰鬱で不安な思いを抱かれされる「いま」と「これから」を問う刺激的な論考である。それればかりか、突出した問題把握の視座としてきわめて不可避な論旨を提供してくれる（この論稿は近年にない必読な作品である。それればかりか、これを読んで眼が醒めないのは現実に眼を瞑っているだけだ）。なかでも「難民の止めどない難民化・監禁・ジェノサイドに抵抗するパレスチナ人／尊厳を傷つけられる一方のアイヌ民族・琉球民族／原発事故や災害で郷土を失った人々／プリモ・レヴィの死を考え続けて逝った徐京植／等々（遊牧民・海上民・渡り鳥（候鳥）なども）／から離散や流寓や遍歴や避難を「土着化」する、「土着」の多義化、ある種の脱構築を試みなければならない。（中略）イスラエルの国家犯罪／イスラーム社会運動の主体変革の課題／人類社会の未来構想／における「鍵」だからだ」（10－11頁）。

そもそも西欧世界が犯したユダヤ人迫害の罪の償いをパレスチナに負わせ、パレスチナ人の土地に住民を押し込み、押し除けて難民化する、この巨大な歴史的不正義は、つまるところ、覇権的欧米文明の漂着点が犠牲を女性や子供に集中するガザの悲劇に集約される。パレスチナをめぐる歴史的不正義にたいする揺り戻しがグローバルなレベルで生まれているのを横目に、日本では「今日のウクライナは、明日の台湾だ」という空疎な言説が跋扈し、その発信源である安倍晋三の神格化とともに有事防衛論が政治の右傾化（ポピュリズム）をともなって進行している。ウクライナへの同情を組織化し、それを通じてロシアへの恐怖を煽り立て、アメリカに非協力的な中国や北朝鮮を非難することで、人びとの心に「厳しい国際安全保障環境」を論理的に、戦力的軍事的に組織化しようとする心情の裏返しであることが見逃されている。

ウクライナ戦争は日本が一方に加担する「世界戦争」になっていること、戦闘空間が限定され、欧米世界の軍事協力のみによる代理戦争の形態をとった朝鮮戦争との類似性に留意すること、朝鮮戦争によって東アジアの国際構造が作られ、そして戦後に確立した「憲法第9条と軽武装と日米安保の三位一体体制」が最終の解体局面にある東アジアの地政学の牢獄に閉じ込められた台湾、沖縄、韓国そして循環する「共生」を奏でる周辺の人びとを国際連環に引き戻す試論を展開していく。

＊＊＊＊＊＊＊

東アジアにおける厳しい戦略環境のなかにあって日本の抑止力の強化、防衛予算の拡大、安定的な国際秩序形成に傾注するという言説には「民衆の安全保障」確保の視点が決定的に欠落しているのは明らかである。ましてや、「台湾有事」を声高に叫ぶ「保守＝ポピュリズム政治」のもとで「台湾海峡」「敵基地攻撃能力」「島嶼防衛」の名による自衛隊派遣、憲法改正、軍需産業優位の思惑だけが闊歩している。日本の「敗戦後」を規定してきた諸要件も足もとから瓦解し始めているといえる。現在形としていまなお生き続けている日本の軍事行動の記憶が、ウクライナ侵略戦争を口実として専守防衛を捨てて、「反撃能力保有」や軍事費増強へと拙速に転じていくことへの懸念がアジアに広がっている現実を直視しなければならない。この戦争がどのような結果になろうとも、極右や右派ポピュリズムの力が世界的に伸長しかねない。混沌の渦中にあって戦後の東アジア空間は、いまだ領土、領海、領空が依然として未確定であり、アメリカの戦後体制下で練られた「あいまい戦略」に翻弄され、島嶼部たる沖縄、台湾が国際政治争点の周辺部に追いやられた形で構築された「敗戦後」のありようにいま一度立ち返ることが肝要であろう。いわば歴史の政治化によって「過去」が紛争化させられている。

東アジア世界は、「地理的実体というよりも日本の植民地主義支配のもとに形成され、冷戦期の米国がその負の遺産に自らの影響力を重ね描きしたヘゲモニー空間である」と指摘する文学者佐藤泉は、東アジアという一体の枠組みの内部で、沖縄を除く日本に「平和」が配置され、他の場所には民間人虐殺、民族分断、軍事基地が配置され、沖縄は米国の前線基地に留め置かれた。それゆえに、日米関係という構図においてはこの明白な不均衡が死角に沈むという。[※5]

1917年を起点として東アジア国際関係を展望すれば、日清戦争、義和団の乱、日露戦争、そして第一次世界大戦をきっかけに日本の東アジアにおける勢力を拡大して、植民地化を進めたことで、「帝国」と「植民地」とを域内に抱え込んだがゆえに、植民地主義の清算が政治課題となるのは、歴然としている。植民地主義は、土地、金銭、社会的資源の掌握と配分を通じて被植民地者の生殺与奪を恣意的に利用すると駒込武[※6]は指摘している。

そればかりではなく、帝国の欲望が交差する場となった沖縄、台湾、韓国・済州島には、冷戦体制形成期の矛盾が集積し、東アジア世界な内部の重層的な位階の矛盾があらわれる場となった。分断、格差、植民地支配、入植者国家によって「いのち」を序列化したと小松裕[※7]はいう。日本は帝国の版図に包摂することによって同化を迫り、国内にあっては沖縄やアイヌの人びとに対して、また支配される民族のなかにも序列の体系化を再生産して、日本が常に上位に位置する支配を創りだした。台湾にあっては、山地に住む先住民族をその序列の最下層に位置付ける一方、国内ではアイヌ民族やハンセン病患者のいのちは、最下層に置かれ、「絶滅」の対象としたのである。沖縄戦、住民虐殺、強制的集団死、台湾霧社蜂起弾圧、2・28事件、済州島4・3事件は、国民国家外部の「敵／による犠牲ではなく、国家内部の「英雄」たちによる「虐殺」にほかならなかったのであった。[※8]

＊＊＊＊＊＊＊

歴史学との対話を重視する国際関係研究を唱えた江口朴郎[※9]は「国際政治」を国家、特に大国の関係性として重視するのか、それともベトナム戦争に見られるような小国の「大衆」／「民衆」との関係性として論じられるのかによって、現実の深刻な局面で大きな分岐をもたらすと指摘する。元来、国際関係研究は、従来の原則では捉えられない「現象」や諸「関係」について実証的に捉え直すという「反省の場として」の学問であると強調している。しかし、安全保障研究者遠藤誠治※10は東アジアにおける沖縄の安全保障を語ることが難儀であると主張し、わけ知り顔のリアリズムの呪縛から自らの思考を開放しようとはしない。「沖縄の立場からみる東アジア」という観点は「支配層的現実」に対抗する「現実」を主体的に構築する努力を可能とすること、その際に構築された現実の前提となる「秩序イメージ」を可視化することを意味すると考えられるから、本土が追求する安全保障とそれを前提とする東アジア秩序のイメージが沖縄の求めるものとどのような乖離やズレを持っているのかを明らするること、それは沖縄人であって自己の領域の問題ではないと突き放しつつ、本筋から回避する手法をとっている。ここにはオルタナティヴも提示するでもなく、未来展望の可能性も見いだしていない。Barkawi,T.and Laffey,M.(2006)"The Postcolonial Moment in security Studies," *Review of International Studies*32(2). が示唆するように、欧米中心主義に立脚して小国、群島国家の多層的な安全保障を論じることなどできないのは自明である。東アジアを戦場にしないためには、台湾人固有の歴史的経験への無理解、沖縄の人びとの辛苦の歴史への畏敬の念を忘却するわけにはいかない。

植民地主義的な抑圧は、長期にわたる暴力が幾重にも積み上げられる緩慢なプロセスをたどる。それゆえに、パレスチナに見られるような植民地主義暴力は500年の年月を経て、現在に至っている。その間に植民地支配責任は曖昧にされ、放置されていく。そのような先例を目にするにつけ、近代化、開発／発展、成長／進歩、持続可能といった指標から人間の社会活動を測定する価値観からは不可視にされてきた、略奪、差別、抑圧の歴史を問い直す必然がある。「沖縄戦」が再現されたかのようなウクライナ、ガザ植民地戦争の構図を読み解きながら、東アジア世界の共生空間創出の必要性を沖縄、琉球諸島、台湾を含む群島世界の原発軍事拠点化に抗するという文脈、日本の「戦後」という文脈、非戦による平和を構想するのが、本書を貫く主題である。

ここでは構想力が問われる問題が山積している。沖縄を世界軍縮の拠点に、さらには韓国済州島、台湾と連帯したミクロリージョンとしての琉球弧が浮上しようとしている。島嶼防衛構想による奄美、沖縄、先島諸島への自衛隊配備は皮肉なことに地域住民に歴史の詠み直しを促し、一つの生存空間を再生させつつある。新城郁夫は、「辺野古の闘いは、領土、領海、領空という自らが決して示すことのない国家（間）に幻出される線を、厚みを持った動く線の群れとなって漕ぎ出でまたぎ越える人びとの生を、日々新しい政治的身体へと書き換えている」倫理性を強調している（新城[※11] 2016）。

辺野古でくり広げられる非暴力による反基地抵抗運動は、戦争に繋がるいっさいの暴力への絶対的な拒否を希求する。沖縄の今を生きることが、この求めへの絶対的な信頼であると新城がいうとき、生態的破壊や生物共同体としての海域全体を視野に入れ、生き物の命や生活への危害を及ぼす「企業―国家」連合体の暴力に対峙するだけではすまない。民意を反故として、米軍基地の建設、機能強化が押し進められるなかで、やんばるの森や大浦湾の海洋生態と住民の平穏な暮らしが脅かされる暴力への抵抗を「野生の平和」と呼ぶことができるのである。

この非戦主義という問いは「戦後70年」の精神史的転回と符号し、新たないのちをつなぐ場を拓く共時的な経験に立ち会うことになった。それは「震災前後」の難民性であり、新型ウイルスの拡散によるシステムの内破と離脱が「もうひとつの連帯」を編むことになったからにほかならない。既成の価値観を問い直す「叛乱」として始まった辺野古基地建設反対は「ノー」を合言葉にして連帯と自己決定権を求める「島ぐるみ」

闘争に転じた（山城博治、[※12] 2016:120-135）。

沖縄が世界内存在として歴史の苦悶を「現在」の閉塞状況に接続させながら、問いを発するアクチュアルな実践哲学の意思力の発露であり、空間的な場のなかにあって押し付けられたナショナル・アイデンティティへの抵抗を意味するところに「世界性」(worldliness) が宿っているのである（沖縄対外問題研究会、[※13] 2020）。中国研究者である毛里和子[※14]は、こんにちのこの悲劇的な戦争に陥っているウクライナとパレスチナを１００年前の非戦主義と対比することで非戦論の地平を押し広げる必要性を強調している。

衆知のように、非戦主義は与謝野晶子、内村鑑三、幸徳秋水、田中正造、矢部喜好らの反戦運動や良心的兵役拒否などに育まれた日本の平和主義の骨格をなす歴史のなかに位置づけられるが、石橋湛山が貫いた小日本主義もまた戦争に対峙する精神を再考すべき思想であることに注目する。本書がその非戦論の深まりに意義ある貢献ができるとすれば、なによりである。

註

（１）歴史学研究会編（2024）『ロシア・ウクライナ戦争と歴史学』大月書店は、現状維持的な冷戦体制を克服し、現代史の見直しを提言する論考集である。

（２）南塚信吾（2023）「世界史の眼：イスラエルのガザ攻撃を考える６」（２０２３年12月20日）(https://riwh.jp/category/2024/05/12 閲覧）

（３）早尾貴紀（2024）「じんぶん堂」(https://book.ashi.com/jinbun/article/15282307，2024/6/6 閲覧）。なお、早尾貴紀／呉世宗／趙慶喜（2021）『残余の声を聴く』明石書店刊は、沖縄―韓国―パレスチナの連環における植民地主義の流れを総括している。

（4）板垣雄三（2024）「絶望の底を探れ、「土着」の意味／平和を創り支える「近代性」／」『土着的近代研究』第2号。
（5）佐藤泉（2008）「朝鮮・台湾・金石範の済州：冷戦期リアリズムの創出」『昭和文学研究』56号。
（6）駒込武（2024）「植民地主義者とはだれか」『世界』1月号。
（7）小松裕（2009）『「いのち」と帝国日本』小学館。
（8）徐弦九（2014）「東アジアの冷戦体制形成期における住民虐殺」『専修人間科学論集　社会学篇』4(2)。
（9）江口朴郎（1984）『現代史の選択』青木書店。
（10）遠藤誠治（2015）「安全保障理論の転換から見る沖縄と日本」『成蹊法学』82号。
（11）新城郁夫（2016）「倫理としての辺野古反基地抵抗運動」『現代思想』44（2）。
（12）山城博治（2016）「アジアの平和の世紀を沖縄からひらきたい」栗原彬編『ひとびとの精神史9 震災前後』岩波書店。
（13）沖縄対外問題研究会（2020）『沖縄を世界の軍縮の拠点に：辺野古を止める構想力』岩波書店。
（14）毛里和子（2024）「護るべきもの：平和・憲法・「小日本主義」」『広島平和研究』11。

＊＊＊＊＊＊＊

本書は、２０２２年ウクライナへのロシア侵攻を受けて急遽開催された八ヶ岳板垣塾、信州イスラーム世界勉強会（板垣雄三代表）定例セミナーでの連続講座、そして愛知大学人文社会学研究所主催「日中国交回復50周年記念　武者小路公秀教授・加々美光行教授追悼国際シンポジウム『新世界秩序のおける日中関係のこれまでの百年、これからの百年』」（２０２２年9月25日開催）での諸報告をもとに新たに編集しなおしたものである。八ヶ岳板垣塾の信州イスラーム世界勉強会に参集された多くの市民のみなさまの熱のこもった討論にささえられていることも忘れるわけではない。

この間、本書刊行に至るまで励ましと惜しみない助言をくださった板垣雄三先生にあらめて感謝を申し上げたい。また、共著者である琉球大学名誉教授の星野英一さんを介して出会った宮古島出身である川満昭広インパクト出版会代表に、このような出版の機会を与えていただいたことに記して感謝もうしあげたい。
最後に、武者小路公秀先生の謦咳に接したことで大きな影響を受けた。先生から得た薫陶と学恩に感謝し、あらためて先生のご冥福をここに祈念する。

2024年6月23日　沖縄慰霊の日　佐藤　幸男

執筆者略歴

板垣雄三（いたがき　ゆうぞう）１９３１年東京市生まれ。東京大学名誉教授。東京経済大学名誉教授。日本ジャーナリスト会議ＪＣＪ特別賞、モロッコ南北対話賞、文化功労者、信州イスラーム世界勉強会前代表。

主な編著書　イブラーヒーム・スース著・西永良成訳『ユダヤ人の友への手紙』解説・板垣雄三（岩波書店１９８９年）、板垣雄三著『石の叫びに耳を澄ます―中東和平の探索』（平凡社１９９２年）、板垣雄三著『歴史の現在と地域学―現代中東への視覚―』、板垣雄三『イスラーム誤認―衝突から対話へ』（岩波書店２０２３）〔共著〕『事典　イスラーム都市性』（亜紀書房１９９２年）、板垣雄三編『「対テロ戦争」とイスラーム世界』（岩波書店２０２２年）など。

佐藤幸男（さとう　ゆきお）１９４８年東京生まれ、明治大学政治経済学部卒、明治大学大学院政治経済学研究科修了。広島大学（平和科学研究センター）講師、富山大学教育学部教授、富山大学大学院芸術文化研究科教授。富山大学理事・副学長を歴任。富山大学名誉教授〔副学長〕）、現在は早稲田大学総合学術研究機構平和学研究所招請研究員ならびに広島大学平和センター客員研究員。

主な著作：『世界史のなかの太平洋』（編著）国際書院、『ローカルと世界を結ぶ』（酒井啓子編グローバル関係学７）岩波書店、『〈周辺〉からの平和学』昭和堂など

小倉利丸（おぐら　としまる）２０１３年まで富山大学で政治経済学や現代資本主義などを教える傍ら、雑誌『クリティーク』『インパクション』などの編集委員を務める。現在はインターネットにおけるコミュニケーションの権利運動や反監視運動などに関わる。

著書に『多様性の全体主義・民主主義の残酷―９・11以降のナショナリズム』『抵抗の主体とその思想』『路上に自由を』（編著）（いずれもインパクト出版会）『絶望のユートピア』（桂書房）『Banksy's Bristol：HOME SWEET HOME：The unofficial guide』（共訳）など。

豊下楢彦（とよした　ならひこ）１９４５年生まれ。京都大学法学部卒業、法学博士（京都大学・論法博）、京都大学法学部助教授、立命館大学法学部教授、関西学院大学法学部教授（2013年3月退官）
主な編著書　『日本占領管理体制の成立』『安保条約の成立』『集団的自衛権とは何か』『昭和天皇・マッカーサー会見』、『昭和天皇の戦後日本』『「尖閣問題」とは何か』、『集団的自衛権と安全保障』（共著）（以上、岩波書店）、「沖縄　憲法なき戦後』（共著）（みすず書房）

親川裕子（おやかわ　ゆうこ）１９７５年生まれ。沖縄大学・沖縄国際大学・日本女子大学非常勤講師／沖縄大学地域研究所特別研究員・沖縄国際大学沖縄法政研究所特別研究員・同志社大学アメリカ研究所嘱託研究員、反差別国際運動特別研究員。

主な論考「マイノリティ女性差別の交差性についての一考察—国際福祉相談所、その役割と意義から—」（『沖縄法政研究』（第24号）沖縄国際大学沖縄法政研究所２０２２年）、「中絶—女の身体と沖縄戦後史」（『越境広場』第11号同刊行委員会２０２２年）

星野英一（ほしの　えいいち）１９５３年生まれ。琉球大学名誉教授。沖縄国際人権法研究会共同代表。
主な編著書　"US Military Bases and Human Security in Okinawa," Tshihara, Hoshino, and Fujita, eds., Self-Determinable Development of Small Islands (Springer 2016)、星野英一他、『沖縄平和論のアジェンダ：怒りを力にする視座と方法』（法律文化社 2018）、"Human Rights and Development Aid: Japan After the ODA Charter," P. VanNess, ed., Debating Human Rights: Critical Essays from the United States and Asia (Routledge 1999)、"The Postcolonial Complex in Okinawa," Rutazibwa and Shilliam, eds., Routledge Handbook of Postcolonial Politics (Routledge 2018)

松島泰勝（まつしま　やすかつ）１９６３年、琉球の石垣島で生まれ。龍谷大学経済学部教授、ニライ・カナイぬ会共同代表。博士（経済学）。

著書に『ミクロネシア』（早稲田大学出版部）、『琉球独立への道』（法律文化社）、『琉球奪われた骨』（岩波書店）、『学知の帝国主義』明石書店など。

上地　聡子（うえち　さとこ）　明海大学不動産学部講師。早稲田大学政治学研究科博士課程単位取得後退学。日本学術

振興会特別研究員（ＤＣ２）、早稲田大学国際教養学部助手、同大学地域・地域間研究機構（ＯＲＩＳ）研究員。
専門：沖縄近現代史、ＧＨＱ占領期研究、人の移動

野口真広（のぐち　まさひろ）１９７4年生まれ。早稲田大学招聘研究員・愛知学院大学非常勤講師・山本学園緑誠蘭高等学校教諭。北東アジア学会理事。
主な著書・論文「歴史教育政策に関する日本と台湾との比較」劉傑編『和解のための新たな歴史学』（明石書店２０２２年）、『植民地台湾の自治』（早稲田大学出版部２０１７年）、「台湾地方自治連盟による１９３３年の朝鮮地方自治制度視察の意義―楊肇嘉の構想する台湾地方自治制度の参照として」『日本台湾学会』20号（日本台湾学会２０１８年）、「若者と東アジアの民主主義：危機と平和の可能性」『早稲田平和学研究』10号（早稲田大学平和学研究所２０１７年）など。

小松寛（こまつ　ひろし）１９８1年生まれ。沖縄県出身。成蹊大学アジア太平洋研究センター主任研究員。早稲田大学社会科学研究科博士後期課程修了。博士（学術）。沖縄県地域外交に関する万国津梁会議委員（２０２３～２４年）。
主な著書『日本復帰と反復帰 戦後沖縄ナショナリズムの展開』（早稲田大学出版部、２０１５年）、『沖縄が問う日本の安全保障』（２０１５年、岩波書店、共著）など。

石珠熙（ソク　ジュヒ）１９８2年生まれ。梨花女子大学政治学博士。国際政治・日本地域専攻。慶應義塾大学法学部訪問研究員、延世大学東西問題研究院 研究員、翰林大学日本学研究所ＨＫ研究教授を経て、現在、東北アジア歴史財団の研究委員。
主な編著書『주저앉는 일본、부활하는 일본（座り込む日本、復活する日本）』（共著）（ユンソン社 2022）、翰林大学日本学研究所編『「일본급일본인」해제집（「日本及び日本人」解題集）1950~1951』（共著）（ソミョン出版 2022）、『새로운 한일관계 구축을 위한 대일공공외교（新しい韓日関係構築のための対日公共外交）』（共著）（世宗研究所 2023）など。
主な論文「지정학적 관점에서 바라본 ‐평화선‐에 대한 일본의 인식（地政学的観点から見た『平和線』に対する日本の認識）」（『영토해양연구（領土海洋研究）』第27号、2024）、「일본의 국경낙도제도와 대응：정부・지자체・민간단체를 중심으로（日本の国境離島制度と対応：政府・自治体・民間団体を中心に）」（『일본공간（日本空間）』第29号、2021）など。

「いくさ世」の非戦論
— ウクライナ×パレスチナ×沖縄が交差する世界 —

2024年10月30日　第1版1刷発行

編著者　佐藤　幸男

装　幀　宗利淳一
発行人　川満昭広
発　行　株式会社インパクト出版会
東京都文京区本郷2-5-11 服部ビル2階
Tel 03-3818-7576 Fax 03-3818-8676
impact@jca.apc.org http://impact-shuppankai.com
郵便振替　0010-9-83148

印刷・製本　モリモト印刷